人文社科
高校学术研究论著丛刊

中国西部地区义务教育阶段国家课程开齐开足情况研究

——以广西壮族自治区为例

周朝正 左朝富 黄春秀 著

中国书籍出版社
China Book Press

图书在版编目(CIP)数据

中国西部地区义务教育阶段国家课程开齐开足情况研究：以广西壮族自治区为例/周朝正，左朝富，黄春秀著. -- 北京：中国书籍出版社，2021.5

ISBN 978-7-5068-8486-0

Ⅰ.①中… Ⅱ.①周…②左…③黄… Ⅲ.①中小学教育-课程设置-研究-广西 Ⅳ.① G632.3

中国版本图书馆 CIP 数据核字（2021）第 096801 号

中国西部地区义务教育阶段国家课程开齐开足情况研究：
以广西壮族自治区为例

周朝正　左朝富　黄春秀　著

丛书策划	谭　鹏　武　斌
责任编辑	牛　超
责任印制	孙马飞　马　芝
封面设计	东方美迪
出版发行	中国书籍出版社
地　　址	北京市丰台区三路居路 97 号（邮编：100073）
电　　话	（010）52257143（总编室）　（010）52257140（发行部）
电子邮箱	eo@chinabp.com.cn
经　　销	全国新华书店
印　　厂	三河市德贤弘印务有限公司
开　　本	710 毫米 × 1000 毫米　1/16
字　　数	296 千字
印　　张	16.5
版　　次	2023 年 1 月第 1 版
印　　次	2023 年 1 月第 1 次印刷
书　　号	ISBN 978-7-5068-8486-0
定　　价	83.00 元

版权所有　翻印必究

目 录

第一章 绪 论……………………………………………… 1
 第一节 研究的现实意义…………………………………… 1
 第二节 已有研究综述……………………………………… 7
 第三节 研究目标与研究内容……………………………… 12
 第四节 研究方法…………………………………………… 13

第二章 我国义务教育阶段国家课程体系解读…………… 15
 第一节 《义务教育课程设置实验方案(2001)》及其制定前后
    相关的国家政策解读……………………………… 15
 第二节 当前我国义务教育课程体系分析………………… 20

第三章 广西义务教育阶段国家课程设置与实施现状调查…… 23
 第一节 广西义务教育阶段国家课程设置与实施调查
    样本构成分析……………………………………… 23
 第二节 广西义务教育国家课程师资现状调查分析……… 31
 第三节 广西义务教育阶段国家课程周课时调查分析…… 57
 第四节 广西义务教育学校在线教学条件、实施情况及
    效果调查分析……………………………………… 149

第四章 广西义务教育阶段国家课程开设中存在的问题分析……… 170
 第一节 广西义务阶段国家课程未开设情况分析………… 170
 第二节 广西义务教育阶段国家课程被占用情况分析…… 195

第五章 广西义务教育阶段国家课程设置与实施中
   存在问题的原因分析……………………………… 209
 第一节 广西义务教育阶段国家课程未开齐原因分析…… 209
 第二节 广西义务教育阶段某些国家课程被占用原因分析…… 217

第六章 西部与非西部地区部分省份间义务教育国家课程设置与实施比较·················· 225

    第一节 桂川湘苏粤五省义务教育课程设置比较·············· 225

    第二节 桂滇渝苏四省义务教育国家课程未开齐开足问题及原因比较······················ 234

第七章 中国西部地区开齐开足义务教育阶段国家课程的策略······ 241

    第一节 西部地区义务教育课程设置与实施政策文件的制定完善策略···················· 241

    第二节 西部地区义务教育阶段国家课程实施的策略·········· 244

    第三节 西部地区义务教育课程实施条件保障措施策略········ 249

参考文献·· 254

第一章 绪 论

第一节 研究的现实意义

一、西部地区开齐开足义务教育阶段国家课程至关重要

(一)开齐开足国家课程是西部地区贯彻国家教育方针的基本要求

教育方针是一国教育制度的基本组成部分。1995 年首次颁布的《中华人民共和国教育法》将我国教育方针上升到了法律层面:教育必须为社会主义现代化建设服务,必须与生产劳动相结合,培养德、智、体几方面全面发展的社会主义事业的建设者和接班人。之后,随着教育、社会和经济的发展,我国的教育方针发生了一些变化。《中华人民共和国教育法(2015 修订)》对我国教育方针的表述为:教育必须为社会主义现代化建设服务、为人民服务,必须与生产劳动和社会实践相结合,培养德、智、体、美等方面全面发展的社会主义建设者和接班人。[1]《中华人民共和国义务教育法(2018 年修订)》指出:义务教育必须贯彻国家的教育方针,实施素质教育,提高教育质量,使适龄儿童、少年在品德、智力、体质等方面全面发展,为培养有理想、有道德、有文化、有纪律的社会主义建设者和接班人奠定基础。……学校和教师按照确定的教育教学内容和课程设置开展

---

[1] 全国人民代表大会.中华人民共和国教育法(2015 年修正本)[EB/OL]. http://search.chinalaw.gov.cn/law/searchTitleDetail?LawID=333337&Query=%E4%B8%AD%E5%8D%8E%E4%BA%BA%E6%B0%91%E5%85%B1%E5%92%8C%E5%9B%BD%E6%95%99%E8%82%B2%E6%B3%95&IsExact=&PageIndex=2,2015-12-27/2020-03-06.

教育教学活动,保证达到国家规定的基本质量要求。①2018 年全国教育大会上,习近平总书记强调,教育要培养德智体美劳全面发展的社会主义建设者和接班人②。之后国家出台了相关政策文件,强调劳动教育。

《道德与法制》(原《品德与生活》《品德与社会》《思想品德》)课程教学是对受教育者施加思想、政治和道德等方面影响的重要途径,是义务教育阶段"德育"的主要组成部分。开齐开足这部分课程是西部义务教育落实社会主义办学方向的基本要求,是培养有品德、纪律的社会主义建设者和接班人重要组成部分。21 世纪的社会主义现代化建设者和接班人必须具备较好的科学技术素养。《科学》(或《生物》《物理》《化学》)教育是智育的重要组成部分,是提升全民科学素质、建设创新型国家的基础。义务教育阶段的科学教育对激发和保护孩子的好奇心和求知欲,培养学生的科学精神和实践创新能力具有重要意义。《体育》(或《体育与健康》)课程是发展义务教育阶段学生身体、增进健康、挖掘人体潜力和提高运动技术水平的重要保障。身体健康是义务教育阶段学生成为社会主义现代化建设者和人民服务者的先决条件。《义务教育课程设置实验方案》要求《体育》(或《体育与健康》)课程要贯彻"健康第一"的原则。《艺术》(或《音乐》和《美术》)课程能培养义务教育阶段学生认识美、体验美、感受美、欣赏美和创造美的能力,从而使他们具有美的理想、美的情操、美的品格和美的素养。《艺术》(或《音乐》和《美术》)课程教育教学是义务教育阶段"美育"的主要组成部分,是促进义务教育阶段培养德、智、体、美等方面全面发展、培养有理想的社会主义建设者和接班人中不可缺少的环节。《综合实践活动》课程主要包括:考察探究活动、社会服务活动、设计制作活动(信息技术、劳动技术)、职业体验及其他活动,是劳动教育的重要组成部分。《综合实践活动》课程教育教学是西部地区义务教育与生产劳动相结合的主要途径,是义务教育阶段学生发展劳动素养,将所学知识转为建设社会主义和为人民服务的实践素养的平台。

因此,为了贯彻党和国家的教育方针,西部地区义务教育学校除了开齐开足《语文》《数学》和《外语》课程之外,必须开齐开足《道德与法制》

---

① 全国人民代表大会常务委员会.中华人民共和国义务教育法(2018 年修订本)[EB/OL].http://search.chinalaw.gov.cn/law/searchTitleDetail?LawID=406474&Query=%E4%B9%89%E5%8A%A1%E6%95%99%E8%82%B2%E6%B3%95&IsExact=,2018-12-29/2020-12-04.
② 新华网.习近平在全国教育大会上强调坚持中国特色社会主义教育发展道路 培养德智体美劳全面发展的社会主义建设者和接班人[EB/OL].http://www.moe.gov.cn/jyb_xwfb/s6052/moe_838/201809/t20180910_348145.html,2018-09-10/2020-03-10.

(原《品德与生活》《品德与社会》《思想品德》)、《科学》(或《生物》《物理》《化学》)、《体育》(或《体育与健康》、《艺术》(或《音乐》和《美术》和《综合实践活动》课程。这样才能保障实施素质教育,提高教育质量,使义务教育阶段学生在德、智、体、美、劳动等方面全面发展,为培养有理想、有道德、有文化、有纪律的社会主义建设者和接班人奠定基础。

(二)开齐开足国家课程是西部地区促进区域内生发展的需求

1. 开齐开足义务教育国家课程是西部地区教育内生发展的需要

第一,开齐开足国家课程是西部义务教育确保地方教育方向,促进自身高质量发展的基础。第二,课程质量是一个地方教育质量的重要体现,开齐开足国家课程是各地义务教育课程高质量发展的前提。第三,开齐开足国家课程过程是西部义务教育补充师资数量和提升师资质量的过程。第四,开齐开足国家课程将有助于推动西部义务教育硬件设施的建设与应用。第五,开齐开足国家课程,是西部义务教育地方课程和校本课程开发建设的基础。西部义务教育基于国家课程开齐开足实施地方课程和校本课程,才能在提升课程对地方、学校、学生的适应性,发挥创造性,办出特色的同时,为西部地区义务教育学生提供全国义务教育阶段学生必备的知识能力素养提供保障。第六,只有开齐开足义务教育阶段国家课程,西部地区义务教育才能保证人才培养质量,保证培养的人才在全国乃至全球范围内的学习和职业生涯中具备竞争力。

2. 开齐开足义务教育国家课程是促进西部地区经济社会文化内生发展需要

一方面,开齐开足国家课程,将为西部地区经济社会文化内生发展提供人才支持。第一,开齐开足义务教育阶段国家课程有利于提升西部地区非高等教育毕业的社会主义建设者综合素质,在区域经济社会文化建设中发挥积极作用。2019年高等教育毛入学率达51.6%[①]。由于经济社会发展相对落后,西部地区高等教育毛入学率更低,即48.4%以上的西部地区青年未接受高等教育。从长期的职业生涯来看,西部地区未接受高等教育的公民主要留在本地就业,是区域经济社会文化建设的主力军之一。开齐开足义务教育阶段国家课程对于提升这部分人员质量至关重要。

[①] 顾明远.稳步提升教育质量和水平[EB/OL].http://www.moe.gov.cn/jyb_xwfb/xw_zt/moe_357/jyzt_2020n/2020_zt25/zhuanjia/202101/t20210112_509500.html, 2021-01-12/2020-06-18.

第二，开齐开足义务教育阶段国家课程将为西部地区培养本土化的高等教育人才打下良好的基础。历年高等教育毕业生中回家乡就业的占了一定比重，即西部地区生源中有不少大学生在接受完高等教育后会选择回西部地区就业。西部地区省份在义务教育阶段开齐开足国家课程，将为西部地区培养本土化的高等教育人才打下良好的基础。

另一方面，促进西部地区义务教育发展将有助于推动地方经济社会文化发展，开齐开足义务教育阶段国家课程是促进西部地区义务教育发展的基础工作。第一，西部地区开齐开足义务教育阶段国家课程，是促进区域经济建设发展的一部分。开齐开足义务教育国家课程，需要对各科师资进行数量补充与质量提升，需要加大对各科课程所需的实验实训室和实践基地等软硬件平台的建设，需要加大义务教育课程教学运行经费投入。第二，西部地区开齐开足义务教育阶段国家课程，是促进区域社会文化建设与发展的一部分。开齐开足义务教育国家课程——师资文化、课程文化、校园文化和实践基地文化。

（三）开齐开足国家课程是西部地区促进学生全面可持续发展的重要保障

只有开齐开足国家课程，西部省份义务教育才能促进学生全面发展和个性化发展，才能为学生可持续发展打下坚实基础。

学生个体只有德智体美劳全面发展才能成为社会主义建设者和接班人，开齐开足是西部省份义务教育学校促进学生个体全面发展所需的必要前提。一个没有道德和法律意识的人是个危险的人。我国教育要求德育为先。《道德与法治》（原《品德与生活》《品德与社会》和《思想品德》）是义务教育阶段学校对学生实施德育的重要途径，需要开齐并开足课时。一个智力低下的人不可能成为人才。根据加德纳多元智力理论，个体智力至少包括言语语言智力、数理逻辑智力、视觉空间智力、音乐韵律智力、身体运动智力、人际沟通智力、自我认识智力、自然观察智力、存在智力。《语文》和《外语》是促进义务教育阶段学生言语语言智力发展的必要课程。《数学》《科学》（或选《物理》《化学》《生物》）是促进义务教育阶段学生数理逻辑智力发展的重要课程。《数学》中的几何模块和《美术》是促进义务教育阶段学生视觉空间智力发展的重要课程。《音乐》课程能有效促进义务教育阶段学生音乐韵律智力发展。《体育》是促进义务教育阶段学生身体运动智力发展的重要课程；《语文》《外语》和《道德与法治》（原《品德与生活》《品德与社会》和《思想品德》）都在促进义务教育阶段学生人际沟通智力方面发挥着重要作用。《科学》(或选《物理》《化学》是义务教育阶段学生科学、系统地认识自然的重要途径,这类课程是促进义务教育阶段学生自然观察智力发展的重要保障。加德纳的多元智力理论认为,多元智力理论认为智力是在一定的社会或文化环境的价值标准下,个体用以解决他所遇到的真正难题或困难,并在合适的时候创造出有效产品的能力。①即强调能否解决实际问题或创造出社会所需的有效产品是评价智力的核心标准。②《综合实践活动》课程教学是让义务教育阶段学生用所学知识解决实际问题的过程。另外开齐开足义务教育阶段以上国家课程,有利于学生在不同学科的学习交流中较好地发展学生的存在智力和自我认知智力。

第二,西部省份义务教育阶段学校只有开齐开足国家课程才能满足义务教育阶段学生个性化发展需要。全面发展的社会主义建设者和接班人并不意味着人与人之间、每个人的各方面间都是均衡发展,而是指每一个人在各方面都得到应有发展,需要个性化发展。首先,全面发展基础上的个性化发展具有可能性。由于遗传和后天因素,每一位学生之间都存在个体差异,每位学生学习的优势学科领域和以后主攻方向有所不同。其次,全面发展基础上的个性化发展具有必要性。随着发展社会分工越来越精细化,社会主义建设需要各行各业的人才,各类人才都平等重要。开齐开足义务教育阶段国家课程是西部地区促进义务教育阶段学生在全面发展基础上个性化发展的前提条件。

第三,西部地区义务教育学校开齐开足才能满足学生个人可持续发展需求。我国义务教育是基础教育的主要组成部分,基础教育要为学生后面的终身学习和发展打下坚实基础。一方面,以为教育阶段学生处于人生生涯发展初期,还有很多的不确定性,今后学习或从事的领域都还无法确定。另一方面,知识与技术更新周期越来越短。有研究认为现在知识更新的周期已经缩短为 2—5 年,网络技术的更新周期更是从 18 个月缩短为 8 个月。③新的工作岗位不断涌现,同时不断有原有的工作岗位被淘汰。因此,义务教育阶段学生需要全面学习基础知识与技能,为今后进一步学习与职业生涯发展打下坚实基础。义务教育阶段国家课程所学

---

① Howard Gardner.Frames of mind: The theory of multipleintelligences (2ndEdition)[M].New York, Basic Books, 1993.
② 周朝正,吴先勇.多元智力视域下的中学数学教科书要素研究[J].教学与管理,2016(15):84-87.
③ 龙跃.现代服务环境下制造服务创新的内涵与外延[J].华东经济管理,2012, 26(07):67-70.

的知识与技能是将来无论从事任何领域学习或从事任何职业都需要掌握的,必须开齐开足这类课程。

二、当前西部地区义务教育国家课程开齐开足率有待提升

通过不断努力,我国西部地区义务教育阶段国家课程开齐率和开足率都得到了不断提升。但还存在一些问题,第一,有的西部省份的义务教育课程设置与实施的政策文件相对陈旧,不同省份间各门课程课时量存在一定的差异。第二,西部省份义务教育国家课程开齐率不足。如广西教育研究院于 2017 年 9 月 19 日至 30 日组织 5 个调研组深入全区 14 个市开展"义务教育阶段课程实施情况"专项调研工作,发现 38% 的义务教育学校未开齐国家课程。第三,西部省份义务教育阶段国家课程课时开足率有待提升。如广西教育研究院调研发现,广西 63% 的小学未开足国家课程课时,74% 的初中学校未开足国家课程课时。另外,义务教育阶段国家课程开齐开足监督机制有待进一步建立完善。

三、开齐开足西部义务教育国家课程需深入研究

当前我国西部地区义务教育阶段国家课程的开齐开齐率与课时开足率,以及这些课程师资/教学条件与教学质量与东部发达省份相比,都存在一定的差距。在西部不同省份间义务教育阶段国家课程开齐开足情况有差异,甚至同一省份不同地区或不同类型学校间的国家课程开齐开足情况也存在差异。不同地区或不同类型学校导致义务教育国家课程未开齐和未开足课时的原因也各有差异。因此,有必要就我国西部省份义务教育国家课程未开齐开足问题进行深入研究。

第一,通过义务教育阶段国家课程政策文件的解读,为西部省份义务教育阶段课程相关教育工作者系统梳理出最新的义务教育阶段国家课程体系。第二,通过以广西为主要研究案例,就义务教育阶段国家课程开齐开足情况调查,为西部省份各级教育行政部门和义务教育阶段学校提供当前义务教育阶段国家课程开齐开足现状,分析存在问题及原因。第三,通过对部分省份间义务教育阶段国家课程设置与实施情况进行比较,为西部义务教育国家课程设施与实施提供启示。第四,为我国西部省份完善义务教育阶段国家课程开设量与实施提供政策建议。同时也为地方教育行政部门和义务教育学校提供课程开设与实施的指导。

第二节 已有研究综述

通过"义务教育+课程开设""小学+课程开设"和"初中+课程开设"等关键词的组合,在 cnki 等学术数据库系统搜集有关文献资料,没有搜集到专门系统研究义务教育国家课程开齐开足的研究,但有不少关于某一门课程开齐开足情况的研究。这些研究主要涉及小学英语、小学德育、综合实践、小学科学、初中职业教育和心理健康教育几个课程。在本研究的过程中,获得了广西教育研究院大力支持,尤其是为我们提供了研究院在 2017 得出的《广西义务教育阶段课程实施情况专项调研报告》,为本研究的开展提供了重要基础。现将相关文献综述如下几个方面。

一、关于义务教育阶段开设某一门课程的必要性的研究

梁怀林在《浅谈在我国初中开设综合课程》(1989)中认为传统分科课程日益暴露了一些问题:分科课程与科学知识整体性之间的矛盾、分科课程的科目有限性与现代科学知识迅猛增长之间的矛盾、传统的分科课程与现代教育观念之间的矛盾和为升学服务的分科课程与公民教育之间的矛盾等。并认为解决这些矛盾的主要出路之一是开设综合课程。

二、关于义务教育阶段某一门课程开设现状的研究

杨旭红在《小学德育新课程开设现状、问题与对策——来自重庆市南岸区的调查报告》(2009)中,对重庆南岸区 12 所不同层次小学的教师进行了访谈。发现德育课程开设较好。其中 11 所学校低年级周课时为 3 节课,高年级为 2 节课,有 1 所学校高段周课时只有 1 节。没有一所学校有专职教师。

高宝玲和郑飙在《厦门市小学科学课程开设现状调查研究》(2010)中发现:厦门市各区科学课程开设的辐射面达 99%,开设的年级是 3—6 年级;小学科学课程的课时按照课程计划执行的情况是"基本执行";各区的小学科学教师基本由原来的自然课程教师担任,厦门各区间师资数量差异大,师资专业各不相同,基本上所有老师在上岗前都受到了相关技能培训;各区有开设科学课程的学校都建设科学实验室 1—2 间,并且基本能配备实验仪器,但实验材料普遍不足;教学质量良好。

有不少学者对不同地区小学开设英语课程的现状进行了研究。例如，李培艳在《城乡接合部小学英语课程开设现状及对策分析》（2011）中指出，城乡接合部 82% 的学校无专业或专职英语教师，英语教学设备与城市小学相比相差比较大，基本都是在三年级才开始开设英语，且周学时均偏低。黎茂昌在《关于广西北部湾小学英语课程开设的思考——以钦州市为研究个案》（2009）中指出，钦州市城区小学中开设英语的学校占 100%，乡镇小学开设英语的学校占 96.7%，但农村小学开设英语的学校所占比例只有 0.7%。已开设英语课程的小学基本都是从三年级开始，绝大多数周课时均为 2 节，基本符合课程标准的要求。师资中英语专业毕业的不到三分之一。

贺永平在《农村初中开设职业技术教育课程浅析》（2006）中认为目前的普通初中教育没有认识到职业技术教育对于初中学生的重要性，忽视了对初中生进行一定的职业训练和职业教育。

张恩在《城镇小学心理健康教育课程开设现状调查及对策研究——以平山镇为例》（2015）中，发现：课程开设班级数只占到总班级数的 21.7%，课程开设班级数量由低年级到高年级增多；开设心理健康课程的班级，开设数量也非常的少，而且没有计划和具体上课时间，上课比较随性；只有 17% 学校有心理咨询室，且几乎没有投入使用；所有学校都没有专职的心理老师，而且很多负责心理健康教育老师都没经历过相关培训。

三、关于义务教育阶段某一门课程开设中存在问题及原因的研究

杨旭红在《小学德育新课程开设现状、问题与对策——来自重庆市南岸区的调查报告》（2009）中指出了小学德育课程实施中还存在一些问题：在教学实施中课时未得到有效保证；教学研究走形式；任课教师对课程缺乏深入研究。杨旭红认为，领导与教师对德育课程重视不够，德育课程评价体系不完善，学校德育全面育人目标与家庭教育的畸形目标间存在反差，各校课程设置与实际教学不相一致是导致以上问题的原因。

杨今宁在《小学"品德与生活（社会）"课程开设现状的分析与反思》中探讨了"品德与生活（社会）"课程的实施中存在问题：实际开课率低下；兼职教师居多，教师专业建设与成长无从谈起；教研活动及业务培训缺失，封闭授课现象严重；课堂教学改革表面化，教学特色不突出，教学效果较差。并指出了存在这些问题的原因：社会和教育行政部门对"品德与生活（社会）"课程的专业性认识不足；任课教师的角色认同程度低下；家长对子女的思想品德教育认识淡漠。

黎茂昌在《关于广西北部湾小学英语课程开设的思考——以钦州市为研究个案》(2009)中认为,师资缺乏和教育局没有严格要求要开设小学英语课程是很多钦州市农村小学没有开设英语课的原因。

高宝玲和郑飙在《厦门市小学科学课程开设现状调查研究》(2010)中指出,中厦门市小学科学课程开设中存在如下一些问题:各方重视程度不够;教师数量不足,其科学素养和专业发展不太理想;科学实验室、课程资源建设薄弱;教学质量仍有提升空间;课程的教学考核评价体系存在缺陷。

张恩在《城镇小学心理健康教育课程开设现状调查及对策研究——以平山镇为例》(2015)中,指出了存在问题:课程开设班级数量少,课程安排次数少,课程开设内容不全面,设施不完善;课程内容不科学、不规范;专职教师资源严重匮乏;学校没有详细的心理健康教育方面的规章制度。

四、关于提升义务教育阶段某一门课程开设量与质的提升策略的研究

梁怀林在《浅谈在我国初中开设综合课程》(1989)中指出,建立我国的综合课程时必须考虑如下几个问题:马克思主义课程论思想是我们设置课程的理论基础,注意文化传统与课程改革的关系,注意科学发展的分化与综合的辩证统一关系,要考虑到我国分科课程的传统的作用。

杨旭红的研究《小学德育新课程开设现状、问题与对策——来自重庆市南岸区的调查报告》(2009),在针对重庆南岸区小学德育课程实施中存在问题,提出了相应的对策:加大重视力度,加强队伍建设;建立德育课程评价制度,加强德育督导评估;加强德育教学方法的创新;鼓励研发校本课程;加强家、校、社区合作,促德育课程改革。

高宝玲和郑飙在《厦门市小学科学课程开设现状调查研究》(2010)中也探究了提升小学科学课程开设对策:转变各方观念,增加投入,获得更多行政支持;加强培训,提高教师专业素养和课程教学质量;多渠道筹集资金,加强课程的材料支持;借鉴国外的经验,多渠道获取社区支持;建立更好的评价机制;科学课程应该从一年级或者二年级开始开设,以便和幼儿园的科学教育衔接,上课环境应以实验场所居多。

李培艳在《城乡接合部小学英语课程开设现状及对策分析》(2011)中探究了改善城乡接合部小学英语现状的对策:学校主管部门应将穷人教育学的理念融入办好城乡接合部小学;加强师资队伍建设积极提高教师队伍素质;综合治理切实抓好入门教学。

黎茂昌在《关于广西北部湾小学英语课程开设的思考——以钦州市为研究个案》(2009)中提出,小学英语课程开设的对策有:加强现任小学英语师资的培训;加强小学英语教育专业师资之前培养,提升学历;引导教师提升自身专业技能。

贺永平在《农村初中开设职业技术教育课程浅析》(2006)中探析了农村初中职业技术教育课程开设的内容与形式:职业技术教育课应依据农村初中教育的实际来开设;职业技术教育课可以通过灵活多样的形式来开设,如选修课、活动课、实践课等,这样可以满足不同学生的需要;除了开设职业技术教育课程外,农村初中的教师还应该结合实际,在学科中渗透职业技术教育。

张恩在《城镇小学心理健康教育课程开设现状调查及对策研究——以平山镇为例》(2015)中,针对存在问题,提出了改进建议:认识城镇小学心理健康教育课程开设的重要性,注重师资队伍建设,选择合适有效的课程内容和教学方法。

五、关于广西义务教育阶段课程开齐开足的研究

郑晓华2013年发表了《广西来宾市义务教育课程开设问题与政策建议》。他通调查发现来宾市义务教育阶段课程开设存在以下问题:师资不足,学科结构不合理,存在结构性缺编;农村地区教师待遇低下,工作条件艰苦;县城班额越来越大,各种教育资源更加紧张;部分主科课程教学内容过多,而教学时数偏少不够用;个别学校领导对课程开设认识不到位。针对这些问题应该继续优化教师结构,尽可能地改变教师结构性缺编的现状,开齐开足课程;政府要加强支持力度,加大经费投入,保证学校的硬件设施到位;加强教师队伍建设,淡化考试评价体系;增加地方课程和校本课程的开发力度;切实增加教师工资、改善福利待遇;学校领导和教师要重视副科科目的开设,减少主科挤占副科课时的现象。①

洪柳在《教育均衡发展视阈下广西农村义务教育课程实施现状、问题与对策》(2014)中指出:广西农村义务教育课程实施存在城乡课程资源配置不均,应试教育思想根深蒂固,"主科"强势占领课程阵营,严重缺乏"副科"专职教师和教学设施等问题。广西农村义务教育学校师资配备不足,教学设备和设施不足,教师队伍的稳定性不足是其主要原因。为

---

① 郑晓华.广西来宾市义务教育课程开设问题与政策建议[J].人力资源管理,2013(09):188-190.

促进广西农村中小学义务教育课程计划的实施,应完善广西农村中小学校课程管理,加强广西农村中小学师资队伍建设,加大对广西农村义务教育课程实施的各项投入,合理改革教师配置比例。[①]

为全面了解我区义务教育学校课程开设情况及课程实施中存在的突出困难和问题,探索解决课程开设和实施问题的办法,广西教育研究院于2017年9月19日至30日组织5个调研组深入全区14个市开展"义务教育阶段课程实施情况"专项调研工作,形成了《广西义务教育阶段课程实施情况专项调研报告》。该研究从课程开齐、开足情况,科目开设情况,专任教师情况和教学仪器设备情况几方面深入分析了广西义务教育阶段课程实施基本情况;调研得出广西义务教育阶段课程实施的主要经验与做法有:城乡义务教育集团化办学,解决课程实施中的资源不平衡问题,教学点数字教育资源全覆盖,帮助困难学校落实课程;加强检查指导,促进落实学校课程计划。研究发现广西九年义务教育课程计划未能与实际课程教学相符,教师队伍无法满足开齐开足国家课程的需要,教学仪器设备和专业技术人员未能保障课程实施,课程实施评价机制无法引导课程的有效落实。并提出了广西义务教育课程实施的对策及建议:(及时重新修订完善广西课程计划,使计划与现实教学相符;加强师资队伍建设,破除义务教育课程开足开齐的瓶颈;加强基础设施和装备建设,保障课程所需的设备和场地;注重课程实施评价,建立科学的课程评价及监管机制。

综上可知,不少学者对义务教育阶段各课程开齐开足方面进行了研究,取得了不少研究成果。尤其是广西教育研究院的《广西义务教育阶段课程实施情况专项调研报告》(2017),已对广西义务教育阶段课程开齐开足情况进行了深入调研,为本研究指明了研究侧重点,提供了大量的研究数据。但2016年4月8日,教育部办公厅发布了《教育部办公厅关于2016年中小学教学用书有关事项的通知》"品德与生活""思想品德"教材名称统一更改为"道德与法治";2017年1月19日,教育部印发了《义务教育小学科学课程标准》要求从小学1—2年级开始开设《科学课程》,2017年9月25日,教育部印发了《中小学综合实践活动课程指导纲要》,对各学年最低学时要求做出了明确规定,对原来的综合实践活动主要主题(内容)做了调整。这些相关义务教育课程设置与实施的系列政策文件,近两年陆续得到了落实。

基于近两年较为密集的关于义务教育国家课程设置与实施政策文件

---

① 洪柳.教育均衡发展视阈下广西农村义务教育课程实施现状、问题与对策[J].广西师范大学学报(哲学社会科学版),2014,50(04):19-23.

的落实和已有研究留下的研究空间,本研究从以下几方面进行了研究:系统梳理义务教育阶段课程设置与实施的相关政策文件,梳理出最新的国家课程体系;进一步对当前广西义务教育阶段国家课程开齐开足情况进行调查;从义务教育阶段国家课程设置与实施两方面与其他部分省份间进行比较;在此基础上探究广西义务教育阶段国家课程设置与实施的策略。

第三节 研究目标与研究内容

一、研究目标

本研究出于如下的研究目标:
第一,系统解读义务教育阶段国家课程体系及要求。
第二,深入调查研究广西义务教育阶段国家课程开齐开足情况。
第三,探析广西义务教育阶段国家课程开设中存在问题及原因。
第四,西部地区部分省份与非西部地区部分省份间的比较中获得西部地区义务教育阶段国家课程设置与实施的启示。
第五,探索西部地区义务教育阶段国家课程课设置与实施的策略。

二、研究内容

基于研究目标,本研究包括了如下几方面的研究内容:
第一,当前我国义务教育阶段国家课程体系分析。
第二,广西义务教育阶段国家课程开齐开足现状调查研究。
第三,广西义务教育阶段国家课程开设中存在问题研究。
第三,广西义务教育阶段国家课程开设中存在问题的原因分析。
第五,西部地区部分省份与非西部地区义务教育阶段国家课程设置与实施比较研究。
第六,提升西部地区义务教育阶段国家课程开齐率和开足的策略建议。

第四节 研究方法

本研究通过定量研究和质性研究相结合,主要包括文献法、调查法、观察法个案例研究法。

一、文献法

第一方面,收集有关义务教育阶段国家课程相关的国家政策文件,系统解读义务教育阶段国家课程体系。第二方面,收集有关广西义务教育阶段课程开设相关文件、课程计划和课程实施等方面的文献资料,了解广西义务教育阶段国家课程实施相关政策,了解开齐、开足现状,进而分析存在问题和原因。第三方面,收集广西以外部分西部地区(四川)和非西部地区部分省份(湖南、江苏、广东<深圳>)的义务教育课程开设相关政策、课程计划和实施等方面的文献资料,进行深入的比较分析。

二、调查法

通过分层抽样对桂(广西)中部地区的 A 市,桂东北地区的 B 市,桂东南地区的 C 市,桂南地区的 D 市,桂南地区的 E 市内部分县的部分义务教育学校的部分师生进行问卷调查和访谈调查。

综合考虑区域分布和教育发展程度,选定江苏省(苏)、重庆市(渝)和云南省(滇)3 省进行抽样调查。每个省份主要选定 2 个市后,按照县城及以上初中、乡镇初中、县城及以上小学、中心小学、村小和教学点进行分层抽样选定调查学校,然后再通过抽样对部分师生发放问卷调查和访谈调查。

三、观察法

研究期间,安排研究成员前往广西区内的 6 个县(区),云南楚雄州的 3 个县(市),江苏省南京市 2 个区(县),重庆市 1 个区(县)内的部分义务教育学校和部分教育局进行现场调研,调研期间通过观察法对义务教育国家课程设置、实施与教学条件等进行现场观察。

四、个案研究法

以广西壮族自治区为主要研究个案,系统研究其义务教育阶段课时计划及相关政策、义务教育国家课程开齐开足情况、存在问题及原因。另外对湖南、江苏、四川和广东(深圳)的义务教育课程计划(实施方案)进行深入分析比较,江苏省(苏)、重庆市(渝)和云南省(滇)义务教育阶段国家课程开齐开足情况进行调查比较。

第二章 我国义务教育阶段国家课程体系解读

第一节 《义务教育课程设置实验方案(2001)》及其制定前后相关的国家政策解读

一、《义务教育课程设置实验方案(2001)》制定前的相关政策解读

2001年5月29日,国务院发布了《国务院关于基础教育改革与发展的决定》。《决定》要求加快构建符合素质教育要求的新的基础教育课程体系。小学加强综合课程,初中分科课程与综合课程相结合。从小学起逐步按地区统一开设外语课,中小学增设信息技术教育课和综合实践活动,中学设置选修课。中小学都要积极开展科学技术普及活动。加强劳动教育,积极组织中小学生参加力所能及的社会公益劳动,培养学生热爱劳动、热爱劳动人民的情感,掌握一定的劳动技能。实行国家、地方、学校三级课程管理。国家制定中小学课程发展总体规划,确定国家课程门类和课时,制定国家课程标准,宏观指导中小学课程实施。在保证实施国家课程的基础上,鼓励地方开发适应本地区的地方课程,学校可开发或选用适合本校特点的课程。切实提高学生体质和健康水平,增加体育课时并保证学生每天参加一小时体育活动。按照国家规定开设艺术课程,提高艺术教育教学质量。大力普及信息技术教育,以信息化带动教育现代化。[①]

2001年6月8日,教育部印发了《基础教育课程改革纲要(试行)》。改变课程结构过于强调学科本位、科目过多和缺乏整合的现状,整体设置九年一贯的课程门类和课时比例,并设置综合课程,以适应不同地区和学

---

① 国务院.国务院关于基础教育改革与发展的决定[EB/OL].http://www.gov.cn/gongbao/content/2001/content_60920.htm, 2001-05-29/2019-12-31.

生发展的需求,体现课程结构的均衡性、综合性和选择性。整体设置九年一贯的义务教育课程。小学阶段以综合课程为主。小学低年级开设品德与生活、语文、数学、体育、艺术(或音乐、美术)等课程;小学中高年级开设品德与社会、语文、数学、科学、外语、综合实践活动、体育、艺术(或音乐、美术)等课程。初中阶段设置分科与综合相结合的课程,主要包括思想品德、语文、数学、外语、科学(或物理、化学、生物)、历史与社会(或历史、地理)、体育与健康、艺术(或音乐、美术)以及综合实践活动。积极倡导各地选择综合课程。学校应努力创造条件开设选修课程。在义务教育阶段的语文、艺术、美术课中要加强写字教学。小学至高中设置综合实践活动并作为必修课程,其内容主要包括:信息技术教育、研究性学习、社区服务与社会实践以及劳动与技术教育。[①]

二、《义务教育课程设置实验方案(2001)》内容解读

2001年11月19日,教育部办公厅印发了《义务教育课程设置实验方案》(以下简称《方案》)。《方案》是我国义务教育阶段课程设置与实施的根本性文件,包括培养目标、课程设置的原则、课程设置(义务教育课程设置表、义务教育课程设置及比例)和义务教育课程设置的有关说明四大部分。《方案》对我国1—9年级课程设置及比例做出了明确的规定(具体见表2-1 义务教育课程设置及比例)。《方案》还就不同省份及民族学校等特殊学校课程设置与实施,教学周,晨会、班队会、科技文体活动安排,综合实践活动课程,课程类型等做出了补充说明:(1)省级教育行政部门根据本省不同地区社会、经济、文化发展的实际情况,制定不同的课程计划。但学年课时总数和周课时数应控制在国家所规定的范围内,根据教育部关于地方课程、学校课程管理与开发的指导意见,提出本省地方课程、学校课程管理与开发的具体要求,并报教育部备案。(2)民族学校、复式教学点、简易小学等学校的课程设置,由省级教育行政部门自主决定。(3)每学年上课时间35周。学校机动时间2周,由学校视具体情况自行安排,如学校传统活动、文化节、运动会、远足等。复习考试时间2周,初中最后一年的第二学期毕业复习考试增加2周。寒暑假、国家法定节假日共13周。(4)晨会、班队会、科技文体活动等,由学校自主安排。(5)综合实践活动是国家规定的必修课,其具体内容由地方和学校根据

---

① 教育部.教育部关于印发《基础教育课程改革纲要(试行)》的通知[EB/OL].http://www.moe.gov.cn/srcsite/A26/jcj_kcjcgh/200106/t20010608_167343.html, 2001-06-08/2020-01-30.

教育部的有关要求自主开发或选用。综合实践活动的课时可与地方、学校自主使用的课时结合在一些使用,可以分散安排,也可以集中安排。(6)小学阶段的课程以综合课程为主,初中阶段设综合或分科课程,供地方和学校自主选择。地方和学校可选择以综合为主的课程,也可选择以分科为主的课程,还可以选择分科与综合相结合的课程,鼓励各地选择综合课程。(7)各门课程均应结合本学科特点,有机进行思想道德教育。(8)环境、健康、国防、安全等教育应渗透在相应的课程中。另外,《方案》还对体育和外语课程设置与实施作了说明。①

表2-1 义务教育课程设置及比例(2001)

课程门类	年级 一	二	三	四	五	六	七	八	九	九年课时总计(比例)
	品德与生活	品德与生活	品德与社会	品德与社会	品德与社会	品德与社会	思想品德	思想品德	思想品德	7%~9%
							历史与社会(或选择历史、地理)			3%~4%
			科学	科学	科学	科学	科学(或选择生物、物理、化学)			7%~9%
	语文	语文	语文	语文	语文	语文	语文	语文	语文	20%~22%
	数学	数学	数学	数学	数学	数学	数学	数学	数学	13%~15%
			外语	外语	外语	外语	外语	外语	外语	6%~8%
	体育	体育	体育	体育	体育	体育	体育与健康	体育与健康	体育与健康	10%~11%
	艺术(或选择音乐、美术)									9%~11%
	综合实践活动									16%~20%
	地方与学校课程									
周总课数(节)	26	26	30	30	30	30	34	34	34	274

① 教育部办公厅.教育部关于印发《义务教育课程设置实验方案》的通知[EB/OL].http://www.moe.gov.cn/srcsite/A26/s7054/200111/t20011121_166076.html, 2001-11-19/2020-01-31.

续表

	年			级						九年课时总计(比例)
	一	二	三	四	五	六	七	八	九	
学年总时(节)	910	910	1050	1050	1050	1050	1190	1190	1122	9522
备注	1、表格内为各门课的周课时数,九年总课时按每学年35周上课时间计算。 2、综合实践活动主要包括：信息技术教育、研究性学习、社区服务与社会实践以及劳动与技术教育。									

三、《义务教育课程设置实验方案(2001)》制定后相关的国家政策梳理

2008年9月5日,教育部印发了《教育部关于进一步加强中小学艺术教育的意见》。进一步强调九年义务教育阶段艺术类课程占总课时的9%—11%（总课时数为857—1047课时）,各省级教育行政部门在制订本地区课程实施计划时,课时总量不得低于国家课程方案规定的下限,初中阶段艺术类课程开课不低于艺术课程总课时数的20%。建议采取"走教""支教""巡回教学""流动授课""定点联系""对口辅导"等多种形式,解决农村学校艺术教师短缺、教学质量不高的问题,充分利用现代信息技术手段缓解中小学校,特别是农村学校艺术教育资源的不足。

2013年1月18日,教育部印发《中小学书法教育指导纲要》。指出义务教育阶段书法教育以语文课为主,也可在其他学科课程、地方和校本课程中进行。其中,小学3—6年级每周安排1课时用于毛笔字学习。[①]

2014年3月30日,教育部印发了《教育部关于全面深化课程改革落实立德树人根本任务的意见》。要求要统筹各学科,特别是德育、语文、历史、体育、艺术等学科。充分发挥人文学科的独特育人优势,进一步提升数学、科学、技术等课程的育人价值。同时加强学科间的相互配合,发挥综合育人功能,不断提高学生综合运用知识解决实际问题的能力。修订课程方案和课程标准。依据学生发展核心素养体系,进一步明确各学段、各学科具体的育人目标和任务,完善高校和中小学课程教学有关标准。各地和学校要全面落实基础教育国家课程方案,要将综合实践活动、技

---

① 教育部.中小学书法教育指导纲要[EB/OL].http://old.moe.gov.cn/publicfiles/business/htmlfiles/moe/moe_714/201301/xxgk_147389.html,2013-01-18/2020.02.02.

术、音乐、美术、体育等课程开设情况作为考核学校工作的重要内容。各地要做好地方课程和学校课程的规范管理和分类指导。

2015年7月20日教育部、共青团中央、全国少工委联合印发了《关于加强中小学劳动教育的意见》,指出要根据《义务教育课程设置实验方案》和《普通高中课程方案(实验)》,将国家规定的综合实践活动课程、通用技术课程作为实施劳动教育的重要渠道,开足开好。要明确并保证劳动教育课时,义务教育阶段三到九年级切实开设综合实践活动中的劳动与技术教育课……各地各校可结合实际在地方和学校课程中加强劳动教育……其他课程中融入劳动教育。[1]

2016年4月8日,教育部办公厅发布了《教育部办公厅关于2016年中小学教学用书有关事项的通知》。通知指出从2016年起,将义务教育小学和初中起始年级"品德与生活""思想品德"教材名称统一更改为"道德与法治"。[2] 在此之后修订的义务教育课程计划和学校课程表中的课程名称也都基本统一改为"道德与法治"。

2017年1月19日,教育部印发了《义务教育小学科学课程标准》。基于学生的年龄特征与认知规律,该标准把小学六年学习时间划分为1—2年级、3—4年级、5—6年级三个学段[3],即由原来从小学三年级开始开设科学课程改为从小学一年级开始开设科学课程。

2017年9月25日,教育部印发了《中小学综合实践活动课程指导纲要》。《纲要》要求小学一二年级就要开始开设综合实践活动课程(2001年印发的《义务教育课程设置实验方案》规定从小学三年级开始开设)。另外,纲要再次强调综合实践活动是国家义务教育和普通高中课程方案规定的必修课程,与学科课程并列设置,是基础教育课程体系的重要组成部分。该课程由地方统筹管理和指导,具体内容以学校开发为主,自小学一年级至高中三年级全面实施。小学1—2年级,平均每周不少于1课时;小学3—6年级和初中,平均每周不少于2课时。纲要还就综合实践活动课程与学科课程关系、综合实践活动课程与专题教育、中小学综合实践活

---

[1] 教育部、共青团中央、全国少工委.关于加强中小学劳动教育的意见[EB/OL].https://kxzxdxx.30edu.com.cn/Article/15bd052a-2fa3-40fc-ba80-de4dadaf8722.shtml, 2015-07-20/2020.02.02.
[2] 教育部办公厅.教育部办公厅关于2016年中小学教学用书有关事项的通知[EB/OL].http://old.moe.gov.cn//publicfiles/business/htmlfiles/moe/s8001/201404/xxgk_167340.html, 2016-04-08/2020.02.01.
[3] 中华人民共和国教育部.义务教育小学科学课程标准[EB/OL].http://old.moe.gov.cn//publicfiles/business/htmlfiles/moe/s8001/201404/xxgk_167340.html, 2017-01-19/2020.02.01.

动推荐主题给出了指导。(1)综合实践活动课程与学科课程关系。在设计与实施综合实践活动课程中，要引导学生主动运用各门学科知识分析解决实际问题，使学科知识在综合实践活动中得到延伸、综合、重组与提升。学生在综合实践活动中所发现的问题要在相关学科教学中分析解决，所获得的知识要在相关学科教学中拓展加深。防止用学科实践活动取代综合实践活动。(2)综合实践活动课程与专题教育关系。允许将有关专题教育，如优秀传统文化教育、革命传统教育、国家安全教育、心理健康教育、环境教育、法治教育、知识产权教育等，转化为学生感兴趣的综合实践活动主题，让学生通过亲历感悟、实践体验、行动反思等方式实现专题教育的目标，防止将专题教育简单等同于综合实践活动课程。要在国家宪法日、国家安全教育日、全民国防教育日等重要时间节点，组织学生开展相关主题教育活动。(3)《纲要》推荐的中小学综合实践活动主题包括考察探究活动、社会服务活动、设计制作活动(信息技术、劳动技术)、职业体验及其他活动。[①]

2019年1月29日，教育部办公厅印发了《教育部办公厅征求对<关于全面加强新时代大中小学劳动教育的意见(征求意见稿)>意见的函》。该征求意见稿要求落实时间要求"中小学平均每周不少于1课时"。[②]2019年11月26日，中央全面深化改革委员会第十一次会议审议通过了《关于全面加强新时代大中小学劳动教育的意见》。但由于还未见教育部印发最终的意见稿，无法确定最终的课时要求。

第二节 当前我国义务教育课程体系分析

自2001年《义务教育课程设置实验方案》实施后，教育部等部门发布了涉及义务教育课程设施与实施的系列政策文件，对义务教育课程设置中的部分课程名称、开设起始年级和课时分配等方面做出了调整，主要包括如下5个方面：(1)《教育部关于进一步加强中小学艺术教育的意见》(2008)明确规定了初中阶段艺术类课程开课不低于艺术课程总课

---

① 教育部. 中小学综合实践活动课程指导纲要 [EB/OL].http://www.moe.gov.cn/srcsite/A26/s8001/201710/t20171017_316616.html, 2017-09-25/2020-02-01.

② 教育部办公厅. 关于全面加强新时代大中小学劳动教育的意见(征求意见稿) [EB/OL].http://www.havct.edu.cn/sites/xbxxgcxy/jyjx/j/o/1woj.html, 2019-02-25/2020.02.01.

时数的 20%。（2）《中小学书法教育指导纲要》（2013）指出，义务教育阶段书法教育以语文课为主，也可在其他学科课程、地方和校本课程中进行，小学 3—6 年级每周安排 1 课时用于毛笔字学习。（3）《教育部办公厅关于 2016 年中小学教学用书有关事项的通知》指出，义务教育小学和初中起始年级"品德与生活""思想品德"教材名称统一更改为"道德与法治"。相应地，各省新修订的义务教育课程计划和学校课程表中的课程名称也都统一用"道德与法治"代替原来的"品德与生活（社会）"和"思想品德"。（4）根据《义务教育小学科学课程标准》（2017），从小学一年级开始开设《科学》课程。（5）《中小学综合实践活动课程指导纲要》（2017）中对《综合实践活动》的课时安排做出了更具体的规定：小学 1—2 年级，平均每周不少于 1 课时；小学 3—6 年级和初中，平均每周不少于 2 课时。

表 2-2　当前国家义务教育课程设置表（根据系列文件修改得出）

课程	年级								
	一	二	三	四	五	六	七	八	九
国家必修课程	道德与法治（变化：统一课程名称）								
							历史与社会（或选用历史、地理）		
	科学（或选择生物、物理、化学）（变化：从一年级开始开设）						科学（或选用）		
	语文	语文	语文	语文	语文	语文	语文	语文	语文
	数学	数学	数学	数学	数学	数学	数学	数学	数学
			外语	外语	外语	外语	外语	外语	外语
	体育	体育	体育	体育	体育	体育	体育与健康	体育与健康	体育与健康
	艺术（或选择：音乐、美术）								
	综合实践活动（变化：明确 1—2 年级周课时不少于 1；3—9 年级周课时不少于 2）								
地方与学校课程									

表 2-3　当前国家义务教育课程设置及比例（根据系列文件修改得出）

课程门类	年级 一	二	三	四	五	六	七	八	九	九年课时总计（比例）
	道德与法治	道德与法治	道德与法治	道德与法治	道德与法治	道德与法治	道德与法治	道德与法治	道德与法治	7% ~ 9%
							历史与社会（或选择历史、地理）			3% ~ 4%
	科学	科学	科学	科学	科学	科学	科学（或选择生物、物理、化学）			7% ~ 9%
	语文	语文	语文	语文	语文	语文	语文	语文	语文	20% ~ 22%
	数学	数学	数学	数学	数学	数学	数学	数学	数学	13% ~ 15%
			外语	外语	外语	外语	外语	外语	外语	6% ~ 8%
	体育	体育	体育	体育	体育	体育	体育与健康	体育与健康	体育与健康	10% ~ 11%
	艺术（或选择音乐、美术）									9% ~ 11%
	综合实践活动									16% ~ 20%
	地方与学校课程									
周总课数（节）	26	26	30	30	30	30	34	34	34	274
学年总时（节）	910	910	1050	1050	1050	1050	1190	1190	1122	9522
备注	1. 表格内为各门课的周课时数，九年总课时按每学年 35 周上课时间计算。 2. 综合实践活动主要包括：考察探究活动、社会服务活动、设计制作活动（信息技术、劳动技术）、职业体验及其他活动。 3. 初中阶段艺术类课程开课不低于艺术课程总课时数的 20%									

第三章 广西义务教育阶段国家课程设置与实施现状调查

为了深入了解广西义务教育阶段国家课程开齐开足情况,课题组编制了《01 广西义务教育阶段国家课程开齐开足情况调查问卷(小学教师卷)》《02 广西义务教育阶段国家课程开齐开足情况调查问卷(小学生卷)》《03 广西义务教育阶段国家课程开齐开足情况调查问卷(初中教师卷)》和《04 广西义务教育阶段国家课程开齐开足情况调查问卷(初中生卷)》4 个版本的调查问卷并预测修改后,正式在桂中 A 市、桂东北 B 市、桂东南 C 市、桂南 D 市、桂西 E 市发放。

第一节 广西义务教育阶段国家课程设置与实施调查样本构成分析

一、广西小学教师卷样本构成统计分析

共回收小学教师网络问卷 636 份,纸质问卷发放 750 份回收 734 份,合计回收小学教师卷问卷 1370 份。在回收的 1380 份问卷中,剔除无效问卷 359 份,剩余有效问卷 1011 份,有效问卷回收率为 72.94%,达到了"可以作为研究结论的依据"的回收率标准要求。

回收小学教师卷 1011 份有效问卷中,不同地区样本(小学教师)来源的学校构成如下:

表 3-1 小学教师任教学校类型统计表

地区	小学类型				合计
	城市小学	乡镇中心小学	村小	教学点	
桂中 A 市	100	54	36	0	190

续表

桂东北 B 市	54	110	34	0	198
桂南 D 市	95	74	42	3	214
桂东南 C 市	36	64	89	6	195
桂西 E 市	40	104	62	8	214
合计	325	406	263	17	1011

回收小学教师卷1011份有效问卷中,教师任教科目情况如下:

表3-2 小学教师任教科目情况统计表

地区	学校类型	语文	数学	英语	科学	体育	美术	音乐	综合实践活动	探究性学习	信息技术	综合学习与实践	其他	合计
桂中A市	城市小学	28	44	8	8	12	4	6	16		4	4	50	210
	中心小学	18	30	8	16	14	20	20	4		14	2	12	176
	村小	36	0	0	0	36	0	18	0		18	0	0	126
	合计	82	74	16	24	62	24	44	20		36	6	62	512
桂东北B市	城市小学	24	22	8	0	0	0	4	0	0	0	0	4	62
	中心小学	40	34	18	12	18	10	8	6	8	2	2	2	176
	村小	16	12	4	12	4	18	6	10	0	0	2	2	94
	合计	80	68	30	24	22	20	20	16	8	2	4	8	332
桂南D市	城市小学	46	34	4	23	30	2	7	25	24	5	14	36	295
	中心小学	44	27	13	21	14	14	14	27	7	9	11	19	260
	村小	18	12	12	12	6	12	18	6	6	6	0	0	126
	教学点	3	0	3	0	0	0	0	0	0	0	0	0	6
	合计	111	73	32	56	50	28	39	58	37	20	25	55	687
桂东南C市	城市小学	23	10	2	3	9	3	7	0	1	3	1	5	79
	中心小学	29	32	3	21	30	20	21	24	2	5	10	11	231
	村小	46	45	16	26	47	28	28	27	3	15	14	24	361
	教学点	4	3	2	3	3	2	2	1	0	3	1	33
	合计	102	90	23	53	89	53	57	60	6	23	28	41	704

续表

| 地区 | 学校类型 | 任教科目 ||||||||||| 合计 |
		语文	数学	英语	科学	体育	美术	音乐	综合实践活动	探究性学习	信息技术	综合学习与实践	其他	
桂西E市	城市小学	18	2	0	8	0	4	0	18	4	0	12	6	106
	中心小学	56	30	18	10	14	8	14	26	10	8	16	30	262
	村小	54	30	24	16	22	22	22	6	0	14	6	16	270
	教学点	4	4	4	0	4	0	4	0	0	0	0	0	20
	合计	132	86	46	34	40	34	40	50	14	22	34	52	658

回收小学教师卷1011份有效问卷中,教师所教年级情况如下:

表3-3 小学教师任教年级情况统计表

| 地区 | 学校类型 | 年级 |||||| 合计 |
		一年级	二年级	三年级	四年级	五年级	六年级	
桂中A市	城市小学	42	22	24	22	8	14	132
	中心小学	10	2	12	16	16	8	64
	村小	0	0	36	0	0	0	36
	合计	52	24	72	38	24	22	232
桂东北B市	城市小学	16	16	12	4	6	0	54
	中心小学	26	24	32	34	32	26	174
	村小	6	6	8	8	0	10	38
	合计	48	46	52	46	38	36	266
桂南D市	城市小学	25	21	15	19	21	16	117
	中心小学	21	11	15	20	20	4	91
	村小	6	6	0	12	24	0	48
	教学点	0	0	0	0	3	3	6
	合计	52	38	30	51	68	23	262

续表

地区	学校类型	一年级	二年级	三年级	四年级	五年级	六年级	合计
桂东南C市	城市小学	1	12	11	10	2	2	38
	中心小学	5	15	10	13	11	13	67
	村小	13	10	22	26	20	10	101
	教学点	1	4	0	1	0	1	7
	合计	20	41	43	50	33	26	213
桂西E市	城市小学	14	8	2	8	4	4	40
	中心小学	20	20	30	22	20	36	148
	村小	8	22	14	48	22	8	122
	教学点	0	4	4	4	8	0	20
	合计	42	54	50	82	54	48	330

二、广西初中教师卷样本构成统计分析

共回收初中教师网络问卷537份,纸质问卷发放800份回收768份,合计回收初中教师问卷1305份。在回收的1305份问卷中,剔除无效问卷337份,剩余有效问卷968份,有效问卷回收率为72.4%,达到了"可以作为研究结论的依据"的回收率标准要求。

回收初中教师卷968份有效问卷中,教师所在学校的类型统计如下:

表3-4 初中教师任教学校类型统计表

地区	学校类型 城市初中	乡镇初中	合计
桂中A市	80	66	146
桂东北B市	112	118	230
桂南D市	68	82	150
桂东南C市	98	113	211
桂西E市	136	95	231
合计	494	474	968

回收初中教师卷968份有效问卷中,教师任教科目情况统计如下:

表3-5 初中教师任教科目情况统计表

地区	学校类型	品德	语文	数学	英语	历史	地理	物理	化学	生物	体育	美术	音乐	综合实践活动	信息技术	综合学习与实践	其他课程	合计
桂中A市	城市初中	14	10	25	16	7	5	4	2	2	0			2	5	7	4	80
	乡镇初中	2	17	20	6	5	4	2	3	4	2			0	1	1	0	66
	总计	16	27	45	22	12	9	6	5	6	2			2	6	8	4	146
桂东北B市	城市初中	4	8	24	16	12	4	16	12	4	8		4	4		4	4	112
	乡镇初中	4	28	24	20	8	4	8	10	4	8		0	0		2	0	118
	总计	8	36	48	36	20	8	24	22	8	16		4	4		6	4	230
桂南D市	城市初中	0	14	13	19	6	4	6	2	0	0			0	1			67
	乡镇初中	7	14	19	14	8	10	10	9	8	3	2	2	1	3			82
	总计	7	28	32	33	14	10	14	15	10	5	2	2	1	4			149
桂东南C市	城市初中	12	20	40	26	6	6	0	0	0	0				6			98
	乡镇初中	4	24	26	21	15	4	6	6	4	2				2			113
	总计	16	44	66	47	21	10	6	6	4	2				8			211
桂西E市	城市初中	8	22	36	2	2	8	10	4	10	4				6	0	0	134
	乡镇初中	5	22	19	16	10	8	4	6	2					0	1	2	95
	总计	13	44	55	42	12	14	18	8	16	6				6	1	2	229

百分比和总计以响应者为基础。a值为1时制表的二分组。

回收初中教师卷968份有效问卷中,教师任教年级统计如下:

表3-6 初中教师任教年级统计表

地区	学校类型	年级 七年级	年级 八年级	年级 九年级	合计
桂中A市	城市初中	30	27	27	80
桂中A市	乡镇初中	36	24	18	66
桂中A市	总计	66	51	45	146
桂东北B市	城市初中	60	48	40	112
桂东北B市	乡镇初中	32	44	62	118
桂东北B市	总计	92	92	102	230
桂南D市	城市初中	23	23	23	68
桂南D市	乡镇初中	33	21	31	82
桂南D市	总计	56	44	54	150
桂东南C市	城市初中	18	38	42	98
桂东南C市	乡镇初中	53	30	36	113
桂东南C市	总计	71	68	78	211
桂西E市	城市初中	54	50	38	136
桂西E市	乡镇初中	35	36	30	95
桂西E市	总计	89	86	68	231

三、广西小学生卷样本构成统计分析

共回收小学生网络问卷757份,纸质问卷发放2500份回收2417份,合计回收小学生卷3174份。在回收的3174份问卷中,剔除无效问卷608份,剩余有效问卷2566份,有效问卷回收率为78.78%,达到了"可以作为研究结论的依据"的回收率标准要求。回收的小学生问卷有效问卷2566份,样本来源分布如下表。

表3-7 小学生样本构成情况统计表

地区	学校类型	一年级	二年级	三年级	四年级	五年级	六年级	合计
桂中A市	城市以上小学	6	9		111		66	192

续表

地区	学校类型	年级						合计
		一年级	二年级	三年级	四年级	五年级	六年级	
	乡镇中心小学	6	0		12	102	108	228
	村小	3	0		6	39	78	126
	教学点	0	0		3	3	0	6
	合计	15	9		132	144	252	552
桂东北B市	城市以上小学			0	72	153	9	234
	乡镇中心小学			30	42	33	81	186
	村小			3	63	51	39	156
	合计			33	177	237	129	576
桂南D市	城市以上小学			0	0	0	153	153
	乡镇中心小学			6	117	54	66	243
	村小			60	69	45	0	174
	合计			66	186	99	219	570
桂东南C市	城市以上小学	0			57	51	30	138
	乡镇中心小学	3			24	57	51	135
	村小	0			57	51	60	168
	合计	3			138	159	141	441
桂西E市	城市以上小学	11	26	26	29	25	24	141
	乡镇中心小学	23	15	18	34	27	29	146
	村小	22	18	20	22	22	22	126
	教学点	4	2	2	2	0	4	14
	合计	60	61	66	87	74	79	427

续表

地区	学校类型	年级						合计
^	^	一年级	二年级	三年级	四年级	五年级	六年级	^
广西	城市以上小学	17	35	26	269	229	282	858
^	乡镇中心小学	32	15	54	229	273	335	938
^	村小	25	18	83	217	208	199	750
^	教学点	4	2	2	5	3	4	20
^	合计	78	70	165	720	713	820	2566

四、广西初中生卷样本构成统计分析

共发放初中生问卷2823份，合计回收2776份。在回收的2776份问卷中，剔除无效问卷609份，剩余有效问卷2167份，有效问卷回收率为76.76%，达到了"可以作为研究结论的依据"的回收率标准要求。回收的2167初中生卷样中，其中城市初中生1032人，乡镇初中生1135人。

表3-8 初中生样本构成情况统计表

地区	学校类型	所在年级			合计
^	^	七年级	八年级	九年级	^
桂中A市	城市初中	180	44	24	248
^	乡镇初中	152	48	24	224
^	合计	332	92	48	472
桂东北B市	城市初中	146	2	2	150
^	乡镇初中	233	4	4	241
^	合计	379	6	6	391
桂南D市	城市初中	0	27	175	202
^	乡镇初中	101	73	29	203
^	合计	101	100	204	405
桂东南C市	城市初中	72	80	76	228
^	乡镇初中	76	76	72	224
^	合计	148	156	148	452

续表

地区	学校类型	所在年级			合计
		七年级	八年级	九年级	
桂西E市	城市初中	62	64	78	204
	乡镇初中	65	86	92	243
	合计	127	150	170	447
广西	城市初中	460	217	355	1032
	乡镇初中	627	287	221	1135
	合计	1087	504	576	2167

第二节 广西义务教育国家课程师资现状调查分析

一、广西义务教育阶段教师持有教师资格情况调查分析

(一)广西义务教育阶段教师持有教师资格科目情况统计分析

通过回收的1011份小学教师有效问卷中,对小学教师持有教师资格情况统计数据显示:由表3-9可知,广西各个地区小学教师中持有语文或数学教师资格证的比率基本都在80%以上,而持有全科教师资格证或其他教师资格的比率都非常低。特别桂西E市地区持有全科教师资格证和其他教师资格证的比例不到2%。

表3-9 小学教师持有教师资格科目情况统计表

地区	学校类型	样本量	语文	数学	英语	音乐	体育	美术	计算机	社会	科学	心理健康教育	全科	其他	合计
桂中A市	城市小学	100	34.0%	44.0%	6.0%	4.0%	6.0%	4.0%	2.0%		2.0%	0.0%	0.0%	6.0%	108.0%
	中心小学	54	48.1%	37.0%	3.7%	3.7%	0.0%	3.7%	0.0%		0.0%	0.0%	18.5%	3.7%	118.4%
	村小	36	100.0%	50.0%	0.0%	0.0%	0.0%	0.0%	0.0%		0.0%	50.0%	0.0%	0.0%	200.0%
	总计	190	50.5%	43.2%	4.2%	3.2%	3.2%	3.2%	1.1%		1.1%	9.5%	5.3%	4.2%	128.7%

续表

地区	学校类型	样本量	小学教师持有教师资格科目											合计
			语文	数学	英语	音乐	体育	美术	计算机	社会	科学	心理健康教育	全科	其他	
桂东北B市	城市小学	54	14.8%	55.6%	22.2%	0.0%	0.0%	0.0%					22.2%	0.0%	114.8%
	中心小学	110	40.0%	47.3%	14.5%	5.5%	7.3%	3.6%					1.8%	5.5%	125.5%
	村小	34	35.3%	41.2%	11.8%	11.8%	0.0%	0.0%					0.0%	0.0%	100.1%
	总计	198	32.3%	48.5%	16.2%	5.1%	4.0%	2.0%					7.1%	3.0%	118.2%
桂南D市	城市小学	95	61.1%	28.4%	7.4%	1.1%	4.2%	2.1%	1.1%	1.1%	0.0%	1.1%	1.1%	5.3%	114.0%
	中心小学	74	54.1%	28.4%	10.8%	2.7%	4.1%	4.1%	5.4%	0.0%	1.4%	0.0%	1.4%	2.7%	115.1%
	村小	42	42.9%	14.3%	0.0%	0.0%	14.3%	0.0%	0.0%	0.0%	14.3%	0.0%	0.0%	28.6%	114.4%
	教学点	3	100.0%	0.0%	0.0%	0.0%	0.0%	0.0%	0.0%	0.0%	0.0%	0.0%	0.0%	0.0%	100.0%
	总计	214	55.6%	25.2%	7.0%	1.4%	6.1%	2.3%	2.3%	0.5%	3.3%	0.5%	0.9%	8.9%	114.0%
桂东南C市	城市小学	36	55.6%	38.9%	5.6%	2.8%	2.8%	0.0%		0.0%	0.0%	0.0%	0.0%	5.6%	111.3%
	中心小学	64	34.4%	51.6%	3.1%	3.1%	7.8%	4.7%	0.0%	1.6%	1.6%	3.1%	3.1%	10.9%	125.0%
	村小	89	58.4%	42.7%	7.9%	2.2%	3.4%	5.6%	1.1%	2.2%	2.2%	1.1%	0.0%	4.5%	131.3%
	教学点	6	16.7%	0.0%	33.3%	16.7%	0.0%	0.0%	0.0%	0.0%	0.0%	33.3%	16.7%		116.7%
	总计	195	48.7%	43.6%	6.7%	3.1%	4.6%	4.1%	0.5%	1.5%	1.5%	1.5%	2.1%	7.2%	125.1%
桂西E市	城市小学	40	40.0%	60.0%	0.0%		0.0%		0.0%						100.0%
	中心小学	104	53.8%	23.1%	15.4%		3.8%		3.8%						99.9%
	村小	62	51.6%	48.4%	0.0%		0.0%		0.0%						100.0%
	教学点	8	50.0%	50.0%	0.0%		0.0%		0.0%						100.0%
	总计	214	50.5%	38.3%	7.5%		1.9%		1.9%						100.1%

第三章 广西义务教育阶段国家课程设置与实施现状调查

通过对回收的 968 份有效的初中教师卷进行教师持有教师资格科目情况统计（具体见表 3-10），可知，初中教师持有资格证科目比小学教师持有教师资格相对乐观一些，初中教师各科持有教师资格证的人数均有一定的比重，相对于表 3-9 中的小学教师持有资格证科目来看，初中教师持有教师资的科目分布较相对均衡。

表 3-10 初中教师持有教师资格科目情况统计表

地区	学校类型	语文	数学	英语	品德（政治）	历史	地理	物理	化学	生物	音乐	体育	美术	信息科技	其他中学教师资格	合计
桂中A市	城市初中	12 15.0%	24 30.0%	16 20.0%	12 15.0%	5 6.2%		3 3.8%	0 0.0%	7 8.8%	3 3.8%	0 0.0%	2 2.5%	5 6.2%	2 2.5%	80
	乡镇初中	19 28.8%	22 33.3%	6 9.1%	2 3.0%	3 4.5%		2 3.0%	3 4.5%	0 0.0%	0 0.0%	4 6.1%	2 3.0%	3 4.5%	0 0.0%	66
	总计	31 21.2%	46 31.5%	22 15.1%	14 9.6%	8 5.5%		5 3.4%	3 2.1%	7 4.8%	3 2.1%	4 2.7%	4 2.7%	8 5.5%	2 1.4%	146 100.0%
桂东北B市	城市初中	16 14.3%	16 14.3%	16 14.3%	4 3.6%	12 10.7%		12 10.7%	16 14.3%	4 3.6%	4 3.6%	8 7.1%	4 3.6%			112
	乡镇初中	32 27.1%	28 23.7%	20 16.9%	4 3.4%	4 3.4%		8 6.8%	6 5.1%	8 6.8%	0 0.0%	8 6.8%	0 0.0%			118
	总计	48 20.9%	44 19.1%	36 15.7%	8 3.5%	16 7.0%		20 8.7%	22 9.6%	12 5.2%	4 1.7%	16 7.0%	4 1.7%			230 100.0%
桂南D市	城市初中	16 23.5%	13 19.1%	19 27.9%	2 2.9%	5 7.4%	0 0.0%	4 5.9%	6 8.8%	2 2.9%		2 2.9%		1 1.5%		68
	乡镇初中	18 22.0%	18 22.0%	12 14.6%	9 11.0%	4 4.9%	6 7.3%	6 7.3%	6 7.3%	1 1.2%		1 1.2%		1 1.2%		82
	总计	34 22.7%	31 20.7%	31 20.7%	11 7.3%	9 6.0%	6 4.0%	10 6.7%	12 8.0%	3 2.0%		3 2.0%		2 1.3%		150 100.0%

续表

地区	学校类型	持有教师资格科目												合计
		语文	数学	英语	品德（政治）	历史	地理	物理	化学	生物	音乐	体育	美术	信息科技	其他中学教师资格	
桂东南C市	城市初中	20	40	26	12	6	0	0	0	6	6	0	0			98
		20.4%	40.8%	26.5%	12.2%	6.1%	0.0%	0.0%	0.0%	6.1%	6.1%	0.0%	0.0%			
	乡镇初中	32	28	20	2	7	4	6	8	0	0	2	4			113
		28.3%	24.8%	17.7%	1.8%	6.2%	3.5%	5.3%	7.1%	0.0%	0.0%	1.8%	3.5%			
	总计	52	68	46	14	13	4	6	8	6	6	2	4			211
		24.6%	32.2%	21.8%	6.6%	6.2%	1.9%	2.8%	3.8%	2.8%	2.8%	0.9%	1.9%			100.0%
桂西E市	城市初中	30	34	26	6	0	4	10	6	8	0	4		6	6	136
		22.1%	25.0%	19.1%	4.4%	0.0%	2.9%	7.4%	4.4%	5.9%	0.0%	2.9%		4.4%	4.4%	
	乡镇初中	24	17	16	6	4	4	8	8	3	1	1		0	4	95
		25.3%	17.9%	16.8%	6.3%	4.2%	4.2%	8.4%	8.4%	3.2%	1.1%	1.1%		0.0%	4.2%	
	总计	54	51	42	12	4	8	18	14	11	1	5		6	10	231
		23.4%	22.1%	18.2%	5.2%	1.7%	3.5%	7.8%	6.1%	4.8%	0.4%	2.2%		2.6%	4.3%	100.0%

（二）广西义务教育教师持有教师资格门数情况分析

从回收的1011份有效小学教师卷中，对小学教师持有教师资格门数情况教师同时持有教师资格证门数具体统计如下：由表3-11可知，在被调查的广西小学教师中，87.8%的老师只持有一种教师资格，持二种教师资格证书的教师仅占9.4%，这与很多小学教师同时承担多门课程的实际情况不对等。

表3-11 小学教师持有教师资格门数情况统计表

地区	小学类型	小学教师持有教师资格门数							合计
		1	2	3	4	5	6	7	9	
桂中A市	城市小学	94	4	2						100
		94.0%	4.0%	2.0%						100.0%

续表

地区	小学类型	\multicolumn{7}{c	}{小学教师持有教师资格门数}	合计
		1	2	3	4	5	6	7	9	
	中心小学	44	10	0						54
		81.5%	18.5%	0.0%						100.0%
	村小	18	0	18						36
		50.0%	0.0%	50.0%						100.0%
	合计	156	14	20						190
		82.1%	7.4%	10.5%						100.0%
桂东北B市	城市小学	46	8							54
		85.2%	14.8%							100.0%
	中心小学	82	28							110
		74.5%	25.5%							100.0%
	村小	34	0							34
		100.0%	0.0%							100.0%
	合计	162	36							198
		81.8%	18.2%							100.0%
桂南D市	城市小学	85	8	1	1	0				95
		89.5%	8.4%	1.1%	1.1%	0.0%				100.0%
	中心小学	68	4	0	1	1				74
		91.9%	5.4%	0.0%	1.4%	1.4%				100.0%
	村小	36	6	0	0	0				42
		85.7%	14.3%	0.0%	0.0%	0.0%				100.0%
	教学点	3	0	0	0	0				3
		100.0%	0.0%	0.0%	0.0%	0.0%				100.0%
	合计	192	18	1	2	1				214
		89.7%	8.4%	0.5%	0.9%	0.5%				100.0%
桂东南C市	城市小学	32	4		0		0	0	0	36
		88.9%	11.1%		0.0%		0.0%	0.0%	0.0%	100.0%

续表

地区	小学类型	\multicolumn{7}{c	}{小学教师持有教师资格门数}	合计
		1	2	3	4	5	6	7	9	
	中心小学	57	5		1		0	0	1	64
		89.1%	7.8%		1.6%		0.0%	0.0%	1.6%	100.0%
	村小	70	17		0		1	1	0	89
		78.7%	19.1%		0.0%		1.1%	1.1%	0.0%	100.0%
	教学点	5	1		0		0	0	0	6
		83.3%	16.7%		0.0%		0.0%	0.0%	0.0%	100.0%
	合计	164	27		1		1	1	1	195
		84.1%	13.8%		0.5%		0.5%	0.5%	0.5%	100.0%
桂西E市	城市小学	40								40
		100.0%								100.0%
	中心小学	104								104
		100.0%								100.0%
	村小	62								62
		100.0%								100.0%
	教学点	8								8
		100.0%								100.0%
	合计	214								214
		100.0%								100.0%
广西	城市小学	297	24	3	1	0	0	0	0	325
		91.4%	7.4%	0.9%	0.3%	0.0%	0.0%	0.0%	0.0%	100.0%
	中心小学	355	47	0	2	1	0	0	1	406
		87.4%	11.6%	0.0%	0.5%	0.2%	0.0%	0.0%	0.2%	100.0%
	村小	220	23	18	0	0	1	1	0	263
		83.7%	8.7%	6.8%	0.0%	0.0%	0.4%	0.4%	0.0%	100.0%
	教学点	16	1	0	0	0	0	0	0	17
		94.1%	5.9%	0.0%	0.0%	0.0%	0.0%	0.0%	0.0%	100.0%
	合计	888	95	21	3	1	1	1	1	1011
		87.8%	9.4%	2.1%	0.3%	0.1%	0.1%	0.1%	0.1%	100.0%

通过回收的 968 份有效初中教师卷中,对初中教师同时持有教师资格门数统计数据显示:由表 3-12 可知,在被调查的广西初中教师中,96.3% 的老师只持有一种教师资格证书,仅 3.70% 的老师持有二种教师资格证书,这与绝大多数初中教师只承担 1 门课程有关。

表 3-12 初中教师持有教师资格门数的情况统计表

地区	学校类型	初中教师持有教师资格门数 1	初中教师持有教师资格门数 2	合计
桂中 A 市	城市初中	69 86.2%	11 13.8%	80 100.0%
	乡镇初中	66 100.0%	0 0.0%	66 100.0%
	合计	135 92.5%	11 7.5%	146 100.0%
桂东北 B 市	城市初中	112 100.0%		112 100.0%
	乡镇初中	118 100.0%		118 100.0%
	合计	230 100.0%		230 100.0%
桂南 D 市	城市初中	66 97.1%	2 2.9%	68 100.0%
	乡镇初中	82 100.0%	0 0.0%	82 100.0%
	合计	148 98.7%	2 1.3%	150 100.0%
桂东南 C 市	城市初中	80 81.6%	18 18.4%	98 100.0%
	乡镇初中	113 100.0%	0 0.0%	113 100.0%

续表

地区	学校类型	初中教师持有教师资格门数 1	初中教师持有教师资格门数 2	合计
	合计	193 91.5%	18 8.5%	211 100.0%
桂西E市	城市初中	132 97.1%	4 2.9%	136 100.0%
	乡镇初中	94 98.9%	1 1.1%	95 100.0%
	合计	226 97.8%	5 2.2%	231 100.0%
广西	城市初中	459 92.9%	35 7.1%	494 100.0%
	乡镇初中	473 99.8%	1 0.2%	474 100.0%
	合计	932 96.3%	36 3.7%	968 100.0%

二、广西义务教育教师同时承担课程门数调查分析

（一）广西小学教师同时承担课程门数分析

通过回收的1011份有效小学教师卷中，对小学教师同时承担课程门数统计情况显示：由上表3-12可知，67.5%被调查的小学教师要同时承担2门及以上课程。但由前面的小学教师持有教师资格门数的情况统计表可知，只有12.2%的小学教师只持有2门以上教师资格证；小学教师持有教师资格科目情况统计表（表3-13）显示持有全科教师资格证者极少。因此，可以推断出有很多小学教师承担某门课程但没有相应的教师资格证。

第三章 广西义务教育阶段国家课程设置与实施现状调查

表 3-13 小学教师同时承担课程门数统计表

小学教师同时承担门数

地区	学校类型	1	2	3	4	5	6	7	8	9	10	11	13	合计
桂中A市	城市小学	30	44	4	16	6	0	0						100
		30.0%	44.0%	4.0%	16.0%	6.0%	0.0%	0.0%						100.0%
	中心小学	10	8	10	16	6	2	2						54
		18.5%	14.8%	18.5%	29.6%	11.1%	3.7%	3.7%						100.0%
	村小	0	0	18	18	0	0	0						36
		0.0%	0.0%	50.0%	50.0%	0.0%	0.0%	0.0%						100.0%
	合计	40	52	32	50	12	2	2						190
		21.1%	27.4%	16.8%	26.3%	6.3%	1.1%	1.1%						100.0%
桂东北B市	城市小学	50	0	4	0	0	0	0		0				54
		92.6%	0.0%	7.4%	0.0%	0.0%	0.0%	0.0%		0.0%				100.0%
	中心小学	78	16	8	4	2	0	0		2				110
		70.9%	14.5%	7.3%	3.6%	1.8%	0.0%	0.0%		1.8%				100.0%
	村小	16	0	10	0	2	4	2		0				34
		47.1%	0.0%	29.4%	0.0%	5.9%	11.8%	5.9%		0.0%				100.0%
	合计	144	16	22	4	4	4	2		2				198
		72.7%	8.1%	11.1%	2.0%	2.0%	2.0%	1.0%		1.0%				100.0%

续表

地区	学校类型	\	1	2	3	4	5	6	7	8	9	10	11	13	合计
桂南D市	城市小学		17	15	29	13	16	4	1						95
			17.9%	15.8%	30.5%	13.7%	16.8%	4.2%	1.1%						100.0%
	中心小学		6	13	15	22	13	4	1						74
			8.1%	17.6%	20.3%	29.7%	17.6%	5.4%	1.4%						100.0%
	村小		18	0	6	6	6	6	0						42
			42.9%	0.0%	14.3%	14.3%	14.3%	14.3%	0.0%						100.0%
	教学点		0	3	0	0	0	0	0						3
			0.0%	100.0%	0.0%	0.0%	0.0%	0.0%	0.0%						100.0%
	合计		41	31	50	41	35	14	2						214
			19.2%	14.5%	23.4%	19.2%	16.4%	6.5%	0.9%						100.0%
桂东南C市	城市小学		17	6	6	5	0	1	0	1	0	0	0	0	36
			47.2%	16.7%	16.7%	13.9%	0.0%	2.8%	0.0%	2.8%	0.0%	0.0%	0.0%	0.0%	100.0%
	中心小学		14	7	5	12	12	8	5	0	0	0	1	0	64
			21.9%	10.9%	7.8%	18.8%	18.8%	12.5%	7.8%	0.0%	0.0%	0.0%	1.6%	0.0%	100.0%
	村小		21	6	5	14	21	10	6	1	3	1	1	0	89
			23.6%	6.7%	5.6%	15.7%	23.6%	11.2%	6.7%	1.1%	3.4%	1.1%	1.1%	0.0%	100.0%

小学教师同时承担门数

续表

小学教师同时承担门数

地区	学校类型	1	2	3	4	5	6	7	8	9	10	11	13	合计
	合计	54 27.7%	19 9.7%	17 8.7%	31 15.9%	33 16.9%	19 9.7%	11 5.6%	2 1.0%	5 2.6%	1 0.5%	2 1.0%	1 0.5%	195 100.0%
	教学点	2 33.3%	0 0.0%	1 16.7%	0 0.0%	0 0.0%	0 0.0%	0 0.0%	0 0.0%	2 33.3%	0 0.0%	0 0.0%	1 16.7%	6 100.0%
桂西E市	城市小学	10 25.0%	4 10.0%	16 40.0%	10 25.0%	0 0.0%	0 0.0%	0 0.0%	0 0.0%	0 0.0%	0 0.0%	0 0.0%	0 0.0%	40 100.0%
	中心小学	40 38.5%	16 15.4%	22 21.2%	16 15.4%	4 3.8%	4 3.8%	0 0.0%	0 0.0%	2 1.9%	0 0.0%	0 0.0%	0 0.0%	104 100.0%
	村小	0 0.0%	8 12.9%	16 25.8%	16 25.8%	0 0.0%	8 12.9%	8 12.9%	0 0.0%	6 9.7%	0 0.0%	0 0.0%	0 0.0%	62 100.0%
	教学点	0 0.0%	4 50.0%	4 50.0%	0 0.0%	0 0.0%	0 0.0%	0 0.0%	0 0.0%	0 0.0%	0 0.0%	0 0.0%	0 0.0%	8 100.0%
	合计	50 23.4%	32 15.0%	58 27.1%	42 19.6%	4 1.9%	12 5.6%	8 3.7%	2 0.9%	6 2.8%	0 0.0%	0 0.0%	0 0.0%	214 100.0%

续表

地区	学校类型	小学教师同时承担门数													合计
		1	2	3	4	5	6	7	8	9	10	11	13	
广西	城市小学	124	69	59	44	22	5	1	1	0	0	0	0	325
		38.2%	21.2%	18.2%	13.5%	6.8%	1.5%	0.3%	0.3%	0.0%	0.0%	0.0%	0.0%	100.0%
	中心小学	148	60	60	70	37	18	8	2	2	0	1	0	406
		36.5%	14.8%	14.8%	17.2%	9.1%	4.4%	2.0%	0.5%	0.5%	0.0%	0.2%	0.0%	100.0%
	村小	55	14	55	54	29	28	16	1	9	1	1	0	263
		20.9%	5.3%	20.9%	20.5%	11.0%	10.6%	6.1%	0.4%	3.4%	0.4%	0.4%	0.0%	100.0%
	教学点	2	7	5	0	0	0	0	0	2	0	0	1	17
		11.8%	41.2%	29.4%	0.0%	0.0%	0.0%	0.0%	0.0%	11.8%	0.0%	0.0%	5.9%	100.0%
	合计	329	150	179	168	88	51	25	4	13	1	2	1	1011
		32.5%	14.8%	17.7%	16.6%	8.7%	5.0%	2.5%	0.4%	1.3%	0.1%	0.2%	0.1%	100.0%

（二）广西初中教师同时承担课程门数分析

通过回收的968份有效初中教师卷中,对初中教师同时承担课程门数统计情况显示:由表3-14可知,95%以上的初中教师仅承担一门课程,这和表3-12调查中96.3%的老师只持有一种教师资格是相匹配的。

表3-14 广西初中教师同时承担课程门数情况统计表

地区	学校类型	1	2	4	5	合计
桂中A市	城市初中	68	5	5	2	80
		85.0%	6.2%	6.2%	2.5%	100.0%
	乡镇初中	65	1	0	0	66
		98.5%	1.5%	0.0%	0.0%	100.0%
	合计	133	6	5	2	146
		91.1%	4.1%	3.4%	1.4%	100.0%
桂东北B市	城市初中	108	0		4	112
		96.4%	0.0%		3.6%	100.0%
	乡镇初中	116	2		0	118
		98.3%	1.7%		0.0%	100.0%
	合计	224	2		4	230
		97.4%	0.9%		1.7%	100.0%
桂南D市	城市初中	68	0		0	68
		100.0%	0.0%		0.0%	100.0%
	乡镇初中	76	4		2	82
		92.7%	4.9%		2.4%	100.0%
	合计	144	4		2	150
		96.0%	2.7%		1.3%	100.0%
桂东南C市	城市初中	86	6	6		98
		87.8%	6.1%	6.1%		100.0%

续表

地区	学校类型	初中教师同时承担门数				合计
		1	2	4	5	
	乡镇初中	112	1	0		113
		99.1%	0.9%	0.0%		100.0%
	合计	198	7	6		211
		93.8%	3.3%	2.8%		100.0%
桂西E市	城市初中	134	2			136
		98.5%	1.5%			100.0%
	乡镇初中	88	7			95
		92.6%	7.4%			100.0%
	合计	222	9			231
		96.1%	3.9%			100.0%
广西	城市初中	464	13	11	6	494
		93.9%	2.6%	2.2%	1.2%	100.0%
	乡镇初中	457	15	0	0	474
		96.4%	3.2%	0.0%	0.0%	100.0%
	合计	921	28	11	8	968
		95.1%	2.9%	1.1%	0.8%	100.0%

三、广西义务教育教师同时任教年级数调查分析

(一)广西小学教师同时任教年级数分析

通过回收的1011份小学教师有效问卷中,对教师同时任教年级数情况统计分析:从表3-15可知,82.4%的小学教师同时任教一个年级,11.9%的小学教师同时任教二个年级,和表3-15调查小学教师持有教师资格门数中,87.8%的教师持有一种教师资格是相一致的,但这同时和小学教师要同时承担多门课程实际情况是不对等的。

表 3-15 教师同时任教年级数情况统计表

地区	学校类型	\multicolumn{6}{c	}{小学教师同时所教年级数}	合计
		1	2	3	4	5	6	
桂中A市	城市小学	80	12	4	4			100
		80.0%	12.0%	4.0%	4.0%			100.0%
	中心小学	44	10	0	0			54
		81.5%	18.5%	0.0%	0.0%			100.0%
	村小	36	0	0	0			36
		100.0%	0.0%	0.0%	0.0%			100.0%
	合计	160	22	4	4			190
		84.2%	11.6%	2.1%	2.1%			100.0%
桂东北B市	城市小学	54	0		0	0	0	54
		100.0%	0.0%		0.0%	0.0%	0.0%	100.0%
	中心小学	78	22		2	4	4	110
		70.9%	20.0%		1.8%	3.6%	3.6%	100.0%
	村小	30	4		0	0	0	34
		88.2%	11.8%		0.0%	0.0%	0.0%	100.0%
	合计	162	26		2	4	4	198
		81.8%	13.1%		1.0%	2.0%	2.0%	100.0%
桂南D市	城市小学	81	8	4	2			95
		85.3%	8.4%	4.2%	2.1%			100.0%
	中心小学	62	8	3	1			74
		83.8%	10.8%	4.1%	1.4%			100.0%
	村小	36	6	0	0			42
		85.7%	14.3%	0.0%	0.0%			100.0%
	教学点	0	3	0	0			3
		0.0%	100.0%	0.0%	0.0%			100.0%
	合计	179	25	7	3			214
		83.6%	11.7%	3.3%	1.4%			100.0%
	城市小学	34	2	0	0			36
		94.4%	5.6%	0.0%	0.0%			100.0%

续表

地区	学校类型	小学教师同时所教年级数						合计
		1	2	3	4	5	6	
桂东南C市	中心小学	63	0	0	1			64
		98.4%	0.0%	0.0%	1.6%			100.0%
	村小	82	4	1	2			89
		92.1%	4.5%	1.1%	2.2%			100.0%
	教学点	5	1	0	0			6
		83.3%	16.7%	0.0%	0.0%			100.0%
	合计	184	7	1	3			195
		94.4%	3.6%	0.5%	1.5%			100.0%
桂西E市	城市小学	40	0	0	0	0		40
		100.0%	0.0%	0.0%	0.0%	0.0%		100.0%
	中心小学	72	24	4	4	0		104
		69.2%	23.1%	3.8%	3.8%	0.0%		100.0%
	村小	32	16	6	0	8		62
		51.6%	25.8%	9.7%	0.0%	12.9%		100.0%
	教学点	4	0	0	4	0		8
		50.0%	0.0%	0.0%	50.0%	0.0%		100.0%
	合计	148	40	10	8	8		214
		69.2%	18.7%	4.7%	3.7%	3.7%		100.0%
广西	城市小学	289	22	8	6	0	0	325
		88.9%	6.8%	2.5%	1.8%	0.0%	0.0%	100.0%
	中心小学	319	64	7	8	4	4	406
		78.6%	15.8%	1.7%	2.0%	1.0%	1.0%	100.0%
	村小	216	30	7	2	8	0	263
		82.1%	11.4%	2.7%	0.8%	3.0%	0.0%	100.0%
	教学点	9	4	0	4	0	0	17
		52.9%	23.5%	0.0%	23.5%	0.0%	0.0%	100.0%
	合计	833	120	22	20	12	4	1011
		82.4%	11.9%	2.2%	2.0%	1.2%	0.4%	100.0%

（二）广西初中教师同时任教年级数分析

通过回收的 968 份初中教师有效问卷中，对初中教师同时所教年级数情况统计分析：从表 3-16 可知，初中教师同时承担年级数的统计情况来看，92.8% 的初中教师仅教一个年级，有 4.8% 的初中教师承担二个年级数的情况。2.5% 的初中教师同时承担三个年级的情况。

表 3-16 广西初中教师同时承担年级数统计表

地区	学校类型	初中教师同时所教年级数 1	2	3	合计
桂中 A 市	城市初中	78	0	2	80
		97.5%	0.0%	2.5%	100.0%
	乡镇初中	58	4	4	66
		87.9%	6.1%	6.1%	100.0%
	合计	136	4	6	146
		93.2%	2.7%	4.1%	100.0%
桂东北 B 市	城市初中	88	12	12	112
		78.6%	10.7%	10.7%	100.0%
	乡镇初中	102	12	4	118
		86.4%	10.2%	3.4%	100.0%
	合计	190	24	16	230
		82.6%	10.4%	7.0%	100.0%
桂南 D 市	城市初中	67	1		68
		98.5%	1.5%		100.0%
	乡镇初中	79	3		82
		96.3%	3.7%		100.0%
	合计	146	4		150
		97.3%	2.7%		100.0%
桂东南 C 市	城市初中	98	0	0	98
		100.0%	0.0%	0.0%	100.0%

续表

地区	学校类型	初中教师同时所教年级数			合计
		1	2	3	
	乡镇初中	109	2	2	113
		96.5%	1.8%	1.8%	100.0%
	合计	207	2	2	211
		98.1%	0.9%	0.9%	100.0%
桂西E市	城市初中	130	6		136
		95.6%	4.4%		100.0%
	乡镇初中	89	6		95
		93.7%	6.3%		100.0%
	合计	219	12		231
		94.8%	5.2%		100.0%
广西	城市初中	461	19	14	494
		93.3%	3.8%	2.8%	100.0%
	乡镇初中	437	27	10	474
		92.2%	5.7%	2.1%	100.0%
	合计	898	46	24	968
		92.8%	4.8%	2.5%	100.0%

四、广西小学教师走教情况及教学效果调查分析

（一）广西小学教师走教情况调查分析

通过对回收的 1011 份小学教师有效问卷中，对小学教师和学生进行小学走教情况调查：由表 3-17 和从 3-18 可知，有 30.4% 的小学教师有走教的情况，但只有 8.2% 的小学生了解到有小学教师走教的情况，有 91.8 的小学生表示并不了解和知道小学教师有走教的情况，和之前 30.4% 的小学教师有走教的情况不对等。

表3-17 广西小学走教情况统计表(教师卷)

地区	学校类型	小学教师走教情况 有	没有	不清楚	合计
桂中A市	城市小学	8	84	8	100
		8.0%	84.0%	8.0%	100.0%
	中心小学	16	28	10	54
		29.6%	51.9%	18.5%	100.0%
	村小	36	0	0	36
		100.0%	0.0%	0.0%	100.0%
	合计	60	112	18	190
		31.6%	58.9%	9.5%	100.0%
桂东北B市	城市小学	4	6	44	54
		7.4%	11.1%	81.5%	100.0%
	中心小学	74	14	22	110
		67.3%	12.7%	20.0%	100.0%
	村小	0	22	12	34
		0.0%	64.7%	35.3%	100.0%
	合计	78	42	78	198
		39.4%	21.2%	39.4%	100.0%
桂南D市	城市小学	3	76	16	95
		3.2%	80.0%	16.8%	100.0%
	中心小学	30	32	12	74
		40.5%	43.2%	16.2%	100.0%
	村小	6	24	12	42
		14.3%	57.1%	28.6%	100.0%
	教学点	0	3	0	3
		0.0%	100.0%	0.0%	100.0%
	合计	39	135	40	214
		18.2%	63.1%	18.7%	100.0%

续表

地区	学校类型	小学教师走教情况 有	小学教师走教情况 没有	小学教师走教情况 不清楚	合计
桂东南C市	城市小学	31	2	3	36
		86.1%	5.6%	8.3%	100.0%
	中心小学	24	30	10	64
		37.5%	46.9%	15.6%	100.0%
	村小	28	52	9	89
		31.5%	58.4%	10.1%	100.0%
	教学点	3	2	1	6
		50.0%	33.3%	16.7%	100.0%
	合计	86	86	23	195
		44.1%	44.1%	11.8%	100.0%
桂西E市	城市小学	4	28	8	40
		10.0%	70.0%	20.0%	100.0%
	中心小学	28	60	16	104
		26.9%	57.7%	15.4%	100.0%
	村小	8	46	8	62
		12.9%	74.2%	12.9%	100.0%
	教学点	4	0	4	8
		50.0%	0.0%	50.0%	100.0%
	合计	44	134	36	214
		20.6%	62.6%	16.8%	100.0%
广西	城市小学	50	196	79	325
		15.4%	60.3%	24.3%	100.0%
	中心小学	172	164	70	406
		42.4%	40.4%	17.2%	100.0%
	村小	78	144	41	263
		29.7%	54.8%	15.6%	100.0%
	教学点	7	5	5	17
		41.2%	29.4%	29.4%	100.0%
	合计	307	509	195	1011
		30.4%	50.3%	19.3%	100.0%

在回收的2566份小学生有效问卷中,填写走教情况具体统计如下:

表3-18 广西小学走教情况统计表(学生卷)

地区	学校类型	小学生了解的走教情况 有	小学生了解的走教情况 没有	小学生了解的走教情况 不清楚	合计
桂中A市	城市以上小学	12	78	102	192
		6.2%	40.6%	53.1%	100.0%
	乡镇中心小学	6	132	90	228
		2.6%	57.9%	39.5%	100.0%
	村小	3	54	69	126
		2.4%	42.9%	54.8%	100.0%
	教学点	3	0	3	6
		50.0%	0.0%	50.0%	100.0%
	合计	24	264	264	552
		4.3%	47.8%	47.8%	100.0%
桂东北B市	城市以上小学	9	54	171	234
		3.8%	23.1%	73.1%	100.0%
	乡镇中心小学	30	84	72	186
		16.1%	45.2%	38.7%	100.0%
	村小	0	117	39	156
		0.0%	75.0%	25.0%	100.0%
	合计	39	255	282	576
		6.8%	44.3%	49.0%	100.0%
桂南D市	城市以上小学	9	99	45	153
		5.9%	64.7%	29.4%	100.0%
	乡镇中心小学	6	114	123	243
		2.5%	46.9%	50.6%	100.0%
	村小	0	174	0	174
		0.0%	100.0%	0.0%	100.0%
	合计	15	387	168	570
		2.6%	67.9%	29.5%	100.0%

续表

地区	学校类型	小学生了解的走教情况 有	没有	不清楚	合计
桂东南C市	城市以上小学	48 34.8%	78 56.5%	12 8.7%	138 100.0%
	乡镇中心小学	3 2.2%	123 91.1%	9 6.7%	135 100.0%
	村小	0 0.0%	165 98.2%	3 1.8%	168 100.0%
	合计	51 11.6%	366 83.0%	24 5.4%	441 100.0%
桂西E市	城市以上小学	19 13.5%	62 44.0%	60 42.6%	141 100.0%
	乡镇中心小学	25 17.1%	54 37.0%	67 45.9%	146 100.0%
	村小	34 27.0%	50 39.7%	42 33.3%	126 100.0%
	教学点	4 28.6%	6 42.9%	4 28.6%	14 100.0%
	合计	82 19.2%	172 40.3%	173 40.5%	427 100.0%
广西	城市以上小学	97 11.3%	371 43.2%	390 45.5%	858 100.0%
	乡镇中心小学	70 7.5%	507 54.1%	361 38.5%	938 100.0%
	村小	37 4.9%	560 74.7%	153 20.4%	750 100.0%
	教学点	7 35.0%	6 30.0%	7 35.0%	20 100.0%
	合计	211 8.2%	1444 56.3%	911 35.5%	2566 100.0%

第三章 广西义务教育阶段国家课程设置与实施现状调查

（二）广西小学教师走教效果调查分析

通过回收的 1011 份小学教师有效问卷中，对小学教师和学生对小学走教效果情况进行调查，其中 426 位教师填写了教师卷，1291 名学生参与填写小学走教效果，由表 3-19 和 3-20 可知，47.7% 的小学教师和 24.3% 的小学生认为走教效果一般，43.9% 的小学教师和 21% 的小学生认为走教效果还是比较好，甚至非常好。

表 3-19 广西小学走教效果情况统计表（教师卷）

小地区	学校类型	非常差	比较差	一般	比较好	非常好	合计
桂中 A 市	城市小学	0	4	6	0		10
		0.0%	40.0%	60.0%	0.0%		100.0%
	中心小学	6	12	2	0		20
		30.0%	60.0%	10.0%	0.0%		100.0%
	村小	0	18	0	18		36
		0.0%	50.0%	0.0%	50.0%		100.0%
	合计		6	34	8	18	66
			9.1%	51.5%	12.1%	27.3%	100.0%
桂东北 B 市	城市小学		0	36	12	0	48
			0.0%	75.0%	25.0%	0.0%	100.0%
	中心小学		4	34	36	8	82
			4.9%	41.5%	43.9%	9.8%	100.0%
	村小		0	6	4	0	10
			0.0%	60.0%	40.0%	0.0%	100.0%
	合计		4	76	52	8	140
			2.9%	54.3%	37.1%	5.7%	100.0%
桂南 D 市	城市小学	1	1	4	3	3	12
		8.3%	8.3%	33.3%	25.0%	25.0%	100.0%
	中心小学	3	7	7	8	8	33
		9.1%	21.2%	21.2%	24.2%	24.2%	100.0%

续表

小地区	学校类型	小学教师走教效果					合计
		非常差	比较差	一般	比较好	非常好	
	村小	0	0	12	0	0	12
		0.0%	0.0%	100.0%	0.0%	0.0%	100.0%
	合计	4	8	23	11	11	57
		7.0%	14.0%	40.4%	19.3%	19.3%	100.0%
桂东南C市	城市小学	0	0	4	13	12	29
		0.0%	0.0%	13.8%	44.8%	41.4%	100.0%
	中心小学	0	1	12	12	4	29
		0.0%	3.4%	41.4%	41.4%	13.8%	100.0%
	村小	1	0	17	15	3	36
		2.8%	0.0%	47.2%	41.7%	8.3%	100.0%
	教学点	0	0	3	0	0	3
		0.0%	0.0%	100.0%	0.0%	0.0%	100.0%
	合计	1	1	36	40	19	97
		1.0%	1.0%	37.1%	41.2%	19.6%	100.0%
桂西E市	城市小学	0	0	4	8		12
		0.0%	0.0%	33.3%	66.7%		100.0%
	中心小学	0	8	30	12		50
		0.0%	16.0%	60.0%	24.0%		100.0%
	教学点	4	0	0	0		4
		100.0%	0.0%	0.0%	0.0%		100.0%
	合计	4	8	34	20		66
		6.1%	12.1%	51.5%	30.3%		100.0%
广西	城市小学	1	1	52	42	15	111
		0.9%	0.9%	46.8%	37.8%	13.5%	100.0%
	中心小学	3	26	95	70	20	214
		1.4%	12.1%	44.4%	32.7%	9.3%	100.0%
	村小	1	0	53	19	21	94
		1.1%	0.0%	56.4%	20.2%	22.3%	100.0%

续表

小地区	学校类型	小学教师走教效果					合计
		非常差	比较差	一般	比较好	非常好	
	教学点	4	0	3	0	0	7
		57.1%	0.0%	42.9%	0.0%	0.0%	100.0%
	合计	9	27	203	131	56	426
		2.1%	6.3%	47.7%	30.8%	13.1%	100.0%

在回收的2566份小学生有效问卷中,参与填写小学走教效果共1291份,具体统计如下:

表3-20 广西小学走教效果统计表(学生卷)

地区	学校类型	走教效果						合计
		非常差	比较差	一般	比较好	非常好	不清楚	
桂中A市	城市小学	0	6	21	6	0	42	75
		0.0%	8.0%	28.0%	8.0%	0.0%	56.0%	100.0%
	乡中心小学	0	24	18	18	6	162	228
		0.0%	10.5%	7.9%	7.9%	2.6%	71.1%	100.0%
	村小	12	12	9	6	3	72	114
		10.5%	10.5%	7.9%	5.3%	2.6%	63.2%	100.0%
	教学点	0	0	0	6	0	0	6
		0.0%	0.0%	0.0%	100.0%	0.0%	0.0%	100.0%
	合计	12	42	48	36	9	276	423
		2.8%	9.9%	11.3%	8.5%	2.1%	65.2%	100.0%
桂东北B市	城市小学	0	18	63	27	9	81	198
		0.0%	9.1%	31.8%	13.6%	4.5%	40.9%	100.0%
	中心小学	6	0	12	18	33	27	96
		6.2%	0.0%	12.5%	18.8%	34.4%	28.1%	100.0%
	村小	3	6	3	6	6	9	33
		9.1%	18.2%	9.1%	18.2%	18.2%	27.3%	100.0%
	合计	9	24	78	51	48	117	327
		2.8%	7.3%	23.9%	15.6%	14.7%	35.8%	100.0%

续表

地区	学校类型	走教效果						合计
		非常差	比较差	一般	比较好	非常好	不清楚	
桂南D市	城市小学	0	0	18	0	0	9	27
		0.0%	0.0%	66.7%	0.0%	0.0%	33.3%	100.0%
	中心小学	3	0	54	18	6	78	159
		1.9%	0.0%	34.0%	11.3%	3.8%	49.1%	100.0%
	村小	0	3	18	12	0	6	39
		0.0%	7.7%	46.2%	30.8%	0.0%	15.4%	100.0%
	合计	3	3	90	30	6	93	225
		1.3%	1.3%	40.0%	13.3%	2.7%	41.3%	100.0%
桂东南C市	城市小学	0	3	3	51	3	0	60
		0.0%	5.0%	5.0%	85.0%	5.0%	0.0%	100.0%
	中心小学	0	0	12	9	3	0	24
		0.0%	0.0%	50.0%	37.5%	12.5%	0.0%	100.0%
	村小	3	0	0	0	0	3	6
		50.0%	0.0%	0.0%	0.0%	0.0%	50.0%	100.0%
	合计	3	3	15	60	6	3	90
		3.3%	3.3%	16.7%	66.7%	6.7%	3.3%	100.0%
桂西E市	城市小学	1	1	22	8	2	43	77
		1.3%	1.3%	28.6%	10.4%	2.6%	55.8%	100.0%
	中心小学	0	3	21	5	0	30	59
		0.0%	5.1%	35.6%	8.5%	0.0%	50.8%	100.0%
	村小	2	8	38	6	2	28	84
		2.4%	9.5%	45.2%	7.1%	2.4%	33.3%	100.0%
	教学点	0	0	2	2	0	2	6
		0.0%	0.0%	33.3%	33.3%	0.0%	33.3%	100.0%
	合计	3	12	83	21	4	103	226
		1.3%	5.3%	36.7%	9.3%	1.8%	45.6%	100.0%

续表

地区	学校类型	走教效果						合计
		非常差	比较差	一般	比较好	非常好	不清楚	
广西	城市小学	1	28	127	92	14	175	437
		0.2%	6.4%	29.1%	21.1%	3.2%	40.0%	100.0%
	中心小学	9	27	117	68	48	297	566
		1.6%	4.8%	20.7%	12.0%	8.5%	52.5%	100.0%
	村小	20	29	68	30	11	118	276
		7.2%	10.5%	24.6%	10.9%	4.0%	42.8%	100.0%
	教学点	0	0	2	8	0	2	12
		0.0%	0.0%	16.7%	66.7%	0.0%	16.7%	100.0%
	合计	30	84	314	198	73	592	1291
		2.3%	6.5%	24.3%	15.3%	5.7%	45.9%	100.0%

第三节 广西义务教育阶段国家课程周课时调查分析

一、广西义务教育《道德与法治》周课时调查分析

（一）广西小学《道德与法治》周课时调查分析

根据《广西九年义务教育课程计划》规定，小学《品德与生活/品德与社会》周课时应为2节，通过回收的1011份小学教师有效问卷中，有562名教师参与填写小学《品德与生活/品德与社会》周课时和在回收的2566份小学生有效问卷中，2545名被调查学生参与填写《品德与生活/品德与社会》周课时的统计，从表3-21、表3-22可知，有28.8%的教师以及38.1%的学生认为小学《品德与生活/品德与社会》周课时仅为1节，并未达到相关规定要求。仅61.70%的被调查教师和58.90%的学生认为小学《品德与生活/品德与社会》周课时应为2节。

表 3-21　小学《品德与生活／品德与社会》周课时统计表（教师卷）

地区	学校类型	周课时 1节	2节	3节	4节	6节	大于6节	合计
桂中A市	城市小学	4 4.9%	72 87.8%	6 7.3%				82 100.0%
	中心小学	2 16.7%	10 83.3%	0 0.0%				12 100.0%
	村小	0 0.0%	18 100.0%	0 0.0%				18 100.0%
	合计	6 5.4%	100 89.3%	6 5.4%				112 100.0%
桂东北B市	城市小学	0 0.0%	4 20.0%		8 40.0%	4 20.0%	4 20.0%	20 100.0%
	中心小学	2 5.9%	22 64.7%		0 0.0%	2 5.9%	8 23.5%	34 100.0%
	村小	16 88.9%	2 11.1%		0 0.0%	0 0.0%	0 0.0%	18 100.0%
	合计	18 25.0%	28 38.9%		8 11.1%	6 8.3%	12 16.7%	72 100.0%
桂南D市	城市小学	8 15.7%	38 74.5%	2 3.9%	2 3.9%		1 2.0%	51 100.0%
	中心小学	30 50.8%	24 40.7%	0 0.0%	1 1.7%		4 6.8%	59 100.0%
	村小	6 33.3%	12 66.7%	0 0.0%	0 0.0%		0 0.0%	18 100.0%
	教学点	0 0.0%	3 100.0%	0 0.0%	0 0.0%		0 0.0%	3 100.0%
	合计	44 33.6%	77 58.8%	2 1.5%	3 2.3%		5 3.8%	131 100.0%

续表

地区	学校类型	周课时						合计
		1节	2节	3节	4节	6节	大于6节	
桂东南C市	城市小学	3	10	0		0	0	13
		23.1%	76.9%	0.0%		0.0%	0.0%	100.0%
	中心小学	20	15	0		0	0	35
		57.1%	42.9%	0.0%		0.0%	0.0%	100.0%
	村小	28	32	1		0	1	62
		45.2%	51.6%	1.6%		0.0%	1.6%	100.0%
	教学点	1	3	0		1	0	5
		20.0%	60.0%	0.0%		20.0%	0.0%	100.0%
	合计	52	60	1		1	1	115
		45.2%	52.2%	0.9%		0.9%	0.9%	100.0%
桂西E市	城市小学	8	16		0		0	24
		33.3%	66.7%		0.0%		0.0%	100.0%
	中心小学	10	36		4		4	54
		18.5%	66.7%		7.4%		7.4%	100.0%
	村小	24	30		0		0	54
		44.4%	55.6%		0.0%		0.0%	100.0%
	合计	42	82		4		4	132
		31.8%	62.1%		3.0%		3.0%	100.0%
广西	城市小学	23	140	8	10	4	5	190
		12.1%	73.7%	4.2%	5.3%	2.1%	2.6%	100.0%
	中心小学	64	107	0	5	2	16	194
		33.0%	55.2%	0.0%	2.6%	1.0%	8.2%	100.0%
	村小	74	94	1	0	0	1	170
		43.5%	55.3%	0.6%	0.0%	0.0%	0.6%	100.0%
	教学点	1	6	0	0	1	0	8
		12.5%	75.0%	0.0%	0.0%	12.5%	0.0%	100.0%
	合计	162	347	9	15	7	22	562
		28.8%	61.7%	1.6%	2.7%	1.2%	3.9%	100.0%

在回收的2566份小学生有效问卷中,参与填写《品德与生活/品德与社会》周课时共2545份,占99.2%,具体统计如下:

表3-22 小学《品德与生活/品德与社会》周课时统计表(学生卷)

地区	学校类型	周课时 1节	2节	3节	4节	5节	6节	大于6节	合计
桂中A市	城市小学	27	150	9					186
		14.5%	80.6%	4.8%					100.0%
	中心小学	0	228	0					228
		0.0%	100.0%	0.0%					100.0%
	村小	0	126	0					126
		0.0%	100.0%	0.0%					100.0%
	教学点	0	6	0					6
		0.0%	100.0%	0.0%					100.0%
	合计	27	510	9					546
		4.9%	93.4%	1.6%					100.0%
桂东北B市	城市小学	81	144		9			0	234
		34.6%	61.5%		3.8%			0.0%	100.0%
	中心小学	144	39		0			3	186
		77.4%	21.0%		0.0%			1.6%	100.0%
	村小	156	0		0			0	156
		100.0%	0.0%		0.0%			0.0%	100.0%
	合计	381	183		9			3	576
		66.1%	31.8%		1.6%			0.5%	100.0%
桂南D市	城市小学	0	153						153
		0.0%	100.0%						100.0%
	中心小学	171	72						243
		70.4%	29.6%						100.0%
	村小	72	102						174
		41.4%	58.6%						100.0%
	合计	243	327						570
		42.6%	57.4%						100.0%

续表

地区	学校类型	周课时							合计
		1节	2节	3节	4节	5节	6节	大于6节	
桂东南C市	城市小学	6	126	3	3	0			138
		4.3%	91.3%	2.2%	2.2%	0.0%			100.0%
	中心小学	135	0	0	0	0			135
		100.0%	0.0%	0.0%	0.0%	0.0%			100.0%
	村小	3	141	0	0	9			153
		2.0%	92.2%	0.0%	0.0%	5.9%			100.0%
	合计	144	267	3	3	9			426
		33.8%	62.7%	0.7%	0.7%	2.1%			100.0%
桂西E市	城市小学	59	72	9	1	0	0	0	141
		41.8%	51.1%	6.4%	0.7%	0.0%	0.0%	0.0%	100.0%
	中心小学	57	73	8	4	2	0	2	146
		39.0%	50.0%	5.5%	2.7%	1.4%	0.0%	1.4%	100.0%
	村小	56	58	6	2	2	2	0	126
		44.4%	46.0%	4.8%	1.6%	1.6%	1.6%	0.0%	100.0%
	教学点	2	8	2	0	0	2	0	14
		14.3%	57.1%	14.3%	0.0%	0.0%	14.3%	0.0%	100.0%
	合计	174	211	25	7	4	4	2	427
		40.7%	49.4%	5.9%	1.6%	0.9%	0.9%	0.5%	100.0%
广西	城市小学	173	645	21	13	0	0	0	852
		20.3%	75.7%	2.5%	1.5%	0.0%	0.0%	0.0%	100.0%
	中心小学	507	412	8	4	2	0	5	938
		54.1%	43.9%	0.9%	0.4%	0.2%	0.0%	0.5%	100.0%
	村小	287	427	6	2	11	2	0	735
		39.0%	58.1%	0.8%	0.3%	1.5%	0.3%	0.0%	100.0%
	教学点	2	14	2	0	0	2	0	20
		10.0%	70.0%	10.0%	0.0%	0.0%	10.0%	0.0%	100.0%
	合计	969	1498	37	19	13	4	5	2545
		38.1%	58.9%	1.5%	0.7%	0.5%	0.2%	0.2%	100.0%

(二)广西初中《道德与法治》周课时调查分析

通过回收的 968 份小学教师有效问卷中的 161 教师和 2167 份有效问卷中的 2167 名初中生进行问卷调查,参与填写《思想品德》周课时的调查,具体统计如下:根据《广西九年义务教育课程计划》规定,初中《思想品德》周课时应为 3 节。从表 3-23 和 3-24 可知,有 38.5% 的初中教师以及 52.3% 的初中生认为初中《思想品德》周课时小于 3 节,仅有 55.9% 的初中教师和 29.9% 的初中生认为初中《思想品德》周课时应达到周课时 3 节,因此,并未达到相关规定要求。具体见表 3-23 和 3-24)。

表 3-23 初中《思想品德》周课时统计表(教师卷)

地区	学校类型	周课时 1 节	2 节	3 节	4 节	5 节	6 节	大于 6 节	合计
桂中A市	城市初中		17	14					31
			54.8%	45.2%					100.0%
	乡镇初中		3	7					10
			30.0%	70.0%					100.0%
	合计		20	21					41
			48.8%	51.2%					100.0%
桂东北B市	城市初中		0	12	4				16
			0.0%	75.0%	25.0%				100.0%
	乡镇初中		6	8	0				14
			42.9%	57.1%	0.0%				100.0%
	合计		6	20	4				30
			20.0%	66.7%	13.3%				100.0%
桂南D市	城市初中	0	3	2			1		6
		0.0%	50.0%	33.3%			16.7%		100.0%
	乡镇初中	1	4	5			0		10
		10.0%	40.0%	50.0%			0.0%		100.0%
	合计	1	7	7			1		16
		6.2%	43.8%	43.8%			6.2%		100.0%

续表

地区	学校类型	周课时 1节	2节	3节	4节	5节	6节	大于6节	合计
桂东南C市	城市初中		20	18					38
			52.6%	47.4%					100.0%
	乡镇初中		3	7					10
			30.0%	70.0%					100.0%
	合计		23	25					48
			47.9%	52.1%					100.0%
桂西E市	城市初中	2	0	12	0	2		0	16
		12.5%	0.0%	75.0%	0.0%	12.5%		0.0%	100.0%
	乡镇初中	0	3	5	1	0		1	10
		0.0%	30.0%	50.0%	10.0%	0.0%		10.0%	100.0%
	合计	2	3	17	1	2		1	26
		7.7%	11.5%	65.4%	3.8%	7.7%		3.8%	100.0%
广西	城市初中	2	40	58	4	2	1	0	107
		1.9%	37.4%	54.2%	3.7%	1.9%	0.9%	0.0%	100.0%
	乡镇初中	1	19	32	1	0	0	1	54
		1.9%	35.2%	59.3%	1.9%	0.0%	0.0%	1.9%	100.0%
	合计	3	59	90	5	2	1	1	161
		1.9%	36.6%	55.9%	3.1%	1.2%	0.6%	0.6%	100.0%

在回收的2167份初中生有效问卷中,参与填写《思想品德》周课时共2167份,占100%,具体统计如下:

表3-24 初中《思想品德》周课时统计(学生卷)

地区	学校类型	周课时 1节	2节	3节	4节	5节	6节	大于6节	合计
桂中A市	城市初中		172	76	0				248
			69.4%	30.6%	0.0%				100.0%

续表

地区	学校类型	周课时							合计
		1节	2节	3节	4节	5节	6节	大于6节	
	乡镇初中		176	0	48				224
			78.6%	0.0%	21.4%				100.0%
	合计		348	76	48				472
			73.7%	16.1%	10.2%				100.0%
桂东北B市	城市初中		58	72	12	2	6		150
			38.7%	48.0%	8.0%	1.3%	4.0%		100.0%
	乡镇初中		94	116	19	3	9		241
			39.0%	48.1%	7.9%	1.2%	3.7%		100.0%
	合计		152	188	31	5	15		391
			38.9%	48.1%	7.9%	1.3%	3.8%		100.0%
桂南D市	城市初中	0	51	123	24		4	0	202
		0.0%	25.2%	60.9%	11.9%		2.0%	0.0%	100.0%
	乡镇初中	3	188	6	1		2	3	203
		1.5%	92.6%	3.0%	0.5%		1.0%	1.5%	100.0%
	合计	3	239	129	25		6	3	405
		0.7%	59.0%	31.9%	6.2%		1.5%	0.7%	100.0%
桂东南C市	城市初中	0	152	76	0		0	0	228
		0.0%	66.7%	33.3%	0.0%		0.0%	0.0%	100.0%
	乡镇初中	4	140	52	8		16	4	224
		1.8%	62.5%	23.2%	3.6%		7.1%	1.8%	100.0%
	合计	4	292	128	8		16	4	452
		0.9%	64.6%	28.3%	1.8%		3.5%	0.9%	100.0%
桂西E市	城市初中	6	32	52	48	28	14	24	204
		2.9%	15.7%	25.5%	23.5%	13.7%	6.9%	11.8%	100.0%
	乡镇初中	9	49	75	63	24	11	12	243
		3.7%	20.2%	30.9%	25.9%	9.9%	4.5%	4.9%	100.0%
	合计	15	81	127	111	52	25	36	447
		3.4%	18.1%	28.4%	24.8%	11.6%	5.6%	8.1%	100.0%

续表

地区	学校类型	周课时							合计
		1节	2节	3节	4节	5节	6节	大于6节	
广西	城市初中	6	465	399	84	30	24	24	1032
		0.6%	45.1%	38.7%	8.1%	2.9%	2.3%	2.3%	100.0%
	乡镇初中	16	647	249	139	27	38	19	1135
		1.4%	57.0%	21.9%	12.2%	2.4%	3.3%	1.7%	100.0%
	合计	22	1112	648	223	57	62	43	2167
		1.0%	51.3%	29.9%	10.3%	2.6%	2.9%	2.0%	100.0%

二、广西义务教育《语文》周课时调查分析

(一) 广西小学《语文》周课时调查分析

根据《广西九年义务教育课程计划》规定,小学《语文》周课时应为6节。通过回收的1011份小学教师有效问卷中,教师参与填写《语文》周课时共642人和回收的2566份小学生有效问卷中,学生参与填写《语文》周课时共2563人,从表3-25和3-26可知,有11.7%的教师以及10.9%的学生认为小学《语文》周课时小于6节,并未达到相关规定要求。

表3-25 小学《语文》周课时统计表(教师卷)

地区	学校类型	周课时				合计
		4节	5节	6节	大于6节	
桂中A市	城市小学	0	20	54	6	80
		0.0%	25.0%	67.5%	7.5%	100.0%
	中心小学	2	4	12	12	30
		6.7%	13.3%	40.0%	40.0%	100.0%
	村小	0	0	18	18	36
		0.0%	0.0%	50.0%	50.0%	100.0%
	合计	2	24	84	36	146
		1.4%	16.4%	57.5%	24.7%	100.0%

续表

地区	学校类型	周课时				合计
		4 节	5 节	6 节	大于 6 节	
桂东北 B 市	城市小学			8	0	8
				100.0%	0.0%	100.0%
	中心小学			20	36	56
				35.7%	64.3%	100.0%
	村小			2	22	24
				8.3%	91.7%	100.0%
	合计			30	58	88
				34.1%	65.9%	100.0%
桂南 D 市	城市小学	1	3	34	13	51
		2.0%	5.9%	66.7%	25.5%	100.0%
	中心小学	0	1	17	37	55
		0.0%	1.8%	30.9%	67.3%	100.0%
	村小	0	0	18	6	24
		0.0%	0.0%	75.0%	25.0%	100.0%
	教学点	0	0	3	0	3
		0.0%	0.0%	100.0%	0.0%	100.0%
	合计	1	4	72	56	133
		0.8%	3.0%	54.1%	42.1%	100.0%
桂东南 C 市	城市小学	0	6	16	4	26
		0.0%	23.1%	61.5%	15.4%	100.0%
	中心小学	1	1	11	26	39
		2.6%	2.6%	28.2%	66.7%	100.0%
	村小	0	14	10	36	60
		0.0%	23.3%	16.7%	60.0%	100.0%
	教学点	0	0	0	4	4
		0.0%	0.0%	0.0%	100.0%	100.0%
	合计	1	21	37	70	129
		0.8%	16.3%	28.7%	54.3%	100.0%

续表

地区	学校类型	周课时 4节	5节	6节	大于6节	合计
桂西E市	城市小学	8 28.6%	4 14.3%	8 28.6%	8 28.6%	28 100.0%
	中心小学	0 0.0%	2 3.3%	24 40.0%	34 56.7%	60 100.0%
	村小	8 14.8%	0 0.0%	16 29.6%	30 55.6%	54 100.0%
	教学点	0 0.0%	0 0.0%	0 0.0%	4 100.0%	4 100.0%
	合计	16 11.0%	6 4.1%	48 32.9%	76 52.1%	146 100.0%
广西	城市小学	9 4.7%	33 17.1%	120 62.2%	31 16.1%	193 100.0%
	中心小学	3 1.2%	8 3.3%	84 35.0%	145 60.4%	240 100.0%
	村小	8 4.0%	14 7.1%	64 32.3%	112 56.6%	198 100.0%
	教学点	0 0.0%	0 0.0%	3 27.3%	8 72.7%	11 100.0%
	合计	20 3.1%	55 8.6%	271 42.2%	296 46.1%	642 100.0%

在回收的2566份小学生有效问卷中,参与填写《语文》周课时共2563份,占99.9%,具体统计如下:

表3-26 小学《语文》周课时统计表(学生卷)

地区	学校类型	周课时 4节	5节	6节	大于6节	合计
桂中A市	城市小学	3 1.6%	12 6.3%	78 41.3%	96 50.8%	189 100.0%

续表

地区	学校类型	周课时				合计
		4节	5节	6节	大于6节	
桂东北B市	中心小学	0	0	222	6	228
		0.0%	0.0%	97.4%	2.6%	100.0%
	村小	0	0	102	24	126
		0.0%	0.0%	81.0%	19.0%	100.0%
	教学点	0	3	0	3	6
		0.0%	50.0%	0.0%	50.0%	100.0%
	合计	3	15	402	129	549
		0.5%	2.7%	73.2%	23.5%	100.0%
桂东北B市	城市小学	9	9	36	180	234
		3.8%	3.8%	15.4%	76.9%	100.0%
	中心小学	0	0	6	180	186
		0.0%	0.0%	3.2%	96.8%	100.0%
	村小	0	0	6	150	156
		0.0%	0.0%	3.8%	96.2%	100.0%
	合计	9	9	48	510	576
		1.6%	1.6%	8.3%	88.5%	100.0%
桂南D市	城市小学	0		9	144	153
		0.0%		5.9%	94.1%	100.0%
	中心小学	0		78	165	243
		0.0%		32.1%	67.9%	100.0%
	村小	3		165	6	174
		1.7%		94.8%	3.4%	100.0%
	合计	3		252	315	570
		0.5%		44.2%	55.3%	100.0%
桂东南C市	城市小学		138	0	0	138
			100.0%	0.0%	0.0%	100.0%
	中心小学		3	120	12	135
			2.2%	88.9%	8.9%	100.0%

续表

地区	学校类型	周课时 4节	周课时 5节	周课时 6节	周课时 大于6节	合计
	村小		57 33.9%	6 3.6%	105 62.5%	168 100.0%
	合计		198 44.9%	126 28.6%	117 26.5%	441 100.0%
桂西E市	城市小学	2 1.4%	13 9.2%	61 43.3%	65 46.1%	141 100.0%
	中心小学	2 1.4%	7 4.8%	43 29.5%	94 64.4%	146 100.0%
	村小	4 3.2%	14 11.1%	26 20.6%	82 65.1%	126 100.0%
	教学点	0 0.0%	0 0.0%	6 42.9%	8 57.1%	14 100.0%
	合计	8 1.9%	34 8.0%	136 31.9%	249 58.3%	427 100.0%
广西	城市小学	14 1.6%	172 20.1%	184 21.5%	485 56.7%	855 100.0%
	中心小学	2 0.2%	10 1.1%	469 50.0%	457 48.7%	938 100.0%
	村小	7 0.9%	71 9.5%	305 40.7%	367 48.9%	750 100.0%
	教学点	0 0.0%	3 15.0%	6 30.0%	11 55.0%	20 100.0%
	合计	23 0.9%	256 10.0%	964 37.6%	1320 51.5%	2563 100.0%

(二)广西初中《语文》周课时调查分析

根据《广西九年义务教育课程计划》规定,初中《语文》周课时应为6节。通过回收的968份初中教师有效问卷中256名教师和在回收的

2167 份初中生有效问卷中 2167 份参与填写初中《语文》周课时的统计调查：从表 3-27 和 3-28 可知，有 3.9% 的教师以及 9.6% 的学生认为初中《语文》周课时小于 6 节，并未达到相关规定要求。

表 3-27　初中《语文》周课时统计表（教师卷）

地区	学校类型	周课时				合计
		4 节	5 节	6 节	大于 6 节	
桂中 A 市	城市初中			21	3	24
				87.5%	12.5%	100.0%
	乡镇初中			10	12	22
				45.5%	54.5%	100.0%
	合计			31	15	46
				67.4%	32.6%	100.0%
桂东北 B 市	城市初中			16	4	20
				80.0%	20.0%	100.0%
	乡镇初中			34	0	34
				100.0%	0.0%	100.0%
	合计			50	4	54
				92.6%	7.4%	100.0%
桂南 D 市	城市初中	0	0	12	6	18
		0.0%	0.0%	66.7%	33.3%	100.0%
	乡镇初中	1	6	7	4	18
		5.6%	33.3%	38.9%	22.2%	100.0%
	合计	1	6	19	10	36
		2.8%	16.7%	52.8%	27.8%	100.0%
桂东南 C 市	城市初中			38	0	38
				100.0%	0.0%	100.0%
	乡镇初中			13	16	29
				44.8%	55.2%	100.0%
	合计			51	16	67
				76.1%	23.9%	100.0%

续表

地区	学校类型	周课时 4节	5节	6节	大于6节	合计
桂西E市	城市初中	0	10	18		28
		0.0%	35.7%	64.3%		100.0%
	乡镇初中	3	10	12		25
		12.0%	40.0%	48.0%		100.0%
	合计	3	20	30		53
		5.7%	37.7%	56.6%		100.0%
广西	城市初中	0	0	97	31	128
		0.0%	0.0%	75.8%	24.2%	100.0%
	乡镇初中	1	9	74	44	128
		0.8%	7.0%	57.8%	34.4%	100.0%
	合计	1	9	171	75	256
		0.4%	3.5%	66.8%	29.3%	100.0%

在回收的2167份初中生有效问卷中,参与填写《语文》周课时共2167份,占100%,具体统计如下:

表3-28 初中《语文》周课时统计表(学生卷)

地区	学校类型	周课时 4节	5节	6节	大于6节	合计
桂中A市	城市初中	4	24	192	28	248
		1.6%	9.7%	77.4%	11.3%	100.0%
	乡镇初中	0	48	8	168	224
		0.0%	21.4%	3.6%	75.0%	100.0%
	合计	4	72	200	196	472
		0.8%	15.3%	42.4%	41.5%	100.0%
桂东北B市	城市初中	2	8	56	84	150
		1.3%	5.3%	37.3%	56.0%	100.0%
	乡镇初中	0	13	91	137	241
		0.0%	5.4%	37.8%	56.8%	100.0%

续表

地区	学校类型	周课时 4节	5节	6节	大于6节	合计
	合计	2	21	147	221	391
		0.5%	5.4%	37.6%	56.5%	100.0%
桂南D市	城市初中	4	12	76	110	202
		2.0%	5.9%	37.6%	54.5%	100.0%
	乡镇初中	0	4	172	27	203
		0.0%	2.0%	84.7%	13.3%	100.0%
	合计	4	16	248	137	405
		1.0%	4.0%	61.2%	33.8%	100.0%
桂东南C市	城市初中			228	0	228
				100.0%	0.0%	100.0%
	乡镇初中			60	164	224
				26.8%	73.2%	100.0%
	合计			288	164	452
				63.7%	36.3%	100.0%
桂西E市	城市初中	4	30	42	128	204
		2.0%	14.7%	20.6%	62.7%	100.0%
	乡镇初中	21	35	57	130	243
		8.6%	14.4%	23.5%	53.5%	100.0%
	合计	25	65	99	258	447
		5.6%	14.5%	22.1%	57.7%	100.0%
广西	城市初中	14	74	594	350	1032
		1.4%	7.2%	57.6%	33.9%	100.0%
	乡镇初中	21	100	388	626	1135
		1.9%	8.8%	34.2%	55.2%	100.0%
	合计	35	174	982	976	2167
		1.6%	8.0%	45.3%	45.0%	100.0%

三、广西义务教育《数学》周课时调查分析

（一）广西小学《数学》周课时调查分析

根据《广西九年义务教育课程计划》规定，小学《数学》周课时应为4节。通过回收的1011份小学教师有效问卷中535名教师和在回收的2566份小学生有效问卷中2560小学生参与填写《数学》周课时的统计数据显示：从表3-29、3-30可知，有1.9%的小学教师以及0.6%的学生认为小学《数学》周课时小于4节，仅36.3%的小学教师和23.7%学生认为小学《数学》周课时满足4节，并未达到相关规定要求。

表3-29 小学《数学》周课时统计表（教师卷）

地区	学校类型	3节	4节	5节	6节	大于6节	合计
桂中A市	城市小学		66	8	2	14	90
			73.3%	8.9%	2.2%	15.6%	100.0%
	中心小学		22	10	0	4	36
			61.1%	27.8%	0.0%	11.1%	100.0%
	合计		88	18	2	18	126
			69.8%	14.3%	1.6%	14.3%	100.0%
桂东北B市	城市小学	0	20		4	6	30
		0.0%	66.7%		13.3%	20.0%	100.0%
	中心小学	4	12		18	12	46
		8.7%	26.1%		39.1%	26.1%	100.0%
	村小	0	0		0	16	16
		0.0%	0.0%		0.0%	100.0%	100.0%
	合计	4	32		22	34	92
		4.3%	34.8%		23.9%	37.0%	100.0%
桂南D市	城市小学	0	28	5	3	4	40
		0.0%	70.0%	12.5%	7.5%	10.0%	100.0%
	中心小学	0	12	4	1	26	43
		0.0%	27.9%	9.3%	2.3%	60.5%	100.0%

续表

地区	学校类型	周课时					合计
		3节	4节	5节	6节	大于6节	
	村小	6	0	0	6	6	18
		33.3%	0.0%	0.0%	33.3%	33.3%	100.0%
	教学点	0	0	3	0	0	3
		0.0%	0.0%	100.0%	0.0%	0.0%	100.0%
	合计	6	40	12	10	36	104
		5.8%	38.5%	11.5%	9.6%	34.6%	100.0%
桂东南C市	城市小学		0	11	3	5	19
			0.0%	57.9%	15.8%	26.3%	100.0%
	中心小学		2	10	7	18	37
			5.4%	27.0%	18.9%	48.6%	100.0%
	村小		4	19	8	23	54
			7.4%	35.2%	14.8%	42.6%	100.0%
	教学点		0	0	0	3	3
			0.0%	0.0%	0.0%	100.0%	100.0%
	合计		6	40	18	49	113
			5.3%	35.4%	15.9%	43.4%	100.0%
桂西E市	城市小学		14	0	10	8	32
			43.8%	0.0%	31.2%	25.0%	100.0%
	中心小学		14	4	8	8	34
			41.2%	11.8%	23.5%	23.5%	100.0%
	村小		0	0	16	14	30
			0.0%	0.0%	53.3%	46.7%	100.0%
	教学点		0	0	0	4	4
			0.0%	0.0%	0.0%	100.0%	100.0%
	合计		28	4	34	34	100
			28.0%	4.0%	34.0%	34.0%	100.0%

续表

地区	学校类型	周课时					合计
		3节	4节	5节	6节	大于6节	
广西	城市小学	0	128	24	22	37	211
		0.0%	60.7%	11.4%	10.4%	17.5%	100.0%
	中心小学	4	62	28	34	68	196
		2.0%	31.6%	14.3%	17.3%	34.7%	100.0%
	村小	6	4	19	30	59	118
		5.1%	3.4%	16.1%	25.4%	50.0%	100.0%
	教学点	0	0	3	0	7	10
		0.0%	0.0%	30.0%	0.0%	70.0%	100.0%
	合计	10	194	74	86	171	535
		1.9%	36.3%	13.8%	16.1%	32.0%	100.0%

在回收的 2566 份小学生有效问卷中，参与填写《数学》周课时共 2560 份，占 99.8%，具体统计如下：

表 3-30 小学《数学》周课时统计表（学生卷）

地区	学校类型	周课时					合计
		3节	4节	5节	6节	大于6节	
桂中A市	城市小学		84	36	45	21	186
			45.2%	19.4%	24.2%	11.3%	100.0%
	中心小学		120	0	108	0	228
			52.6%	0.0%	47.4%	0.0%	100.0%
	村小		48	0	54	24	126
			38.1%	0.0%	42.9%	19.0%	100.0%
	教学点		0	3	3	0	6
			0.0%	50.0%	50.0%	0.0%	100.0%
	合计		252	39	210	45	546
			46.2%	7.1%	38.5%	8.2%	100.0%
桂东北B市	城市小学	9	54	9	0	162	234
		3.8%	23.1%	3.8%	0.0%	69.2%	100.0%

续表

地区	学校类型	周课时 3节	4节	5节	6节	大于6节	合计
	中心小学	0	3	0	45	138	186
		0.0%	1.6%	0.0%	24.2%	74.2%	100.0%
	村小	0	3	0	3	150	156
		0.0%	1.9%	0.0%	1.9%	96.2%	100.0%
	合计	9	60	9	48	450	576
		1.6%	10.4%	1.6%	8.3%	78.1%	100.0%
桂南D市	城市小学		9	0	9	135	153
			5.9%	0.0%	5.9%	88.2%	100.0%
	中心小学		6	0	72	165	243
			2.5%	0.0%	29.6%	67.9%	100.0%
	村小		159	6	6	3	174
			91.4%	3.4%	3.4%	1.7%	100.0%
	合计		174	6	87	303	570
			30.5%	1.1%	15.3%	53.2%	100.0%
桂东南C市	城市小学			138	0	0	138
				100.0%	0.0%	0.0%	100.0%
	中心小学			66	57	12	135
				48.9%	42.2%	8.9%	100.0%
	村小			60	6	102	168
				35.7%	3.6%	60.7%	100.0%
	合计			264	63	114	441
				59.9%	14.3%	25.9%	100.0%
桂西E市	城市小学	1	52	21	16	51	141
		0.7%	36.9%	14.9%	11.3%	36.2%	100.0%
	中心小学	3	38	12	14	79	146
		2.1%	26.0%	8.2%	9.6%	54.1%	100.0%
	村小	2	28	22	6	68	126
		1.6%	22.2%	17.5%	4.8%	54.0%	100.0%

续表

地区	学校类型	周课时 3节	周课时 4节	周课时 5节	周课时 6节	周课时 大于6节	合计
	教学点	0	2	0	4	8	14
		0.0%	14.3%	0.0%	28.6%	57.1%	100.0%
	合计	6	120	55	40	206	427
		1.4%	28.1%	12.9%	9.4%	48.2%	100.0%
广西	城市小学	10	199	204	70	369	852
		1.2%	23.4%	23.9%	8.2%	43.3%	100.0%
	中心小学	3	167	78	296	394	938
		0.3%	17.8%	8.3%	31.6%	42.0%	100.0%
	村小	2	238	88	75	347	750
		0.3%	31.7%	11.7%	10.0%	46.3%	100.0%
	教学点	0	2	3	7	8	20
		0.0%	10.0%	15.0%	35.0%	40.0%	100.0%
	合计	15	606	373	448	1118	2560
		0.6%	23.7%	14.6%	17.5%	43.7%	100.0%

（二）广西初中《数学》周课时调查分析

根据《广西九年义务教育课程计划》规定，初中《数学》周课时应为4节。通过回收的968份初中教师有效问卷中的331名教师和在回收的2167份初中生有效问卷中的2167名学生参与填写《数学》周课时：从表3-31和3-32可知，有99.70%的被调查教师以及96.10%的被调查学生认为初中《数学》周课时大于4节，已按相关规定要求开展课程，基本实现初中《数学》开齐开足的情况。

表3-31 初中《数学》周课时统计表（教师卷）

地区	学校类型	周课时 4节	周课时 5节	周课时 6节	周课时 大于6节	合计
桂中A市	城市初中		2	34	3	39
			5.1%	87.2%	7.7%	100.0%

续表

地区	学校类型	周课时 4节	周课时 5节	周课时 6节	周课时 大于6节	合计
	乡镇初中		0 0.0%	12 42.9%	16 57.1%	28 100.0%
	合计		2 3.0%	46 68.7%	19 28.4%	67 100.0%
桂东北B市	城市初中		20 55.6%	12 33.3%	4 11.1%	36 100.0%
	乡镇初中		12 35.3%	18 52.9%	4 11.8%	34 100.0%
	合计		32 45.7%	30 42.9%	8 11.4%	70 100.0%
桂南D市	城市初中	0 0.0%	0 0.0%	10 55.6%	8 44.4%	18 100.0%
	乡镇初中	1 4.5%	10 45.5%	9 40.9%	2 9.1%	22 100.0%
	合计	1 2.5%	10 25.0%	19 47.5%	10 25.0%	40 100.0%
桂东南C市	城市初中			56 90.3%	6 9.7%	62 100.0%
	乡镇初中			10 31.2%	22 68.8%	32 100.0%
	合计			66 70.2%	28 29.8%	94 100.0%
桂西E市	城市初中		0 0.0%	12 31.6%	26 68.4%	38 100.0%
	乡镇初中		2 9.1%	13 59.1%	7 31.8%	22 100.0%
	合计		2 3.3%	25 41.7%	33 55.0%	60 100.0%

续表

地区	学校类型	周课时 4节	5节	6节	大于6节	合计
广西	城市初中	0	22	124	47	193
		0.0%	11.4%	64.2%	24.4%	100.0%
	乡镇初中	1	24	62	51	138
		0.7%	17.4%	44.9%	37.0%	100.0%
	合计	1	46	186	98	331
		0.3%	13.9%	56.2%	29.6%	100.0%

在回收的2167份初中生有效问卷中,参与填写《数学》周课时共2167份,占100%,具体统计如下:

表3-32 初中《数学》周课时统计表(学生卷)

地区	学校类型	周课时 4节	5节	6节	大于6节	合计
桂中A市	城市初中	28	24	172	24	248
		11.3%	9.7%	69.4%	9.7%	100.0%
	乡镇初中	0	72	8	144	224
		0.0%	32.1%	3.6%	64.3%	100.0%
	合计	28	96	180	168	472
		5.9%	20.3%	38.1%	35.6%	100.0%
桂东北B市	城市初中	6	4	62	78	150
		4.0%	2.7%	41.3%	52.0%	100.0%
	乡镇初中	6	7	101	127	241
		2.5%	2.9%	41.9%	52.7%	100.0%
	合计	12	11	163	205	391
		3.1%	2.8%	41.7%	52.4%	100.0%
桂南D市	城市初中	4	12	91	95	202
		2.0%	5.9%	45.0%	47.0%	100.0%
	乡镇初中	0	5	176	22	203
		0.0%	2.5%	86.7%	10.8%	100.0%
	合计	4	17	267	117	405
		1.0%	4.2%	65.9%	28.9%	100.0%

续表

地区	学校类型	周课时 4 节	5 节	6 节	大于 6 节	合计
桂东南 C 市	城市初中	0		228	0	228
		0.0%		100.0%	0.0%	100.0%
	乡镇初中	4		44	176	224
		1.8%		19.6%	78.6%	100.0%
	合计	4		272	176	452
		0.9%		60.2%	38.9%	100.0%
桂西 E 市	城市初中	8	32	44	120	204
		3.9%	15.7%	21.6%	58.8%	100.0%
	乡镇初中	29	36	54	124	243
		11.9%	14.8%	22.2%	51.0%	100.0%
	合计	37	68	98	244	447
		8.3%	15.2%	21.9%	54.6%	100.0%
广西	城市初中	46	72	597	317	1032
		4.5%	7.0%	57.8%	30.7%	100.0%
	乡镇初中	39	120	383	593	1135
		3.4%	10.6%	33.7%	52.2%	100.0%
	合计	85	192	980	910	2167
		3.9%	8.9%	45.2%	42.0%	100.0%

四、广西义务教育《外语》周课时调查分析

（一）广西小学《外语》周课时调查分析

根据《广西九年义务教育课程计划》规定，小学《外语》周课时为 2 课时，从表 3-33 和表 3-34 可知，有 21% 被调查的小学教师和 35.9% 被调查的小学生认为小学《外语》周课时低于 2 节，仅有 30.9% 的被调查小学教师和 35.8% 的被调查小学生认为英语周课时为 2 节，远低于《广西九年义务教育课程计划》规定要求。

表 3-33 小学《外语》周课时统计表（教师卷）

地区	学校类型	小学《外语》周课时								合计
		0节	1节	2节	3节	4节	5节	6节	大于6节	
桂中A市	城市小学	32		2	34	4		0	0	72
		44.4%		2.8%	47.2%	5.6%		0.0%	0.0%	100.0%
	中心小学	0		0	16	0		2	2	20
		0.0%		0.0%	80.0%	0.0%		10.0%	10.0%	100.0%
	合计	32		2	50	4		2	2	92
		34.8%		2.2%	54.3%	4.3%		2.2%	2.2%	100.0%
桂东北B市	城市小学	0		0	4	8	0	4	0	16
		0.0%		0.0%	25.0%	50.0%	0.0%	25.0%	0.0%	100.0%
	中心小学	2		4	8	0	8	2	12	36
		5.6%		11.1%	22.2%	0.0%	22.2%	5.6%	33.3%	100.0%
	村小	0		0	8	6	0	0	0	14
		0.0%		0.0%	57.1%	42.9%	0.0%	0.0%	0.0%	100.0%
	合计	2		4	20	14	8	6	12	66
		3.0%		6.1%	30.3%	21.2%	12.1%	9.1%	18.2%	100.0%
桂南D市	城市小学	2	0	8		0			3	13
		15.4%	0.0%	61.5%		0.0%			23.1%	100.0%
	中心小学	9	1	27		1			0	38
		23.7%	2.6%	71.1%		2.6%			0.0%	100.0%
	村小	0	0	18		0			0	18
		0.0%	0.0%	100.0%		0.0%			0.0%	100.0%
	教学点	0	0	3		0			0	3
		0.0%	0.0%	100.0%		0.0%			0.0%	100.0%
	合计	11	1	56		1			3	72
		15.3%	1.4%	77.8%		1.4%			4.2%	100.0%

续表

地区	学校类型	小学《外语》周课时							合计
		0节	1节	2节	3节	4节	5节	6节	大于6节	
桂东南C市	城市小学	0	1	5	3	0		1	1	11
		0.0%	9.1%	45.5%	27.3%	0.0%		9.1%	9.1%	100.0%
	中心小学	1	1	8	3	0		0	3	16
		6.2%	6.2%	50.0%	18.8%	0.0%		0.0%	18.8%	100.0%
	村小	5	2	24	1	1		0	3	36
		13.9%	5.6%	66.7%	2.8%	2.8%		0.0%	8.3%	100.0%
	教学点	2	0	0	0	0		1	1	4
		50.0%	0.0%	0.0%	0.0%	0.0%		25.0%	25.0%	100.0%
	合计	8	4	37	7	1		2	8	67
		11.9%	6.0%	55.2%	10.4%	1.5%		3.0%	11.9%	100.0%
桂西E市	城市小学	6		6	8	0			0	20
		30.0%		30.0%	40.0%	0.0%			0.0%	100.0%
	中心小学	4		8	4	4			12	32
		12.5%		25.0%	12.5%	12.5%			37.5%	100.0%
	村小	14		8	0	0			16	38
		36.8%		21.1%	0.0%	0.0%			42.1%	100.0%
	教学点	0		0	0	0			4	4
		0.0%		0.0%	0.0%	0.0%			100.0%	100.0%
	合计	24		22	12	4			32	94
		25.5%		23.4%	12.8%	4.3%			34.0%	100.0%
广西	城市小学	40	1	21	49	12	0	5	4	132
		30.3%	0.8%	15.9%	37.1%	9.1%	0.0%	3.8%	3.0%	100.0%
	中心小学	16	2	47	31	4	9	4	29	142
		11.3%	1.4%	33.1%	21.8%	2.8%	6.3%	2.8%	20.4%	100.0%
	村小	19	2	50	9	6	1	0	19	106
		17.9%	1.9%	47.2%	8.5%	5.7%	0.9%	0.0%	17.9%	100.0%
	教学点	2	0	3	0	0	0	1	5	11
		18.2%	0.0%	27.3%	0.0%	0.0%	0.0%	9.1%	45.5%	100.0%

第三章　广西义务教育阶段国家课程设置与实施现状调查

续表

地区	学校类型	小学《外语》周课时							合计
		0节	1节	2节	3节	4节	5节	6节	大于6节	
	合计	77	5	121	89	22	10	10	57	391
		19.7%	1.3%	30.9%	22.8%	5.6%	2.6%	2.6%	14.6%	100.0%

表3-34　小学《外语》周课时统计表（学生卷）

地区	学校类型	小学《外语》周课时							合计
		0节	1节	2节	3节	4节	5节	6节	大于6节	
桂中A市	县城及以上小学	12	9	3	138	3	18	3	3	189
		6.3%	4.8%	1.6%	73.0%	1.6%	9.5%	1.6%	1.6%	100.0%
	乡镇中心小学	6	0	0	222	0	0	0	0	228
		2.6%	0.0%	0.0%	97.4%	0.0%	0.0%	0.0%	0.0%	100.0%
	村小	3	0	24	99	0	0	0	0	126
		2.4%	0.0%	19.0%	78.6%	0.0%	0.0%	0.0%	0.0%	100.0%
	教学点	0	0	0	6	0	0	0	0	6
		0.0%	0.0%	0.0%	100.0%	0.0%	0.0%	0.0%	0.0%	100.0%
	合计	21	9	27	465	3	18	3	3	549
		3.8%	1.6%	4.9%	84.7%	0.5%	3.3%	0.5%	0.5%	100.0%
桂东北B市合计	县城及以上小学	0	0	18	36	18	27	108	27	234
		0.0%	0.0%	7.7%	15.4%	7.7%	11.5%	46.2%	11.5%	100.0%
	乡镇中心小学	9	6	0	6	3	36	12	114	186
		4.8%	3.2%	0.0%	3.2%	1.6%	19.4%	6.5%	61.3%	100.0%
	村小	0	0	6	93	48	0	3	6	156
		0.0%	0.0%	3.8%	59.6%	30.8%	0.0%	1.9%	3.8%	100.0%
	合计	9	6	24	135	69	63	123	147	576
		1.6%	1.0%	4.2%	23.4%	12.0%	10.9%	21.4%	25.5%	100.0%

续表

地区	学校类型	小学《外语》周课时								合计
		0节	1节	2节	3节	4节	5节	6节	大于6节	
	县城及以上小学	49	14	312	253	31	47	115	34	855
		5.7%	1.6%	36.5%	29.6%	3.6%	5.5%	13.5%	4.0%	100.0%
	乡镇中心小学	51	17	433	242	16	45	13	121	938
		5.4%	1.8%	46.2%	25.8%	1.7%	4.8%	1.4%	12.9%	100.0%
	村小	57	15	401	200	62	2	3	10	750
		7.6%	2.0%	53.5%	26.7%	8.3%	0.3%	0.4%	1.3%	100.0%
	教学点	10	0	0	6	0	0	4	0	20
		50.0%	0.0%	0.0%	30.0%	0.0%	0.0%	20.0%	0.0%	100.0%
	合计	167	46	1146	701	109	94	135	165	2563
		6.5%	1.8%	44.7%	27.4%	4.3%	3.7%	5.3%	6.4%	100.0%
桂南D市	县城及以上小学		0	144	9					153
			0.0%	94.1%	5.9%					100.0%
	乡镇中心小学		0	243	0					243
			0.0%	100.0%	0.0%					100.0%
	村小		3	171	0					174
			1.7%	98.3%	0.0%					100.0%
	合计		3	558	9					570
			0.5%	97.9%	1.6%					100.0%
桂东南C市	县城及以上小学	6	0	87	45					138
		4.3%	0.0%	63.0%	32.6%					100.0%
	乡镇中心小学	3	3	129	0					135
		2.2%	2.2%	95.6%	0.0%					100.0%

第三章 广西义务教育阶段国家课程设置与实施现状调查

续表

地区	学校类型	小学《外语》周课时								合计
		0节	1节	2节	3节	4节	5节	6节	大于6节	
广西	村小	0	0	168	0					168
		0.0%	0.0%	100.0%	0.0%					100.0%
	合计	9	3	384	45					441
		2.0%	0.7%	87.1%	10.2%					100.0%
	县城及以上小学	31	5	60	25	10	2	4	4	141
		22.0%	3.5%	42.6%	17.7%	7.1%	1.4%	2.8%	2.8%	100.0%
	乡镇中心小学	33	8	61	14	13	9	1	7	146
		22.6%	5.5%	41.8%	9.6%	8.9%	6.2%	0.7%	4.8%	100.0%
	村小	54	12	32	8	14	2	0	4	126
		42.9%	9.5%	25.4%	6.3%	11.1%	1.6%	0.0%	3.2%	100.0%
	教学点	10	0	0	0	0	0	4	0	14
		71.4%	0.0%	0.0%	0.0%	0.0%	0.0%	28.6%	0.0%	100.0%
	合计	128	25	153	47	37	13	9	15	427
		30.0%	5.9%	35.8%	11.0%	8.7%	3.0%	2.1%	3.5%	100.0%

(二)广西初中《外语》周课时调查分析

根据《广西九年义务教育课程计划》规定初中《外语》周课时为2课时,从表3-35和3-36可知,有40.8%被调查初中教师和38.7%被调查的初中生认为初中《外语》周课时大于等于6课时,与《广西九年义务教育课程计划》规定初中《外语》周课时为2课时相一致,初中英语周课时开设情况良好。

表3-35 初中英语周课时情况统计表(教师卷)

地区	学校类型	初中《外语》周课时				合计
		4节	5节	6节	大于6节	
桂中A市	城市初中		2	22	11	35
			5.7%	62.9%	31.4%	100.0%

续表

地区	学校类型	初中《外语》周课时 4节	5节	6节	大于6节	合计
	乡镇初中	0	8	6		14
		0.0%	57.1%	42.9%		100.0%
	合计	2	30	17		49
		4.1%	61.2%	34.7%		100.0%
桂东北B市	城市初中	8	20	0		28
		28.6%	71.4%	0.0%		100.0%
	乡镇初中	0	18	12		30
		0.0%	60.0%	40.0%		100.0%
	合计	8	38	12		58
		13.8%	65.5%	20.7%		100.0%
桂南D市	城市初中	0	0	20	4	24
		0.0%	0.0%	83.3%	16.7%	100.0%
	乡镇初中	1	5	2	10	18
		5.6%	27.8%	11.1%	55.6%	100.0%
	合计	1	5	22	14	42
		2.4%	11.9%	52.4%	33.3%	100.0%
桂东南C市	城市初中			38	18	56
				67.9%	32.1%	100.0%
	乡镇初中			10	17	27
				37.0%	63.0%	100.0%
	合计			48	35	83
				57.8%	42.2%	100.0%
桂西E市	城市初中	2	4	0	26	32
		6.2%	12.5%	0.0%	81.2%	100.0%
	乡镇初中	1	2	4	11	18
		5.6%	11.1%	22.2%	61.1%	100.0%
	合计	3	6	4	37	50
		6.0%	12.0%	8.0%	74.0%	100.0%

续表

地区	学校类型	初中《外语》周课时				合计
		4节	5节	6节	大于6节	
广西	城市初中	2	14	100	59	175
		1.1%	8.0%	57.1%	33.7%	100.0%
	乡镇初中	2	7	42	56	107
		1.9%	6.5%	39.3%	52.3%	100.0%
	合计	4	21	142	115	282
		1.4%	7.4%	50.4%	40.8%	100.0%

表3-36 初中英语周课时情况统计表（学生卷）

地区	学校类型	初中《外语》							合计
		0节	2节	3节	4节	5节	6节	大于6节	
桂中A市	城市初中				28	24	172	24	248
					11.3%	9.7%	69.4%	9.7%	100.0%
	乡镇初中				0	72	56	96	224
					0.0%	32.1%	25.0%	42.9%	100.0%
	合计				28	96	228	120	472
					5.9%	20.3%	48.3%	25.4%	100.0%
桂东北B市	城市初中				6	4	62	78	150
					4.0%	2.7%	41.3%	52.0%	100.0%
	乡镇初中				6	7	101	127	241
					2.5%	2.9%	41.9%	52.7%	100.0%
	合计				12	11	163	205	391
					3.1%	2.8%	41.7%	52.4%	100.0%
桂南D市	城市初中	4	0	0	4	16	91	87	202
		2.0%	0.0%	0.0%	2.0%	7.9%	45.0%	43.1%	100.0%
	乡镇初中	0	1	1	1	16	168	16	203
		0.0%	0.5%	0.5%	0.5%	7.9%	82.8%	7.9%	100.0%
	合计	4	1	1	5	32	259	103	405
		1.0%	0.2%	0.2%	1.2%	7.9%	64.0%	25.4%	100.0%

续表

地区	学校类型	初中《外语》 0节	2节	3节	4节	5节	6节	大于6节	合计
桂东南C市	城市初中				0 0.0%	8 3.5%	220 96.5%	0 0.0%	228 100.0%
	乡镇初中				4 1.8%	0 0.0%	36 16.1%	184 82.1%	224 100.0%
	合计				4 0.9%	8 1.8%	256 56.6%	184 40.7%	452 100.0%
桂西E市	城市初中		2 1.0%	4 2.0%	8 3.9%	26 12.7%	54 26.5%	110 53.9%	204 100.0%
	乡镇初中		25 10.3%	1 0.4%	9 3.7%	43 17.7%	49 20.2%	116 47.7%	243 100.0%
	合计		27 6.0%	5 1.1%	17 3.8%	69 15.4%	103 23.0%	226 50.6%	447 100.0%
广西	城市初中	4 0.4%	2 0.2%	4 0.4%	46 4.5%	78 7.6%	599 58.0%	299 29.0%	1032 100.0%
	乡镇初中	0 0.0%	26 2.3%	2 0.2%	20 1.8%	138 12.2%	410 36.1%	539 47.5%	1135 100.0%
	合计	4 0.2%	28 1.3%	6 0.3%	66 3.0%	216 10.0%	1009 46.6%	838 38.7%	2167 100.0%

五、广西义务教育《科学》周课时调查分析

（一）广西小学《科学》周课时调查分析

通过回收的 1011 份小学教师有效问卷中 415 名教师和在回收的 2566 份小学生有效问卷中 2551 人参与填写《科学》周课时的调查，从表

第三章 广西义务教育阶段国家课程设置与实施现状调查

3-37、3-38可知,有8.4%的小学教师以及8.9%的小学生认为小学《科学》课在一周中为0节;41%的小学教师及35.2%的小学生认为小学《科学》周课时仅为1节;36.6%的被调查小学教师及被调查的30.7%小学生认为该课程周课时为2节;仅11.3%的小学教师及24.1%的小学生认为该课程周课时为3节。广西小学《科学》的开设情况远低于《广西九年义务教育课程计划》要求小学三、四、五和六《科学》的周课时为3节的要求。

表3-37 小学科学周课时情况表(教师卷)

地区	学校类型	周课时							合计
		0节	1节	2节	3节	4节	6节	大于6节	
桂中A市	城市小学	2	34	32	8				76
		2.6%	44.7%	42.1%	10.5%				100.0%
	中心小学	0	2	10	14				26
		0.0%	7.7%	38.5%	53.8%				100.0%
	合计	2	36	42	22				102
		2.0%	35.3%	41.2%	21.6%				100.0%
桂东北B市	城市小学		4	0		0			4
			100.0%	0.0%		0.0%			100.0%
	中心小学		20	12		2			34
			58.8%	35.3%		5.9%			100.0%
	村小		16	2		0			18
			88.9%	11.1%		0.0%			100.0%
	合计		40	14		2			56
			71.4%	25.0%		3.6%			100.0%
桂南D市	城市小学	0	3	24	4	1		0	32
		0.0%	9.4%	75.0%	12.5%	3.1%		0.0%	100.0%
	中心小学	5	21	11	9	2		0	48
		10.4%	43.8%	22.9%	18.8%	4.2%		0.0%	100.0%
	村小	0	0	6	6	0		6	18
		0.0%	0.0%	33.3%	33.3%	0.0%		33.3%	100.0%

续表

地区	学校类型	周课时							合计
		0节	1节	2节	3节	4节	6节	大于6节	
	教学点	0	0	3	0	0		0	3
		0.0%	0.0%	100.0%	0.0%	0.0%		0.0%	100.0%
	合计	5	24	44	19	3		6	101
		5.0%	23.8%	43.6%	18.8%	3.0%		5.9%	100.0%
桂东南C市	城市小学	0	7	6	0				13
		0.0%	53.8%	46.2%	0.0%				100.0%
	中心小学	4	14	12	1				31
		12.9%	45.2%	38.7%	3.2%				100.0%
	村小	4	21	17	1				43
		9.3%	48.8%	39.5%	2.3%				100.0%
	教学点	0	2	1	0				3
		0.0%	66.7%	33.3%	0.0%				100.0%
	合计	8	44	36	2				90
		8.9%	48.9%	40.0%	2.2%				100.0%
桂西E市	城市小学	12	4	0	4				20
		60.0%	20.0%	0.0%	20.0%				100.0%
	中心小学	0	6	16	0				22
		0.0%	27.3%	72.7%	0.0%				100.0%
	村小	8	16	0	0				24
		33.3%	66.7%	0.0%	0.0%				100.0%
	合计	20	26	16	4				66
		30.3%	39.4%	24.2%	6.1%				100.0%
广西	城市小学	14	52	62	16	1	0	0	145
		9.7%	35.9%	42.8%	11.0%	0.7%	0.0%	0.0%	100.0%
	中心小学	9	63	61	24	2	2	0	161
		5.6%	39.1%	37.9%	14.9%	1.2%	1.2%	0.0%	100.0%

续表

地区	学校类型	周课时							合计
		0节	1节	2节	3节	4节	6节	大于6节	
	村小	12	53	25	7	0	0	6	103
		11.7%	51.5%	24.3%	6.8%	0.0%	0.0%	5.8%	100.0%
	教学点	0	2	4	0	0	0	0	6
		0.0%	33.3%	66.7%	0.0%	0.0%	0.0%	0.0%	100.0%
	合计	35	170	152	47	3	2	6	415
		8.4%	41.0%	36.6%	11.3%	0.7%	0.5%	1.4%	100.0%

在回收的2566份小学生有效问卷中,参与填写《科学》周课时共2551人,占99.4%,具体统计如下:

表3-38 小学科学周课时情况表(学生卷)

地区	学校类型	周课时						合计
		0节	1节	2节	3节	4节	5节	
桂中A市	城市小学	18	78	15	69			180
		10.0%	43.3%	8.3%	38.3%			100.0%
	中心小学	0	0	120	108			228
		0.0%	0.0%	52.6%	47.4%			100.0%
	村小	0	0	72	54			126
		0.0%	0.0%	57.1%	42.9%			100.0%
	教学点	0	0	3	0			3
		0.0%	0.0%	100.0%	0.0%			100.0%
	合计	18	78	210	231			537
		3.4%	14.5%	39.1%	43.0%			100.0%
桂东北B市	城市小学	18	54	126	18	18		234
		7.7%	23.1%	53.8%	7.7%	7.7%		100.0%
	中心小学	15	156	12	3	0		186
		8.1%	83.9%	6.5%	1.6%	0.0%		100.0%
	村小	0	138	18	0	0		156
		0.0%	88.5%	11.5%	0.0%	0.0%		100.0%

续表

地区	学校类型	周课时					合计
		0节	1节	2节	3节	4节	5节	
	合计	33	348	156	21	18		576
		5.7%	60.4%	27.1%	3.6%	3.1%		100.0%
桂南D市	城市小学	18	9	63	63			153
		11.8%	5.9%	41.2%	41.2%			100.0%
	中心小学	3	168	9	63			243
		1.2%	69.1%	3.7%	25.9%			100.0%
	村小	3	9	9	153			174
		1.7%	5.2%	5.2%	87.9%			100.0%
	合计	24	186	81	279			570
		4.2%	32.6%	14.2%	48.9%			100.0%
桂东南C市	城市小学	60	3	66	9		0	138
		43.5%	2.2%	47.8%	6.5%		0.0%	100.0%
	中心小学	12	120	0	0		3	135
		8.9%	88.9%	0.0%	0.0%		2.2%	100.0%
	村小	0	0	168	0		0	168
		0.0%	0.0%	100.0%	0.0%		0.0%	100.0%
	合计	72	123	234	9		3	441
		16.3%	27.9%	53.1%	2.0%		0.7%	100.0%
桂西E市	城市小学	19	60	32	28	2	0	141
		13.5%	42.6%	22.7%	19.9%	1.4%	0.0%	100.0%
	中心小学	16	64	30	30	2	4	146
		11.0%	43.8%	20.5%	20.5%	1.4%	2.7%	100.0%
	村小	40	32	36	16	2	0	126
		31.7%	25.4%	28.6%	12.7%	1.6%	0.0%	100.0%
	教学点	4	6	4	0	0	0	14
		28.6%	42.9%	28.6%	0.0%	0.0%	0.0%	100.0%
	合计	79	162	102	74	6	4	427
		18.5%	37.9%	23.9%	17.3%	1.4%	0.9%	100.0%

续表

地区	学校类型	周课时						合计
		0节	1节	2节	3节	4节	5节	
广西	城市小学	133	204	302	187	20	0	846
		15.7%	24.1%	35.7%	22.1%	2.4%	0.0%	100.0%
	中心小学	46	508	171	204	2	7	938
		4.9%	54.2%	18.2%	21.7%	0.2%	0.7%	100.0%
	村小	43	179	303	223	2	0	750
		5.7%	23.9%	40.4%	29.7%	0.3%	0.0%	100.0%
	教学点	4	6	7	0	0	0	17
		23.5%	35.3%	41.2%	0.0%	0.0%	0.0%	100.0%
	合计	226	897	783	614	24	7	2551
		8.9%	35.2%	30.7%	24.1%	0.9%	0.3%	100.0%

(二)广西初中《物理》周课时调查分析

根据《广西九年义务教育课程计划》要求从八年级起开设《物理》课,八年级周课时为1节,九年级为2节。通过回收的2167份初中生有效问卷中,参与填写《物理》周课时共2167人,对不同地区初中物理周课时情况作统计:通过对不同地区和类型初中学生的调查,发现八、九年级学生认为未开设《物理》课的比例分别为4%、10.8%。综合来看,其中八年级的学生认为《物理》课周课时数达到3节的比例为82.7%,九年级学生认为周课时为4节的比例为56%。初中《物理》课程开设情况相对良好。具体见表3-39和表3-40。

表3-39 不同地区初中物理周课时情况表(学生卷)

地区	年级	周课时					合计
		0节	1节	2节	3节	4节	
桂中A市	七年级	192	24	92	24	0	332
		57.8%	7.2%	27.7%	7.2%	0.0%	100.0%
	八年级	0	0	0	92	0	92
		0.0%	0.0%	0.0%	100.0%	0.0%	100.0%
	九年级	0	0	0	24	24	48
		0.0%	0.0%	0.0%	50.0%	50.0%	100.0%

续表

地区	年级	周课时					合计
		0节	1节	2节	3节	4节	
	合计	192	24	92	140	24	472
		40.7%	5.1%	19.5%	29.7%	5.1%	100.0%
桂东北 B市	七年级		5	359	15		379
			1.3%	94.7%	4.0%		100.0%
	八年级		0	0	6		6
			0.0%	0.0%	100.0%		100.0%
	九年级		0	6	0		6
			0.0%	100.0%	0.0%		100.0%
	合计		5	365	21		391
			1.3%	93.4%	5.4%		100.0%
桂南 D 市	七年级	95	3	2	1	0	101
		94.1%	3.0%	2.0%	1.0%	0.0%	100.0%
	八年级	2	1	11	86	0	100
		2.0%	1.0%	11.0%	86.0%	0.0%	100.0%
	九年级 11.8%	24	0	0	43	137	204
		0.0%	0.0%	21.1%	67.2%	100.0%	
	合计	121	4	13	130	137	405
		29.9%	1.0%	3.2%	32.1%	33.8%	100.0%
桂东南 C市	七年级	144	4	0	0		148
		97.3%	2.7%	0.0%	0.0%		100.0%
	八年级	4		8	136	8	156
		2.6%		5.1%	87.2%	5.1%	100.0%
	九年级	4		0	28	116	148
		2.7%		0.0%	18.9%	78.4%	100.0%
	合计	152		12	164	124	452
			33.6%				
桂西 E 市	七年级	81	5	12	18	11	127
		63.8%	3.9%	9.4%	14.2%	8.7%	100.0%
	八年级	4	2	16	97	31	150
		2.7%	1.3%	10.7%	64.7%	20.7%	100.0%

续表

地区	年级	周课时 0节	1节	2节	3节	4节	合计
	九年级	3	1	11	106	49	170
		1.8%	0.6%	6.5%	62.4%	28.8%	100.0%
	合计	88	8	39	221	91	447
		19.7%	1.8%	8.7%	49.4%	20.4%	100.0%
广西	七年级	512	37	469	58	11	1087
		47.1%	3.4%	43.1%	5.3%	1.0%	100.0%
	八年级	10	3	35	417	39	504
		2.0%	0.6%	6.9%	82.7%	7.7%	100.0%
	九年级	31	1	17	201	326	576
		5.4%	0.2%	3.0%	34.9%	56.6%	100.0%
	合计	553	41	521	676	376	2167
		25.5%	1.9%	24.0%	31.2%	17.4%	100.0%

在回收的2167份初中生有效问卷中，不同类型初中生参与填写《物理》周课时共2167人，占100%，具体统计如下：

表3-40 不同类型初中物理周课时情况表（学生卷）

地区	年级	周课时 0节	1节	2节	3节	4节	合计
	七年级	226	2	186	42	4	460
		49.1%	0.4%	40.4%	9.1%	0.9%	100.0%
城市初中	八年级	2	0	8	193	14	217
		0.9%	0.0%	3.7%	88.9%	6.5%	100.0%
	九年级	20	0	6	86	243	355
		5.6%	0.0%	1.7%	24.2%	68.5%	100.0%
	合计	248	2	200	321	261	1032
		24.0%	0.2%	19.4%	31.1%	25.3%	100.0%
乡镇初中	七年级	286	35	283	16	7	627
		45.6%	5.6%	45.1%	2.6%	1.1%	100.0%
	八年级	8	3	27	224	25	287
		2.8%	1.0%	9.4%	78.0%	8.7%	100.0%

续表

地区	年级	周课时 0节	1节	2节	3节	4节	合计
	九年级	11	1	11	115	83	221
		5.0%	0.5%	5.0%	52.0%	37.6%	100.0%
	合计	305	39	321	355	115	1135
		26.9%	3.4%	28.3%	31.3%	10.1%	100.0%
广西	七年级	512	37	469	58	11	1087
		47.1%	3.4%	43.1%	5.3%	1.0%	100.0%
	八年级	10	3	35	417	39	504
		2.0%	0.6%	6.9%	82.7%	7.7%	100.0%
	九年级	31	1	17	201	326	576
		5.4%	0.2%	3.0%	34.9%	56.6%	100.0%
	合计	553	41	521	676	376	2167
		25.5%	1.9%	24.0%	31.2%	17.4%	100.0%

（三）广西初中《化学》周课时调查分析

《广西九年义务教育课程计划》要求从九年级起开设《化学》课,规定周课时为3节。通过回收的2167份初中生有效问卷中2167名学生对不同地区初中生参与填写《化学》周课时情况的调查显示：从九年级有3.8%的学生认为未开设《化学》课,认为《化学》课的周课时数为3—5节的比例达到了94.4%,说明《化学》课开齐开足的情况比较乐观。具体见表3-41、表3-42。

表3-41 不同地区初中化学周课时情况表(学生卷)

地区	年级	周课时 0节	1节	2节	3节	4节	5节	合计
桂中A市	七年级	280		28	24	0		332
		84.3%		8.4%	7.2%	0.0%		100.0%
	八年级	92		0	0	0		92
		100.0%		0.0%	0.0%	0.0%		100.0%

续表

地区	年级	周课时						合计
		0节	1节	2节	3节	4节	5节	
	九年级	0		0	24	24		48
		0.0%		0.0%	50.0%	50.0%		100.0%
	合计	372		28	48	24		472
		78.8%		5.9%	10.2%	5.1%		100.0%
桂东北 B市	七年级	368		11				379
		97.1%		2.9%				100.0%
	八年级	6		0				6
		100.0%		0.0%				100.0%
	九年级	6		0				6
		100.0%		0.0%				100.0%
	合计	380		11				391
		97.2%		2.8%				100.0%
桂南D市	七年级	95	3	3	0	0	0	101
		94.1%	3.0%	3.0%	0.0%	0.0%	0.0%	100.0%
	八年级	92	0	1	7	0	0	100
		92.0%	0.0%	1.0%	7.0%	0.0%	0.0%	100.0%
	九年级	14	0	1	11	117	61	204
		6.9%	0.0%	0.5%	5.4%	57.4%	29.9%	100.0%
	合计	201	3	5	18	117	61	405
		49.6%	0.7%	1.2%	4.4%	28.9%	15.1%	100.0%
桂东南 C市	七年级	140		8	0	0	0	148
		94.6%		5.4%	0.0%	0.0%	0.0%	100.0%
	八年级	156		0	0	0	0	156
		100.0%		0.0%	0.0%	0.0%	0.0%	100.0%
	九年级	0		0	4	112	32	148
		0.0%		0.0%	2.7%	75.7%	21.6%	100.0%
	合计	296		8	4	112	32	452
		65.5%		1.8%	0.9%	24.8%	7.1%	100.0%

续表

地区	年级	周课时						合计
		0节	1节	2节	3节	4节	5节	
桂西E市	七年级	90	0	10	7	12	8	127
		70.9%	0.0%	7.9%	5.5%	9.4%	6.3%	100.0%
	八年级	103	3	11	10	15	8	150
		68.7%	2.0%	7.3%	6.7%	10.0%	5.3%	100.0%
	九年级	2	1	8	22	42	95	170
		1.2%	0.6%	4.7%	12.9%	24.7%	55.9%	100.0%
	合计	195	4	29	39	69	111	447
		43.6%	0.9%	6.5%	8.7%	15.4%	24.8%	100.0%
广西	七年级	973	3	60	31	12	8	1087
		89.5%	0.3%	5.5%	2.9%	1.1%	0.7%	100.0%
	八年级	449	3	12	17	15	8	504
		89.1%	0.6%	2.4%	3.4%	3.0%	1.6%	100.0%
	九年级	22	1	9	61	295	188	576
		3.8%	0.2%	1.6%	10.6%	51.2%	32.6%	100.0%
	合计	1444	7	81	109	322	204	2167
		66.6%	0.3%	3.7%	5.0%	14.9%	9.4%	100.0%

在回收的2167份初中生有效问卷中，不同类型初中生参与填写《化学》周课时共2167人，占100%，具体统计如下：

表3-42 不同类型初中化学周课时情况表（学生卷）

地区	年级	周课时						合计
		0节	1节	2节	3节	4节	5节	
城市初中	七年级	408	0	16	26	4	6	460
		88.7%	0.0%	3.5%	5.7%	0.9%	1.3%	100.0%
	八年级	189	2	4	4	12	6	217
		87.1%	0.9%	1.8%	1.8%	5.5%	2.8%	100.0%
	九年级	14	0	2	20	218	101	355
		3.9%	0.0%	0.6%	5.6%	61.4%	28.5%	100.0%

地区	年级	周课时						合计
		0节	1节	2节	3节	4节	5节	
乡镇初中	合计	611	2	22	50	234	113	1032
		59.2%	0.2%	2.1%	4.8%	22.7%	10.9%	100.0%
	七年级	565	3	44	5	8	2	627
		90.1%	0.5%	7.0%	0.8%	1.3%	0.3%	100.0%
	八年级	260	1	8	13	3	2	287
		90.6%	0.3%	2.8%	4.5%	1.0%	0.7%	100.0%
	九年级	8	1	7	41	77	87	221
		3.6%	0.5%	3.2%	18.6%	34.8%	39.4%	100.0%
	合计	833	5	59	59	88	91	1135
		73.4%	0.4%	5.2%	5.2%	7.8%	8.0%	100.0%
广西	七年级	973	3	60	31	12	8	1087
		89.5%	0.3%	5.5%	2.9%	1.1%	0.7%	100.0%
	八年级	449	3	12	17	15	8	504
		89.1%	0.6%	2.4%	3.4%	3.0%	1.6%	100.0%
	九年级	22	1	9	61	295	188	576
		3.8%	0.2%	1.6%	10.6%	51.2%	32.6%	100.0%
	合计	1444	7	81	109	322	204	2167
		66.6%	0.3%	3.7%	5.0%	14.9%	9.4%	100.0%

（四）广西初中《生物》周课时调查分析

通过回收的2167份初中生有效问卷中2167人学生对不同地区初中生参与填写了《生物》周课时,根据《广西九年义务教育课程计划》要求从七年级起开设《生物》课程,每周课时为2节。由表3-43和表3-44中发现七、八年级学生都认为一周未开设《生物》课的比例很低,分别占1.7%、2.6%。其中,周课时为2节的比例最高,七、八年级分别达到了84.1%、68.3%。由此可推断初中《生物》课开设情况比较乐观。

表 3-43　不同地区初中生物周课时情况表（学生卷）

地区	年级	周课时 0 节	1 节	2 节	3 节	合计
桂中 A 市	七年级	0		284	48	332
		0.0%		85.5%	14.5%	100.0%
	八年级	8		84	0	92
		8.7%		91.3%	0.0%	100.0%
	九年级	48		0	0	48
		100.0%		0.0%	0.0%	100.0%
	合计	56		368	48	472
		11.9%		78.0%	10.2%	100.0%
桂东北 B 市	七年级	0		369	10	379
		0.0%		97.4%	2.6%	100.0%
	八年级	0		6	0	6
		0.0%		100.0%	0.0%	100.0%
	九年级	6		0	0	6
		100.0%		0.0%	0.0%	100.0%
	合计	6		375	10	391
		1.5%		95.9%	2.6%	100.0%
桂南 D 市	七年级	5	0	95	1	101
		5.0%	0.0%	94.1%	1.0%	100.0%
	八年级	1	3	86	10	100
		1.0%	3.0%	86.0%	10.0%	100.0%
	九年级	204	0	0	0	204
		100.0%	0.0%	0.0%	0.0%	100.0%
	合计	210	3	181	11	405
		51.9%	0.7%	44.7%	2.7%	100.0%
桂东南 C 市	七年级	8		140	0	148
		5.4%		94.6%	0.0%	100.0%
	八年级	4		136	16	156
		2.6%		87.2%	10.3%	100.0%

续表

地区	年级	周课时 0节	1节	2节	3节	合计
	九年级	148	0	0		148
		100.0%		0.0%	0.0%	100.0%
	合计	160		276	16	452
		35.4%		61.1%	3.5%	100.0%
桂西E市	七年级	6	4	26	91	127
		4.7%	3.1%	20.5%	71.7%	100.0%
	八年级	0	0	32	118	150
		0.0%	0.0%	21.3%	78.7%	100.0%
	九年级	170	0	0	0	170
		100.0%	0.0%	0.0%	0.0%	100.0%
	合计	176	4	58	209	447
		39.4%	0.9%	13.0%	46.8%	100.0%
广西	七年级	19	4	914	150	1087
		1.7%	0.4%	84.1%	13.8%	100.0%
	八年级	13	3	344	144	504
		2.6%	0.6%	68.3%	28.6%	100.0%
		0.6%	0.1%	15.9%	6.6%	23.3%
	九年级	576	0	0	0	576
		100.0%	0.0%	0.0%	0.0%	100.0%
	合计	608	7	1258	294	2167
		28.1%	0.3%	58.1%	13.6%	100.0%

在回收的2167份初中生有效问卷中，不同类型初中生参与填写《生物》周课时共2167人，占100%，具体统计如下：

表3-44 不同类型初中生物周课时情况表(学生卷)

地区	年级	周课时 0节	1节	2节	3节	合计
城市初中	七年级	12	4	366	78	460
		2.6%	0.9%	79.6%	17.0%	100.0%

续表

地区	年级	周课时 0节	周课时 1节	周课时 2节	周课时 3节	合计
	八年级	12	0	151	54	217
		5.5%	0.0%	69.6%	24.9%	100.0%
	九年级	355	0	0	0	355
		100.0%	0.0%	0.0%	0.0%	100.0%
	合计	379	4	517	132	1032
		36.7%	0.4%	50.1%	12.8%	100.0%
乡镇初中	七年级	7	0	548	72	627
		1.1%	0.0%	87.4%	11.5%	100.0%
	八年级	1	3	193	90	287
		0.3%	1.0%	67.2%	31.4%	100.0%
	九年级	221	0	0	0	221
		100.0%	0.0%	0.0%	0.0%	100.0%
	合计	229	3	741	162	1135
		20.2%	0.3%	65.3%	14.3%	100.0%
广西	七年级	19	4	914	150	1087
		1.7%	0.4%	84.1%	13.8%	100.0%
	八年级	13	3	344	144	504
		2.6%	0.6%	68.3%	28.6%	100.0%
	九年级	576	0	0	0	576
		100.0%	0.0%	0.0%	0.0%	100.0%
	合计	608	7	1258	294	2167
		28.1%	0.3%	58.1%	13.6%	100.0%

六、广西义务教育《体育(与健康)》周课时调查分析

(一)广西小学《体育(与健康)》周课时调查分析

通过回收的 1011 份小学教师有效问卷中 493 名教师和在回收的 2566 份小学生有效问卷中 2560 名参与填写小学《体育人与健康》周课

第三章 广西义务教育阶段国家课程设置与实施现状调查

时的统计显示:《通过对不同地区和不同类型部分小学教师和学生的调查,认为 0 节的比例也分别占 4.1%、2.3%。而《广西九年义务教育课程计划》规定小学《体育与健康》在一、二年级的周课时为 4 节课,三至六年级为 3 课时,发现 24.7% 的被调查教师及 37.9% 被调查学生认为《体育与健康》课周课时数达到 3 节;24.1% 被调查的教师及 22.7% 被调查的学生认为《体育与健康》课周课时数达到 4 节;调查显示小学《体育与健康》课程开设情况不是很乐观,并未达到《广西九年义务教育课程计划》要求。《体育与健康》课是否开齐开足对小学生的身心发展具有重要影响。

表3-45 小学体育与健康周课时情况表(教师卷)

地区	学校类型	周课时								合计
		0节	1节	2节	3节	4节	5节	6节	大于6节	
桂中A市	城市小学		2	4	34	38				78
			2.6%	5.1%	43.6%	48.7%				100.0%
	中心小学		0	0	22	6				28
			0.0%	0.0%	78.6%	21.4%				100.0%
	村小		0	18	0	18				36
			0.0%	50.0%	0.0%	50.0%				100.0%
	合计		2	22	56	62				142
			1.4%	15.5%	39.4%	43.7%				100.0%
桂东北B市	城市小学		0	0	4	0		0		4
			0.0%	0.0%	100.0%	0.0%		0.0%		100.0%
	中心小学		2	20	12	2		2		38
			5.3%	52.6%	31.6%	5.3%		5.3%		100.0%
	村小		0	6	0	0		0		6
			0.0%	100.0%	0.0%	0.0%		0.0%		100.0%
	合计		2	26	16	2		2		48
			4.2%	54.2%	33.3%	4.2%		4.2%		100.0%
桂南D市	城市小学	0	2	16	7	14	1	0	2	42
		0.0%	4.8%	38.1%	16.7%	33.3%	2.4%	0.0%	4.8%	100.0%

续表

地区	学校类型	周课时								合计
		0节	1节	2节	3节	4节	5节	6节	大于6节	
	中心小学	1	2	22	6	7	1	1	2	42
		2.4%	4.8%	52.4%	14.3%	16.7%	2.4%	2.4%	4.8%	100.0%
	村小	6	0	6	6	0	0	0	6	24
		25.0%	0.0%	25.0%	25.0%	0.0%	0.0%	0.0%	25.0%	100.0%
	教学点	0	0	0	3	0	0	0	0	3
		0.0%	0.0%	0.0%	100.0%	0.0%	0.0%	0.0%	0.0%	100.0%
	合计	7	4	44	22	21	2	1	10	111
		6.3%	3.6%	39.6%	19.8%	18.9%	1.8%	0.9%	9.0%	100.0%
桂东南C市	城市小学	0	1	7	5	3			1	17
		0.0%	5.9%	41.2%	29.4%	17.6%			5.9%	100.0%
	中心小学	1	9	18	8	2			0	38
		2.6%	23.7%	47.4%	21.1%	5.3%			0.0%	100.0%
	村小	0	6	35	10	15			0	66
		0.0%	9.1%	53.0%	15.2%	22.7%			0.0%	100.0%
	教学点	0	0	2	1	0			0	3
		0.0%	0.0%	66.7%	33.3%	0.0%			0.0%	100.0%
	合计	1	16	62	24	20			1	124
		0.8%	12.9%	50.0%	19.4%	16.1%			0.8%	100.0%
桂西E市	城市小学	4	2	6	4	4			0	20
		20.0%	10.0%	30.0%	20.0%	20.0%			0.0%	100.0%
	中心小学	0	8	6	0	4			4	22
		0.0%	36.4%	27.3%	0.0%	18.2%			18.2%	100.0%
	村小	8	0	8	0	6			0	22
		36.4%	0.0%	36.4%	0.0%	27.3%			0.0%	100.0%
	教学点	0	0	4	0	0			0	4
		0.0%	0.0%	100.0%	0.0%	0.0%			0.0%	100.0%
	合计	12	10	24	4	14			4	68
		17.6%	14.7%	35.3%	5.9%	20.6%			5.9%	100.0%

续表

地区	学校类型	周课时 0节	1节	2节	3节	4节	5节	6节	大于6节	合计
广西	城市小学	4	7	33	54	59	1	0	3	161
		2.5%	4.3%	20.5%	33.5%	36.6%	0.6%	0.0%	1.9%	100.0%
	中心小学	2	21	66	48	21	1	3	6	168
		1.2%	12.5%	39.3%	28.6%	12.5%	0.6%	1.8%	3.6%	100.0%
	村小	14	6	73	16	39	0	0	6	154
		9.1%	3.9%	47.4%	10.4%	25.3%	0.0%	0.0%	3.9%	100.0%
	教学点	0	0	6	4	0	0	0	0	10
		0.0%	0.0%	60.0%	40.0%	0.0%	0.0%	0.0%	0.0%	100.0%
	合计	20	34	178	122	119	2	3	15	493
		4.1%	6.9%	36.1%	24.7%	24.1%	0.4%	0.6%	3.0%	100.0%

在回收的2566份小学生有效问卷中,参与填写《体育与健康》周课时共2560人,占100%,具体统计如下:

表3-46 小学体育与健康周课时情况表(学生卷)

地区	学校类型	周课时 0节	1节	2节	3节	4节	5节	6节	大于6节	合计
桂中A市	城市小学			18	165	3				186
				9.7%	88.7%	1.6%				100.0%
	中心小学			6	222	0				228
				2.6%	97.4%	0.0%				100.0%
	村小			27	99	0				126
				21.4%	78.6%	0.0%				100.0%
	教学点			0	3	3				6
				0.0%	50.0%	50.0%				100.0%
	合计			51	489	6				546
				9.3%	89.6%	1.1%				100.0%

续表

地区	学校类型	周课时							合计
		0节	1节	2节	3节	4节	5节	6节	大于6节	
桂东北B市	城市小学	27	0	9	108	90			0	234
		11.5%	0.0%	3.8%	46.2%	38.5%			0.0%	100.0%
	中心小学	9	9	156	3	6			3	186
		4.8%	4.8%	83.9%	1.6%	3.2%			1.6%	100.0%
	村小	0	21	123	12	0			0	156
		0.0%	13.5%	78.8%	7.7%	0.0%			0.0%	100.0%
	合计	36	30	288	123	96			3	576
		6.2%	5.2%	50.0%	21.4%	16.7%			0.5%	100.0%
桂南D市	城市小学	0	0	0	144	9	0			153
		0.0%	0.0%	0.0%	94.1%	5.9%	0.0%			100.0%
	中心小学	3	3	180	57	0	0			243
		1.2%	1.2%	74.1%	23.5%	0.0%	0.0%			100.0%
	村小	0	9	12	9	138	6			174
		0.0%	5.2%	6.9%	5.2%	79.3%	3.4%			100.0%
	合计	3	12	192	210	147	6			570
		0.5%	2.1%	33.7%	36.8%	25.8%	1.1%			100.0%
桂东南C市	城市小学	6	0	3	24	105				138
		4.3%	0.0%	2.2%	17.4%	76.1%				100.0%
	中心小学	6	6	69	54	0				135
		4.4%	4.4%	51.1%	40.0%	0.0%				100.0%
	村小	0	0	60	3	105				168
		0.0%	0.0%	35.7%	1.8%	62.5%				100.0%
	合计	12	6	132	81	210				441
		2.7%	1.4%	29.9%	18.4%	47.6%				100.0%
桂西E市	城市小学	2	9	57	28	43	1	1		141
		1.4%	6.4%	40.4%	19.9%	30.5%	0.7%	0.7%		100.0%

续表

地区	学校类型	周课时 0节	1节	2节	3节	4节	5节	6节	大于6节	合计
	中心小学	1 0.7%	15 10.3%	54 37.0%	25 17.1%	49 33.6%	1 0.7%	1 0.7%		146 100.0%
	村小	6 4.8%	24 19.0%	56 44.4%	14 11.1%	26 20.6%	0 0.0%	0 0.0%		126 100.0%
	教学点	0 0.0%	2 14.3%	8 57.1%	0 0.0%	4 28.6%	0 0.0%	0 0.0%		14 100.0%
	合计	9 2.1%	50 11.7%	175 41.0%	67 15.7%	122 28.6%	2 0.5%	2 0.5%		427 100.0%
广西	城市小学	35 4.1%	9 1.1%	87 10.2%	469 55.0%	250 29.3%	1 0.1%	1 0.1%	0 0.0%	852 100.0%
	中心小学	19 2.0%	33 3.5%	465 49.6%	361 38.5%	55 5.9%	1 0.1%	1 0.1%	3 0.3%	938 100.0%
	村小	6 0.8%	54 7.2%	278 37.1%	137 18.3%	269 35.9%	6 0.8%	0 0.0%	0 0.0%	750 100.0%
	教学点	0 0.0%	2 10.0%	8 40.0%	3 15.0%	7 35.0%	0 0.0%	0 0.0%	0 0.0%	20 100.0%
	合计	60 2.3%	98 3.8%	838 32.7%	970 37.9%	581 22.7%	8 0.3%	2 0.1%	3 0.1%	2560 100.0%

(二)广西初中《体育(与健康)》周课时调查分析

根据《广西九年义务教育课程计划》的要求初中《体育与健康》课每周最低周课时为3节,通过回收的968份初中教师有效问卷中133名教师和在回收的2167份初中生有效问卷中2167名学生参与填写初中《体育与健康》周课时,统计数据显示:初中《体育与健康》课每周最低周课时为3节与小学的要求一致。从表3-47、表3-48可知,初中教师认为《体育与健康》少于3节的比例为67.7%,其中有1.5%的老师认为这门课周课时为0节,而学生认为这门课少于3节的比例比教师的高,高出了26.1%。由此推断出初中《体育与健康》开设情况不是很理想,这和初中重视中考及升学率有一定关系。

表 3-47 初中体育与健康周课时情况表(教师卷)

地区	学校类型	周课时 0 节	周课时 1 节	周课时 2 节	周课时 3 节	合计
桂中 A 市	城市初中		0	15	3	18
			0.0%	83.3%	16.7%	100.0%
	乡镇初中		1	7	2	10
			10.0%	70.0%	20.0%	100.0%
	合计		1	22	5	28
			3.6%	78.6%	17.9%	100.0%
桂东北 B 市	城市初中			4	16	20
				20.0%	80.0%	100.0%
	乡镇初中			2	16	18
				11.1%	88.9%	100.0%
	合计			6	32	38
				15.8%	84.2%	100.0%
桂南 D 市	城市初中		1	4	2	7
			14.3%	57.1%	28.6%	100.0%
	乡镇初中		1	6	0	7
			14.3%	85.7%	0.0%	100.0%
	合计		2	10	2	14
			14.3%	71.4%	14.3%	100.0%
桂东南 C 市	城市初中		0	30		30
			0.0%	100.0%		100.0%
	乡镇初中		1	7		8
			12.5%	87.5%		100.0%
	合计		1	37		38
			2.6%	97.4%		100.0%
桂西 E 市	城市初中	2	0	4	2	8
		25.0%	0.0%	50.0%	25.0%	100.0%

续表

地区	学校类型	周课时 0节	周课时 1节	周课时 2节	周课时 3节	合计
	乡镇初中	0	1	4	2	7
		0.0%	14.3%	57.1%	28.6%	100.0%
	合计	2	1	8	4	15
		13.3%	6.7%	53.3%	26.7%	100.0%
广西	城市初中	2	1	57	23	83
		2.4%	1.2%	68.7%	27.7%	100.0%
	乡镇初中	0	4	26	20	50
		0.0%	8.0%	52.0%	40.0%	100.0%
	合计	2	5	83	43	133
		1.5%	3.8%	62.4%	32.3%	100.0%

在回收的2167份初中生有效问卷中,参与填写《体育与健康》周课时共2167人,占100%,具体统计如下:

表3-48　初中体育与健康周课时情况表(学生卷)

地区	学校类型	周课时 0节	周课时 1节	周课时 2节	周课时 3节	周课时 4节	合计
桂中A市	城市初中	0	0	248			248
		0.0%	0.0%	100.0%			100.0%
	乡镇初中	8	24	192			224
		3.6%	10.7%	85.7%			100.0%
	合计	8	24	440			472
		1.7%	5.1%	93.2%			100.0%
桂东北B市	城市初中			130	20		150
				86.7%	13.3%		100.0%
	乡镇初中			208	33		241
				86.3%	13.7%		100.0%
	合计			338	53		391
				86.4%	13.6%		100.0%

续表

地区	学校类型	周课时					合计
		0 节	1 节	2 节	3 节	4 节	
桂南 D 市	城市初中	12	0	174	16		202
		5.9%	0.0%	86.1%	7.9%		100.0%
	乡镇初中	13	18	168	4		203
		6.4%	8.9%	82.8%	2.0%		100.0%
	合计	25	18	342	20		405
		6.2%	4.4%	84.4%	4.9%		100.0%
桂东南 C 市	城市初中	0		228	0		228
		0.0%		100.0%	0.0%		100.0%
	乡镇初中	16		204	4		224
		7.1%		91.1%	1.8%		100.0%
	合计	16		432	4		452
		3.5%		95.6%	0.9%		100.0%
桂西 E 市	城市初中	8	32	140	22	2	204
		3.9%	15.7%	68.6%	10.8%	1.0%	100.0%
	乡镇初中	8	40	161	30	4	243
		3.3%	16.5%	66.3%	12.3%	1.6%	100.0%
	合计	16	72	301	52	6	447
		3.6%	16.1%	67.3%	11.6%	1.3%	100.0%
广西	城市初中	20	32	920	58	2	1032
		1.9%	3.1%	89.1%	5.6%	0.2%	100.0%
	乡镇初中	45	82	933	71	4	1135
		4.0%	7.2%	82.2%	6.3%	0.4%	100.0%
	合计	65	114	1853	129	6	2167
		3.0%	5.3%	85.5%	6.0%	0.3%	100.0%

七、广西义务教育《艺术》周课时调查分析

（一）广西小学《艺术》周课时调查分析

1 广西小学《美术》周课时调查分析

通过回收的1011份小学教师有效问卷中403名教师和回收的2566份小学生有效问卷中2563名教师参与填写小学《美术》周课时的开展，具体统计如下：从表3-49和表3-50得知，6.5%的小学教师和3.5%的学生认为未开设《美术》课程，其中，53.30%小学教师及44.9%的学生认为《美术》课周课时数为1节，达到53.3%，而《广西九年义务教育课程计划》规定小学《美术》周课时为3课时，在调查中发现仅2.7%的小学教师和1.4%的学生认为周课时数为3节，说明小学《美术》课程并未按义务教育课程计划开设。

表3-49 小学美术周课时情况表（教师卷）

地区	学校类型	周课时					合计
		0节	1节	2节	3节	4节	
桂中A市	城市小学		70	2		0	72
			97.2%	2.8%		0.0%	100.0%
	中心小学		0	28		2	30
			0.0%	93.3%		6.7%	100.0%
	合计		70	30		2	102
			68.6%	29.4%		2.0%	100.0%
桂东北B市	城市小学	0	4	0			4
		0.0%	100.0%	0.0%			100.0%
	中心小学	2	22	14			38
		5.3%	57.9%	36.8%			100.0%
	村小	0	16	0			16
		0.0%	100.0%	0.0%			100.0%
	合计	2	42	14			58
		3.4%	72.4%	24.1%			100.0%

续表

地区	学校类型	周课时				合计
		0节	1节	2节	3节	4节	

地区	学校类型	0节	1节	2节	3节	4节	合计
桂南D市	城市小学		6	7	0		13
			46.2%	53.8%	0.0%		100.0%
	中心小学		9	32	2		43
			20.9%	74.4%	4.7%		100.0%
	村小		12	12	0		24
			50.0%	50.0%	0.0%		100.0%
	教学点		0	3	0		3
			0.0%	100.0%	0.0%		100.0%
	合计		27	54	2		83
			32.5%	65.1%	2.4%		100.0%
桂东南C市	城市小学	1	5	3	0		9
		11.1%	55.6%	33.3%	0.0%		100.0%
	中心小学	5	16	13	0		34
		14.7%	47.1%	38.2%	0.0%		100.0%
	村小	2	29	13	1		45
		4.4%	64.4%	28.9%	2.2%		100.0%
	教学点	0	2	2	0		4
		0.0%	50.0%	50.0%	0.0%		100.0%
	合计	8	52	31	1		92
		8.7%	56.5%	33.7%	1.1%		100.0%
桂西E市	城市小学	8	6	6	0		20
		40.0%	30.0%	30.0%	0.0%		100.0%
	中心小学	0	10	8	0		18
		0.0%	55.6%	44.4%	0.0%		100.0%
	村小	8	8	6	8		30
		26.7%	26.7%	20.0%	26.7%		100.0%
	合计	16	24	20	8		68
		23.5%	35.3%	29.4%	11.8%		100.0%

第三章　广西义务教育阶段国家课程设置与实施现状调查

续表

地区	学校类型	周课时 0节	1节	2节	3节	4节	合计
广西	城市小学	9	91	18	0	0	118
		7.6%	77.1%	15.3%	0.0%	0.0%	100.0%
	中心小学	7	57	95	2	2	163
		4.3%	35.0%	58.3%	1.2%	1.2%	100.0%
	村小	10	65	31	9	0	115
		8.7%	56.5%	27.0%	7.8%	0.0%	100.0%
	教学点	0	2	5	0	0	7
		0.0%	28.6%	71.4%	0.0%	0.0%	100.0%
	合计	26	215	149	11	2	403
		6.5%	53.3%	37.0%	2.7%	0.5%	100.0%

在回收的2566份小学生有效问卷中,参与填写《美术》周课时共2563人,占99.9%,具体统计如下:

表3-50　小学美术周课时情况表(学生卷)

地区	学习类型	周课时 0节	1节	2节	3节	5节	合计
桂中A市	城市小学	12	168	9			189
		6.3%	88.9%	4.8%			100.0%
	中心小学	0	0	228			228
		0.0%	0.0%	100.0%			100.0%
	村小	0	0	126			126
		0.0%	0.0%	100.0%			100.0%
	教学点	0	3	3			6
		0.0%	50.0%	50.0%			100.0%
	合计	12	171	366			549
		2.2%	31.1%	66.7%			100.0%
桂东北B市	城市小学	0	54	162	18	0	234
		0.0%	23.1%	69.2%	7.7%	0.0%	100.0%

续表

地区	学习类型	周课时					合计
		0 节	1 节	2 节	3 节	5 节	
	中心小学	0	135	48	0	3	186
		0.0%	72.6%	25.8%	0.0%	1.6%	100.0%
	村小	12	126	15	3	0	156
		7.7%	80.8%	9.6%	1.9%	0.0%	100.0%
	合计	12	315	225	21	3	576
		2.1%	54.7%	39.1%	3.6%	0.5%	100.0%
桂南 D 市	城市小学	18	18	117	0		153
		11.8%	11.8%	76.5%	0.0%		100.0%
	中心小学	6	9	225	3		243
		2.5%	3.7%	92.6%	1.2%		100.0%
	村小	0	6	168	0		174
		0.0%	3.4%	96.6%	0.0%		100.0%
	合计	24	33	510	3		570
		4.2%	5.8%	89.5%	0.5%		100.0%
桂东南 C 市	城市小学	0	81	57	0		138
		0.0%	58.7%	41.3%	0.0%		100.0%
	中心小学	0	135	0	0		135
		0.0%	100.0%	0.0%	0.0%		100.0%
	村小	3	150	9	6		168
		1.8%	89.3%	5.4%	3.6%		100.0%
	合计	3	366	66	6		441
		0.7%	83.0%	15.0%	1.4%		100.0%
桂西 E 市	城市小学	6	106	29	0		141
		4.3%	75.2%	20.6%	0.0%		100.0%
	中心小学	9	95	39	3		146
		6.2%	65.1%	26.7%	2.1%		100.0%
	村小	16	66	42	2		126
		12.7%	52.4%	33.3%	1.6%		100.0%

第三章 广西义务教育阶段国家课程设置与实施现状调查

续表

地区	学习类型	周课时 0节	1节	2节	3节	5节	合计
	教学点	8	0	6	0		14
		57.1%	0.0%	42.9%	0.0%		100.0%
	合计	39	267	116	5		427
		9.1%	62.5%	27.2%	1.2%		100.0%
广西	城市小学	36	427	374	18	0	855
		4.2%	49.9%	43.7%	2.1%	0.0%	100.0%
	中心小学	15	374	540	6	3	938
		1.6%	39.9%	57.6%	0.6%	0.3%	100.0%
	村小	31	348	360	11	0	750
		4.1%	46.4%	48.0%	1.5%	0.0%	100.0%
	教学点	8	3	9	0	0	20
		40.0%	15.0%	45.0%	0.0%	0.0%	100.0%
	合计	90	1152	1283	35	3	2563
		3.5%	44.9%	50.1%	1.4%	0.1%	100.0%

2. 广西小学《音乐》周课时调查分析

通过回收的 1011 份小学教师有效问卷中 440 名教师和回收的 2566 份小学生有效问卷中 2563 名学生参与填写小学《音乐》周课时的统计：由表 3-51 和表 3-52 中可知，5.2% 的教师和 3.1% 的学生认为未开设《音乐》课，52% 的被调查教师和 63% 的被调查学生都认为《音乐》课周课时数为 1 节，而 0.5% 的教师认为《音乐》课周课时为 4 节，仅 1.1% 的教师及 0.8% 的学生认为《音乐》课周课时为 3 节，与《广西九年义务教育课程计划》规定小学《音乐》课周课时为 3 节的要求严重不匹配，表明小学《美术》课程存在严重开不足开不齐的情况。

表 3-51 小学音乐周课时情况表（教师卷）

地区	学校类型	周课时 0节	1节	2节	3节	4节	合计
桂中A市	城市小学		68	6		0	74
			91.9%	8.1%		0.0%	100.0%

续表

地区	学校类型	周课时 0节	1节	2节	3节	4节	合计
	中心小学	0	24			2	26
		0.0%	92.3%			7.7%	100.0%
	村小	0	18			0	18
		0.0%	100.0%			0.0%	100.0%
	合计	68	48			2	118
		57.6%	40.7%			1.7%	100.0%
桂东北B市	城市小学	0	4				4
		0.0%	100.0%				100.0%
	中心小学	18	16				34
		52.9%	47.1%				100.0%
	村小	12	6				18
		66.7%	33.3%				100.0%
	合计	30	26				56
		53.6%	46.4%				100.0%
桂南D市	城市小学	7	12	0			19
		36.8%	63.2%	0.0%			100.0%
	中心小学	21	24	2			47
		44.7%	51.1%	4.3%			100.0%
	村小	24	0	0			24
		100.0%	0.0%	0.0%			100.0%
	教学点	0	3	0			3
		0.0%	100.0%	0.0%			100.0%
	合计	52	39	2			93
		55.9%	41.9%	2.2%			100.0%
桂东南C市	城市小学	0	8	5	0		13
		0.0%	61.5%	38.5%	0.0%		100.0%

第三章　广西义务教育阶段国家课程设置与实施现状调查

续表

地区	学校类型	周课时					合计
		0节	1节	2节	3节	4节	
	中心小学	4	14	14	0		32
		12.5%	43.8%	43.8%	0.0%		100.0%
	村小	3	25	22	0		50
		6.0%	50.0%	44.0%	0.0%		100.0%
	教学点	0	0	3	1		4
		0.0%	0.0%	75.0%	25.0%		100.0%
	合计	7	47	44	1		99
		7.1%	47.5%	44.4%	1.0%		100.0%
桂西E市	城市小学	8	6	6	0		20
		40.0%	30.0%	30.0%	0.0%		100.0%
	中心小学	0	10	8	2		20
		0.0%	50.0%	40.0%	10.0%		100.0%
	村小	8	16	6	0		30
		26.7%	53.3%	20.0%	0.0%		100.0%
	教学点	0	0	4	0		4
		0.0%	0.0%	100.0%	0.0%		100.0%
	合计	16	32	24	2		74
		21.6%	43.2%	32.4%	2.7%		100.0%
广西	城市小学	8	89	33	0	0	130
		6.2%	68.5%	25.4%	0.0%	0.0%	100.0%
	中心小学	4	63	86	4	2	159
		2.5%	39.6%	54.1%	2.5%	1.3%	100.0%
	村小	11	77	52	0	0	140
		7.9%	55.0%	37.1%	0.0%	0.0%	100.0%
	教学点	0	0	10	1	0	11
		0.0%	0.0%	90.9%	9.1%	0.0%	100.0%
	合计	23	229	181	5	2	440
		5.2%	52.0%	41.1%	1.1%	0.5%	100.0%

在回收的 2566 份小学生有效问卷中,参与填写《音乐》周课时共 2563 人,占 99.9%,具体统计如下:

表 3-52 小学音乐周课时情况表(学生卷)

地区	学校类型	周课时 0 节	周课时 1 节	周课时 2 节	周课时 3 节	合计
桂中 A 市	城市小学	12	165	12		189
		6.3%	87.3%	6.3%		100.0%
	中心小学	0	6	222		228
		0.0%	2.6%	97.4%		100.0%
	村小	0	3	123		126
		0.0%	2.4%	97.6%		100.0%
	教学点	0	3	3		6
		0.0%	50.0%	50.0%		100.0%
	合计	12	177	360		549
		2.2%	32.2%	65.6%		100.0%
桂东北 B 市	城市小学	0	171	54	9	234
		0.0%	73.1%	23.1%	3.8%	100.0%
	中心小学	6	171	9	0	186
		3.2%	91.9%	4.8%	0.0%	100.0%
	村小	3	132	21	0	156
		1.9%	84.6%	13.5%	0.0%	100.0%
	合计	9	474	84	9	576
		1.6%	82.3%	14.6%	1.6%	100.0%
桂南 D 市	城市小学	18	117	18		153
		11.8%	76.5%	11.8%		100.0%
	中心小学	0	231	12		243
		0.0%	95.1%	4.9%		100.0%
	村小	3	165	6		174
		1.7%	94.8%	3.4%		100.0%
	合计	21	513	36		570
		3.7%	90.0%	6.3%		100.0%

续表

地区	学校类型	周课时				合计
		0 节	1 节	2 节	3 节	
桂东南 C 市	城市小学		57	81	0	138
			41.3%	58.7%	0.0%	100.0%
	中心小学		135	0	0	135
			100.0%	0.0%	0.0%	100.0%
	村小		12	150	6	168
			7.1%	89.3%	3.6%	100.0%
	合计		204	231	6	441
			46.3%	52.4%	1.4%	100.0%
桂西 E 市	城市小学	6	71	62	2	141
		4.3%	50.4%	44.0%	1.4%	100.0%
	中心小学	7	91	44	4	146
		4.8%	62.3%	30.1%	2.7%	100.0%
	村小	14	80	32	0	126
		11.1%	63.5%	25.4%	0.0%	100.0%
	教学点	10	4	0	0	14
		71.4%	28.6%	0.0%	0.0%	100.0%
	合计	37	246	138	6	427
		8.7%	57.6%	32.3%	1.4%	100.0%
广西	城市小学	36	581	227	11	855
		4.2%	68.0%	26.5%	1.3%	100.0%
	中心小学	13	634	287	4	938
		1.4%	67.6%	30.6%	0.4%	100.0%
	村小	20	392	332	6	750
		2.7%	52.3%	44.3%	0.8%	100.0%
	教学点	10	7	3	0	20
		50.0%	35.0%	15.0%	0.0%	100.0%
	合计	79	1614	849	21	2563
		3.1%	63.0%	33.1%	0.8%	100.0%

3. 广西小学《艺术(美术与音乐)》周课时情况统计分析

通过回收的 1011 份小学生有效问卷中 503 份教师和在回收的 2566 份小学生有效问卷中 2563 名学生参与填写"艺术类"(音乐、艺术)课时的统计,根据《广西九年义务教育课程计划》要求从七年级起开设"艺术类"(音乐、美术)课程,每周不低于 3 节。由表 3-53 和表 3-54 中可知,有 4.6% 的教师和 1.6% 的学生认为未开设"艺术类"的课程;有 12.70% 的教师和 1.7% 学生认为"艺术类"的课程每周应该开设 1 节;47.5% 的教师及 34.1% 学生认为艺术类"的课程每周应该开设 2 节;有 16.9% 的教师及 40.5% 的学生认艺术类"的课程每周应该开设 3 节,和实际情况不对等;有 35.2% 教师和 62.6% 的学生认为"艺术类"周课时达到 3 节或大于 3 节。

表 3-53 小学《艺术(美术与音乐)》周课时情况表(教师卷)

地区	学校类型	周课时						合计
		0 节	1 节	2 节	3 节	4 节	5 节	
桂中A市	城市小学	2	66	4	2			74
		2.7%	89.2%	5.4%	2.7%			100.0%
	中心小学	0	16	0	22			38
		0.0%	42.1%	0.0%	57.9%			100.0%
	村小	0	18	0	0			18
		0.0%	100.0%	0.0%	0.0%			100.0%
	合计	2	100	4	24			130
		1.5%	76.9%	3.1%	18.5%			100.0%
桂东北B市	城市小学	0	0	4	0			4
		0.0%	0.0%	100.0%	0.0%			100.0%
	中心小学	10	20	6	8			44
		22.7%	45.5%	13.6%	18.2%			100.0%
	村小	8	10	4	0			22
		36.4%	45.5%	18.2%	0.0%			100.0%
	合计	18	30	14	8			70
		25.7%	42.9%	20.0%	11.4%			100.0%

续表

地区	学校类型	周课时 0节	1节	2节	3节	4节	5节	合计
桂南D市	城市小学		5	7	4	5	0	21
			23.8%	33.3%	19.0%	23.8%	0.0%	100.0%
	中心小学		6	16	18	13	2	55
			10.9%	29.1%	32.7%	23.6%	3.6%	100.0%
	村小		0	12	12	0	0	24
			0.0%	50.0%	50.0%	0.0%	0.0%	100.0%
	教学点		0	0	0	3	0	3
			0.0%	0.0%	0.0%	100.0%	0.0%	100.0%
	合计		11	35	34	21	2	103
			10.7%	34.0%	33.0%	20.4%	1.9%	100.0%
桂东南C市	城市小学	0	5	3	2	3	0	13
		0.0%	38.5%	23.1%	15.4%	23.1%	0.0%	100.0%
	中心小学	6	8	15	6	7	0	42
		14.3%	19.0%	35.7%	14.3%	16.7%	0.0%	100.0%
	村小	1	8	24	9	11	0	53
		1.9%	15.1%	45.3%	17.0%	20.8%	0.0%	100.0%
	教学点	0	0	0	2	1	1	4
		0.0%	0.0%	0.0%	50.0%	25.0%	25.0%	100.0%
	合计	7	21	42	19	22	1	112
		6.2%	18.8%	37.5%	17.0%	19.6%	0.9%	100.0%
桂西E市	城市小学	8	0	6	0	6		20
		40.0%	0.0%	30.0%	0.0%	30.0%		100.0%
	中心小学	0	4	14	6	2		26
		0.0%	15.4%	53.8%	23.1%	7.7%		100.0%
	村小	8	8	8	8	6		38
		21.1%	21.1%	21.1%	21.1%	15.8%		100.0%
	教学点	0	0	4	0	0		4
		0.0%	0.0%	100.0%	0.0%	0.0%		100.0%

续表

地区	学校类型	周课时 0节	1节	2节	3节	4节	5节	合计
	合计	16	12	32	14	14		88
		18.2%	13.6%	36.4%	15.9%	15.9%		100.0%
广西	城市小学	8	12	82	14	16	0	132
		6.1%	9.1%	62.1%	10.6%	12.1%	0.0%	100.0%
	中心小学	6	28	81	36	52	2	205
		2.9%	13.7%	39.5%	17.6%	25.4%	1.0%	100.0%
	村小	9	24	72	33	17	0	155
		5.8%	15.5%	46.5%	21.3%	11.0%	0.0%	100.0%
	教学点	0	0	4	2	4	1	11
		0.0%	0.0%	36.4%	18.2%	36.4%	9.1%	100.0%
	合计	23	64	239	85	89	3	503
		4.6%	12.7%	47.5%	16.9%	17.7%	0.6%	100.0%

在回收的2566份小学生有效问卷中,参与填写"艺术类"(音乐、艺术)课时共2563人,占99.9%,具体统计如下:

表3-54 小学《艺术(美术与音乐)》周课时情况表(学生卷)

地区	学校类型	周课时 0节	1节	2节	3节	4节	5节	6节	合计
桂中A市	城市小学	12		165	3	9			189
		6.3%		87.3%	1.6%	4.8%			100.0%
	中心小学	0		0	6	222			228
		0.0%		0.0%	2.6%	97.4%			100.0%
	村小	0		0	3	123			126
		0.0%		0.0%	2.4%	97.6%			100.0%
	教学点	0		3	0	3			6
		0.0%		50.0%	0.0%	50.0%			100.0%
	合计	12		168	12	357			549
		2.2%		30.6%	2.2%	65.0%			100.0%
桂东北B市	城市小学	0	0	18	180	18	18	0	234
		0.0%	0.0%	7.7%	76.9%	7.7%	7.7%	0.0%	100.0%

续表

地区	学校类型	周课时							合计
		0节	1节	2节	3节	4节	5节	6节	
	中心小学	0	6	126	45	6	0	3	186
		0.0%	3.2%	67.7%	24.2%	3.2%	0.0%	1.6%	100.0%
	村小	3	6	126	6	12	3	0	156
		1.9%	3.8%	80.8%	3.8%	7.7%	1.9%	0.0%	100.0%
	合计	3	12	270	231	36	21	3	576
		0.5%	2.1%	46.9%	40.1%	6.2%	3.6%	0.5%	100.0%
桂南D市	城市小学		9	45	90	9			153
			5.9%	29.4%	58.8%	5.9%			100.0%
	中心小学		3	12	216	12			243
			1.2%	4.9%	88.9%	4.9%			100.0%
	村小		3	0	168	3			174
			1.7%	0.0%	96.6%	1.7%			100.0%
	合计		15	57	474	24			570
			2.6%	10.0%	83.2%	4.2%			100.0%
桂东南C市	城市小学			57	24	57	0		138
				41.3%	17.4%	41.3%	0.0%		100.0%
	中心小学			135	0	0	0		135
				100.0%	0.0%	0.0%	0.0%		100.0%
	村小			6	150	6	6		168
				3.6%	89.3%	3.6%	3.6%		100.0%
	合计			198	174	63	6		441
				44.9%	39.5%	14.3%	1.4%		100.0%
桂西E市	城市小学	3	4	56	65	11	2	0	141
		2.1%	2.8%	39.7%	46.1%	7.8%	1.4%	0.0%	100.0%
	中心小学	3	8	68	45	18	2	2	146
		2.1%	5.5%	46.6%	30.8%	12.3%	1.4%	1.4%	100.0%
	村小	12	4	56	34	18	2	0	126
		9.5%	3.2%	44.4%	27.0%	14.3%	1.6%	0.0%	100.0%
	教学点	8	0	2	4	0	0	0	14
		57.1%	0.0%	14.3%	28.6%	0.0%	0.0%	0.0%	100.0%
	合计	26	16	182	148	47	6	2	427
		6.1%	3.7%	42.6%	34.7%	11.0%	1.4%	0.5%	100.0%

续表

地区	学校类型	周课时							合计
		0节	1节	2节	3节	4节	5节	6节	
广西	城市小学	15	13	341	362	104	20	0	855
		1.8%	1.5%	39.9%	42.3%	12.2%	2.3%	0.0%	100.0%
	中心小学	3	17	341	312	258	2	5	938
		0.3%	1.8%	36.4%	33.3%	27.5%	0.2%	0.5%	100.0%
	村小	15	13	188	361	162	11	0	750
		2.0%	1.7%	25.1%	48.1%	21.6%	1.5%	0.0%	100.0%
	教学点	8	0	5	4	3	0	0	20
		40.0%	0.0%	25.0%	20.0%	15.0%	0.0%	0.0%	100.0%
	合计	41	43	875	1039	527	33	5	2563
		1.6%	1.7%	34.1%	40.5%	20.6%	1.3%	0.2%	100.0%

(二)广西初中《艺术》周课时调查分析

1. 广西初中《美术》周课时调查分析

通过回收的 968 份初中教师有效问卷中 82 名教师和在回收的 2167 份初中生有效问卷中 2167 名学生参与填写初中《美术》周课时的统计,由表 3-55 和表 3-56 可知,7.3% 的初中教师及 33.5% 的初中生认为初中未开设《美术》课,数据显示两者的差距比较大,达到了 26.2%,初中教师认为《美术》课周课时数为 1 节的比例占 90.2%,而学生认为《美术》课周课时为 1 节的比例为 40.5%。

表 3-55　初中美术周课时情况表(教师卷)

地区	学校类型	周课时			合计
		0节	1节	2节	
桂中A市	城市初中	0	13		13
		0.0%	100.0%		100.0%
	乡镇初中	1	7		8
		12.5%	87.5%		100.0%
	合计	1	20		21
		4.8%	95.2%		100.0%

续表

地区	学校类型	周课时 0节	周课时 1节	周课时 2节	合计
桂东北 B 市	城市初中		12 100.0%		12 100.0%
	乡镇初中		10 100.0%		10 100.0%
	合计		22 100.0%		22 100.0%
桂南 D 市	城市初中	2 40.0%	2 40.0%	1 20.0%	5 100.0%
	乡镇初中	2 50.0%	2 50.0%	0 0.0%	4 100.0%
	合计	4 44.4%	4 44.4%	1 11.1%	9 100.0%
桂东南 C 市	城市初中	0 0.0%	14 100.0%		14 100.0%
	乡镇初中	1 16.7%	5 83.3%		6 100.0%
	合计	1 5.0%	19 95.0%		20 100.0%
桂西 E 市	城市初中		6 100.0%	0 0.0%	6 100.0%
	乡镇初中		3 75.0%	1 25.0%	4 100.0%
	合计		9 90.0%	1 10.0%	10 100.0%
广西	城市初中	2 4.0%	47 94.0%	1 2.0%	50 100.0%
	乡镇初中	4 12.5%	27 84.4%	1 3.1%	32 100.0%
	合计	6 7.3%	74 90.2%	2 2.4%	82 100.0%

在回收的 2167 份初中生有效问卷中,参与填写《美术》周课时共 2167 人,占 100%,具体统计如下:

表 3-56 初中美术周课时情况表(学生卷)

地区	学校类型 0节	周课时 1节	2节	3节		合计
桂中A市	城市初中 29.0%	72 58.1%	144 12.9%	32	100.0%	248
	乡镇初中 39.3%	88 50.0%	112 10.7%	24	100.0%	224
	合计 33.9%	160 54.2%	256 11.9%	56	100.0%	472
桂东北B市	城市初中	94.7%	142 5.3%	8	100.0%	150
	乡镇初中	93.8%	226 6.2%	15	100.0%	241
	合计	94.1%	368 5.9%	23	100.0%	391
桂南D市	城市初中 84.7%	171 11.4%	23 4.0%	8	100.0%	202
	乡镇初中 14.3%	29 81.3%	165 4.4%	9	100.0%	203
	合计 49.4%	200 46.4%	188 4.2%	17	100.0%	405
桂东南C市	城市初中 33.3%	76 66.7%	152		100.0%	228
	乡镇初中 67.9%	152 32.1%	72		100.0%	224
	合计 50.4%	228 49.6%	224		100.0%	452

续表

地区	学校类型 0节	周课时 1节	2节	3节		合计
桂西E市	城市初中 30.4%	62	126	16	0	204
		61.8%	7.8%	0.0%	100.0%	
	乡镇初中 31.7%	77	140	23	3	243
		57.6%	9.5%	1.2%	100.0%	
	合计 31.1%	139	266	39	3	447
		59.5%	8.7%	0.7%	100.0%	
广西	城市初中 36.9%	381	587	64	0	1032
		56.9%	6.2%	0.0%	100.0%	
	乡镇初中 30.5%	346	715	71	3	1135
		63.0%	6.3%	0.3%	100.0%	
	合计 33.5%	727	1302	135	3	2167
		60.1%	6.2%	0.1%	100.0%	

2.调查初中《音乐》周课时情况调查分析

通过回收的968份初中教师有效问卷中85名教师和在回收的2167份初中生有效问卷中的2167名学生参与填写初中《音乐》周课时的调查，根据统计数据显示：在表3-57和表3-58中发现，教师和学生认为未开设《音乐》课的比例分别为5.9%、29.5%，两者的差距达到了23.6个百分点，初中教师认为《音乐》课周课时数为1节的比例占91.8%，而学生认为《音乐》课周课时为1节的比例为66.1%，两者相差25.7个百分点。

表3-57 初中音乐周课时情况表(教师卷)

地区	学校类型	周课时 0节	1节	2节	合计
桂中A市	城市初中	0	13		13
		0.0%	100.0%		100.0%
	乡镇初中	1	7		8
		12.5%	87.5%		100.0%
	合计	1	20		21
		4.8%	95.2%		100.0%

续表

地区	学校类型	周课时 0节	周课时 1节	周课时 2节	合计
桂东北B市	城市初中		16 100.0%		16 100.0%
	乡镇初中		10 100.0%		10 100.0%
	合计		26 100.0%		26 100.0%
桂南D市	城市初中	2 40.0%	3 60.0%	0 0.0%	5 100.0%
	乡镇初中	1 25.0%	1 25.0%	2 50.0%	4 100.0%
	合计	3 33.3%	4 44.4%	2 22.2%	9 100.0%
桂东南C市	城市初中	0 0.0%	14 100.0%		14 100.0%
	乡镇初中	1 16.7%	5 83.3%		6 100.0%
	合计	1 5.0%	19 95.0%		20 100.0%
桂西E市	城市初中		6 100.0%		6 100.0%
	乡镇初中		3 100.0%		3 100.0%
	合计		9 100.0%		9 100.0%
广西	城市初中	2 3.7%	52 96.3%	0 0.0%	54 100.0%
	乡镇初中	3 9.7%	26 83.9%	2 6.5%	31 100.0%

续表

地区	学校类型	周课时 0节	周课时 1节	周课时 2节	合计
	合计	5	78	2	85
		5.9%	91.8%	2.4%	100.0%

在回收的 2167 份初中生有效问卷中,参与填写《音乐》周课时共 2167 人,占 100%,具体统计如下:

表 3-58 初中音乐周课时情况表(学生卷)

地区	学校类型 0节	周课时 1节	周课时 2节	周课时 3节	合计
桂中 A 市	城市初中 30.6%	76 58.1%	144 11.3%	28	248 100.0%
	乡镇初中 10.7%	24 89.3%	200 0.0%	0	224 100.0%
	合计 21.2%	100 72.9%	344 5.9%	28	472 100.0%
桂东北 B 市	城市初中 2.7%	4 94.7%	142 2.7%	4	150 100.0%
	乡镇初中 2.9%	7 94.2%	227 2.9%	7	241 100.0%
	合计 2.8%	11 94.4%	369 2.8%	11	391 100.0%
桂南 D 市	城市初中 84.7%	171 13.4%	27 2.0%	4	202 100.0%
	乡镇初中 13.3%	27 82.8%	168 3.9%	8	203 100.0%
	合计 48.9%	198 48.1%	195 3.0%	12	405 100.0%
桂东南 C 市	城市初中 33.3%	76 66.7%	152		228 100.0%

续表

地区	学校类型 0节	周课时 1节	2节	3节		合计
	乡镇初中 46.4%	104	120			224
		53.6%		100.0%		
	合计 39.8%	180	272			452
		60.2%		100.0%		
桂西E市	城市初中 31.4%	64	128	12	0	204
		62.7%	5.9%	0.0%	100.0%	
	乡镇初中 35.4%	86	125	30	2	243
		51.4%	12.3%	0.8%	100.0%	
	合计 33.6%	150	253	42	2	447
		56.6%	9.4%	0.4%	100.0%	
广西	城市初中 37.9%	391	593	48	0	1032
		57.5%	4.7%	0.0%	100.0%	
	乡镇初中 21.9%	248	840	45	2	1135
		74.0%	4.0%	0.2%	100.0%	
	合计 29.5%	639	1433	93	2	2167
		66.1%	4.3%	0.1%	100.0%	

3. 广西初中《艺术（美术和音乐）》周课时调查分析

通过回收的968份初中教师有效问卷中的86份占8.9%和在回收的2167份初中生有效问卷中的2167人占100%参与填写"艺术类"（音乐、美术）周课时的调查，综合教师和学生填写的数据可以看出，教师和学生认为未开设"艺术类"课程的比例分别为5.8%、27.1%；初中教师认为"艺术类"周课时数为2节的比例占87.2%，而学生认为"艺术类"周课时为2节的比例占57.1%；有32.2%的教师及7.2%的学生认为"艺术类"周课时等于或大于3节；和《广西九年义务教育课程计划》规定艺术（音乐、美术）周课时为3节来看，初中"艺术类"课程开设严重不足，并未按义务教育课程计划实施开课。具体见表3-59和表3-60。

表 3-59 初中艺术(音乐与美术)周课时情况表(教师卷)

地区	学校类型	周课时 0节	周课时 1节	周课时 2节	周课时 3节	合计
桂中 A 市	城市初中	0 0.0%		13 100.0%		13 100.0%
	乡镇初中	1 12.5%		7 87.5%		8 100.0%
	合计	1 4.8%		20 95.2%		21 100.0%
桂东北 B 市	城市初中		4 25.0%	12 75.0%		16 100.0%
	乡镇初中		0 0.0%	10 100.0%		10 100.0%
	合计		4 15.4%	22 84.6%		26 100.0%
桂南 D 市	城市初中	2 40.0%		2 40.0%	1 20.0%	5 100.0%
	乡镇初中	1 25.0%		2 50.0%	1 25.0%	4 100.0%
	合计	3 33.3%		4 44.4%	2 22.2%	9 100.0%
桂东南 C 市	城市初中	0 0.0%		14 100.0%		14 100.0%
	乡镇初中	1 16.7%		5 83.3%		6 100.0%
	合计	1 5.0%		19 95.0%		20 100.0%
桂西 E 市	城市初中			6 100.0%		6 100.0%
	乡镇初中			4 100.0%		4 100.0%

续表

地区	学校类型	周课时 0节	1节	2节	3节	合计
广西	合计			10 100.0%		10 100.0%
	城市初中	2 3.7%	4 7.4%	47 87.0%	1 1.9%	54 100.0%
	乡镇初中	3 9.4%	0 0.0%	28 87.5%	1 3.1%	32 100.0%
	合计	5 5.8%	4 4.7%	75 87.2%	2 2.3%	86 100.0%

在回收的2167份初中生有效问卷中,参与填写"艺术类"(音乐、美术)周课时共2167人,占100%,具体统计如下:

表3-60　初中艺术(音乐与美术)周课时情况表(学生卷)

地区	学校类型	周课时 0节	1节	2节	3节	4节	5节	6节	合计
桂中A市	城市初中	72 29.0%	4 1.6%	140 56.5%	4 1.6%	28 11.3%			248 100.0%
	乡镇初中	24 10.7%	64 28.6%	112 50.0%	24 10.7%	0 0.0%			224 100.0%
	合计	96 20.3%	68 14.4%	252 53.4%	28 5.9%	28 5.9%			472 100.0%
桂东北B市	城市初中		4 2.7%	136 90.7%	8 5.3%	2 1.3%			150 100.0%
	乡镇初中		7 2.9%	216 89.6%	14 5.8%	4 1.7%			241 100.0%
	合计		11 2.8%	352 90.0%	22 5.6%	6 1.5%			391 100.0%
桂南D市	城市初中	171 84.7%	0 0.0%	23 11.4%	4 2.0%	4 2.0%			202 100.0%

续表

地区	学校类型	周课时 0节	1节	2节	3节	4节	5节	6节	合计
	乡镇初中	27	2	164	3	7			203
		13.3%	1.0%	80.8%	1.5%	3.4%			100.0%
	合计	198	2	187	7	11			405
		48.9%	0.5%	46.2%	1.7%	2.7%			100.0%
桂东南C市	城市初中	76	0	152					228
		33.3%	0.0%	66.7%					100.0%
	乡镇初中	96	64	64					224
		42.9%	28.6%	28.6%					100.0%
	合计	172	64	216					452
		38.1%	14.2%	47.8%					100.0%
桂西E市	城市初中	60	6	118	12	8	0	0	204
		29.4%	2.9%	57.8%	5.9%	3.9%	0.0%	0.0%	100.0%
	乡镇初中	61	35	113	15	16	2	1	243
		25.1%	14.4%	46.5%	6.2%	6.6%	0.8%	0.4%	100.0%
	合计	121	41	231	27	24	2	1	447
		27.1%	9.2%	51.7%	6.0%	5.4%	0.4%	0.2%	100.0%
广西	城市初中	379	14	569	28	42	0	0	1032
		36.7%	1.4%	55.1%	2.7%	4.1%	0.0%	0.0%	100.0%
	乡镇初中	208	172	669	56	27	2	1	1135
		18.3%	15.2%	58.9%	4.9%	2.4%	0.2%	0.1%	100.0%
	合计	587	186	1238	84	69	2	1	2167
		27.1%	8.6%	57.1%	3.9%	3.2%	0.1%	0.0%	100.0%

八、广西义务教育《综合实践活动》类课程周课时调查分析

(一)广西小学《综合实践活动》类课程周课时调查分析

通过回收的 1011 份小学教师有效问卷中 512 名教师参与填写占 50.6% 和在回收的 2566 份小学生有效问卷中 2563 名学生占 99.9% 参与

填写小学《综合实践活动》周课时的调查,结合教师和学生填写的问卷从表 3-61 和表 3-62 可知,有 14.1% 的小学教师以及 4.6% 的小学生认为未开设小学《综合实践活动》课,32% 的小学教师及 19.2% 的小学生认为小学《综合实践活动》周课时仅为 1 节,并未达到相关规定要求;53.9% 的小学教师及 76.2% 的小学生认为该课程周课时不少于 2 节。

表 3-61 小学《综合实践活动》类周课时情况统计表(教师卷)

地区	学校类型	周课时							合计
		0 节	1 节	2 节	3 节	4 节	5 节	6 节	
桂中A市	城市小学	2	36	36	4		2		80
		2.5%	45.0%	45.0%	5.0%		2.5%		100.0%
	中心小学	2	20	2	4		0		28
		7.1%	71.4%	7.1%	14.3%		0.0%		100.0%
	村小	0	36	0	0		0		36
		0.0%	100.0%	0.0%	0.0%		0.0%		100.0%
	合计	4	92	38	8		2		144
		2.8%	63.9%	26.4%	5.6%		1.4%		100.0%
桂东北B市	城市小学	0	0	0	0	4	0	0	4
		0.0%	0.0%	0.0%	0.0%	100.0%	0.0%	0.0%	100.0%
	中心小学	14	0	4	4	4	2	4	32
		43.8%	0.0%	12.5%	12.5%	12.5%	6.2%	12.5%	100.0%
	村小	2	6	2	0	4	0	0	14
		14.3%	42.9%	14.3%	0.0%	28.6%	0.0%	0.0%	100.0%
	合计	16	6	6	4	12	2	4	50
		32.0%	12.0%	12.0%	8.0%	24.0%	4.0%	8.0%	100.0%
桂南D市	城市小学	7	9	11	4	8	4	4	47
		14.9%	19.1%	23.4%	8.5%	17.0%	8.5%	8.5%	100.0%
	中心小学	4	8	12	5	21	3	2	55
		7.3%	14.5%	21.8%	9.1%	38.2%	5.5%	3.6%	100.0%
	村小	0	0	0	0	12	0	0	12
		0.0%	0.0%	0.0%	0.0%	100.0%	0.0%	0.0%	100.0%

续表

地区	学校类型	周课时 0节	1节	2节	3节	4节	5节	6节	合计
	教学点	0	0	0	0	0	3	0	3
		0.0%	0.0%	0.0%	0.0%	0.0%	100.0%	0.0%	100.0%
	合计	11	17	23	9	41	10	6	117
		9.4%	14.5%	19.7%	7.7%	35.0%	8.5%	5.1%	100.0%
桂东南C市	城市小学	3	3	1	2	5	0		14
		21.4%	21.4%	7.1%	14.3%	35.7%	0.0%		100.0%
	中心小学	7	8	5	5	8	2		35
		20.0%	22.9%	14.3%	14.3%	22.9%	5.7%		100.0%
	村小	11	15	13	3	11	3		56
		19.6%	26.8%	23.2%	5.4%	19.6%	5.4%		100.0%
	教学点	0	1	1	1	1	0		4
		0.0%	25.0%	25.0%	25.0%	25.0%	0.0%		100.0%
	合计	21	27	20	11	25	5		109
		19.3%	24.8%	18.3%	10.1%	22.9%	4.6%		100.0%
桂西E市	城市小学	8	2	8	0	10	0	0	28
		28.6%	7.1%	28.6%	0.0%	35.7%	0.0%	0.0%	100.0%
	中心小学	4	12	16	4	0	0	6	42
		9.5%	28.6%	38.1%	9.5%	0.0%	0.0%	14.3%	100.0%
	村小	8	8	0	0	0	6	0	22
		36.4%	36.4%	0.0%	0.0%	0.0%	27.3%	0.0%	100.0%
	合计	20	22	24	4	10	6	6	92
		21.7%	23.9%	26.1%	4.3%	10.9%	6.5%	6.5%	100.0%
广西	城市小学	20	50	56	10	27	6	4	173
		11.6%	28.9%	32.4%	5.8%	15.6%	3.5%	2.3%	100.0%
	中心小学	31	48	39	22	33	7	12	192
		16.1%	25.0%	20.3%	11.5%	17.2%	3.6%	6.2%	100.0%
	村小	21	65	15	3	27	9	0	140
		15.0%	46.4%	10.7%	2.1%	19.3%	6.4%	0.0%	100.0%

续表

地区	学校类型	周课时							合计
		0节	1节	2节	3节	4节	5节	6节	
	教学点	0	1	1	1	1	3	0	7
		0.0%	14.3%	14.3%	14.3%	14.3%	42.9%	0.0%	100.0%
	合计	72	164	111	36	88	25	16	512
		14.1%	32.0%	21.7%	7.0%	17.2%	4.9%	3.1%	100.0%

在回收的2566份小学生有效问卷中,参与填写《综合实践活动》周课时共2563人,占99.9%,具体统计如下:

表3-62 小学《综合实践活动》类周课时情况统计表(学生卷)

地区	学校类型	周课时								合计
		0节	1节	2节	3节	4节	5节	6节	大于6节	
桂中A市	城市小学	9	15	18	117	27	3		0	189
		4.8%	7.9%	9.5%	61.9%	14.3%	1.6%		0.0%	100.0%
	中心小学	0	210	18	0	0	0		0	228
		0.0%	92.1%	7.9%	0.0%	0.0%	0.0%		0.0%	100.0%
	村小	0	93	9	0	12	0		12	126
		0.0%	73.8%	7.1%	0.0%	9.5%	0.0%		9.5%	100.0%
	教学点	0	0	0	0	3	3		0	6
		0.0%	0.0%	0.0%	0.0%	50.0%	50.0%		0.0%	100.0%
	合计	9	318	45	117	42	6		12	549
		1.6%	57.9%	8.2%	21.3%	7.7%	1.1%		2.2%	100.0%
桂东北B市	城市小学	18	36	45	99	9	9	18		234
		7.7%	15.4%	19.2%	42.3%	3.8%	3.8%	7.7%		100.0%
	中心小学	0	12	60	45	30	36	3		186
		0.0%	6.5%	32.3%	24.2%	16.1%	19.4%	1.6%		100.0%
	村小	0	42	39	6	60	9	0		156
		0.0%	26.9%	25.0%	3.8%	38.5%	5.8%	0.0%		100.0%
	合计	18	90	144	150	99	54	21		576
		3.1%	15.6%	25.0%	26.0%	17.2%	9.4%	3.6%		100.0%

续表

地区	学校类型	周课时								合计
		0节	1节	2节	3节	4节	5节	6节	大于6节	
桂南D市	城市小学	9	0	45	54	36	9	0	0	153
		5.9%	0.0%	29.4%	35.3%	23.5%	5.9%	0.0%	0.0%	100.0%
	中心小学	3	6	3	111	114	0	6	0	243
		1.2%	2.5%	1.2%	45.7%	46.9%	0.0%	2.5%	0.0%	100.0%
	村小	0	0	0	60	93	15	3	3	174
		0.0%	0.0%	0.0%	34.5%	53.4%	8.6%	1.7%	1.7%	100.0%
	合计	12	6	48	225	243	24	9	3	570
		2.1%	1.1%	8.4%	39.5%	42.6%	4.2%	1.6%	0.5%	100.0%
桂东南C市	城市小学	0	0	9	63	57	3	3	3	138
		0.0%	0.0%	6.5%	45.7%	41.3%	2.2%	2.2%	2.2%	100.0%
	中心小学	0	9	48	57	21	0	0	0	135
		0.0%	6.7%	35.6%	42.2%	15.6%	0.0%	0.0%	0.0%	100.0%
	村小	3	0	6	48	96	15	0	0	168
		1.8%	0.0%	3.6%	28.6%	57.1%	8.9%	0.0%	0.0%	100.0%
	合计	3	9	63	168	174	18	3	3	441
		0.7%	2.0%	14.3%	38.1%	39.5%	4.1%	0.7%	0.7%	100.0%
桂西E市	城市小学	14	27	28	18	38	8	6	2	141
		9.9%	19.1%	19.9%	12.8%	27.0%	5.7%	4.3%	1.4%	100.0%
	中心小学	17	25	26	20	37	9	8	4	146
		11.6%	17.1%	17.8%	13.7%	25.3%	6.2%	5.5%	2.7%	100.0%
	村小	46	10	16	14	30	4	4	2	126
		36.5%	7.9%	12.7%	11.1%	23.8%	3.2%	3.2%	1.6%	100.0%
	教学点	0	6	4	2	2	0	0	0	14
		0.0%	42.9%	28.6%	14.3%	14.3%	0.0%	0.0%	0.0%	100.0%
	合计	77	68	74	54	107	21	18	8	427
		18.0%	15.9%	17.3%	12.6%	25.1%	4.9%	4.2%	1.9%	100.0%

续表

地区	学校类型	周课时								合计
		0节	1节	2节	3节	4节	5节	6节	大于6节	
广西	城市小学	50	78	145	351	167	32	27	5	855
		5.8%	9.1%	17.0%	41.1%	19.5%	3.7%	3.2%	0.6%	100.0%
	中心小学	20	262	155	233	202	45	17	4	938
		2.1%	27.9%	16.5%	24.8%	21.5%	4.8%	1.8%	0.4%	100.0%
	村小	49	145	70	128	291	43	7	17	750
		6.5%	19.3%	9.3%	17.1%	38.8%	5.7%	0.9%	2.3%	100.0%
	教学点	0	6	4	2	5	3	0	0	20
		0.0%	30.0%	20.0%	10.0%	25.0%	15.0%	0.0%	0.0%	100.0%
	合计	119	491	374	714	665	123	51	26	2563
		4.6%	19.2%	14.6%	27.9%	25.9%	4.8%	2.0%	1.0%	100.0%

（二）广西初中《综合实践活动》类课程周课时调查分析

通过回收的 968 份初中教师有效问卷中的 87 名教师和回收的 2167 份初中生有效问卷中 2167 份参与填写《综合实践活动》周课时调查，结合教师和学生卷由表 3-63 和表 3-64 可知，有 14.9% 的初中教师以及 30.5% 的初中生认为未开设《综合实践活动》课，18.4% 的初中教师及 29.3% 的初学生认为《综合实践活动》周课时仅为 1 节，并未达到相关规定要求；66.7% 的初中教师及 40.2% 的初中生认为该课程周课时不少于 2 节。《广西九年义务教育课程计划》规定《综合实践活动》中有探究性学习为 1 节课，信息技术为 2 个课时，综合学习与实践 1 课时，总计 5 课时。

表 3-63 初中《综合实践活动》类周课时情况统计表（教师卷）

地区	学校类型	周课时							合计
		0节	1节	2节	3节	4节	5节	6节	
桂中A市	城市初中	5	2	1	3	2	0	2	15
		33.3%	13.3%	6.7%	20.0%	13.3%	0.0%	13.3%	100.0%
	乡镇初中	1	1	0	1	2	1	1	7
		14.3%	14.3%	0.0%	14.3%	28.6%	14.3%	14.3%	100.0%

续表

地区	学校类型	周课时							合计
		0节	1节	2节	3节	4节	5节	6节	
	合计	6	3	1	4	4	1	3	22
		27.3%	13.6%	4.5%	18.2%	18.2%	4.5%	13.6%	100.0%
桂东北B市	城市初中			10	2	0		4	16
				62.5%	12.5%	0.0%		25.0%	100.0%
	乡镇初中			4	2	2		2	10
				40.0%	20.0%	20.0%		20.0%	100.0%
	合计			14	4	2		6	26
				53.8%	15.4%	7.7%		23.1%	100.0%
桂南D市	城市初中	2	1	0	1			1	5
		40.0%	20.0%	0.0%	20.0%			20.0%	100.0%
	乡镇初中	1	2	1	1			1	6
		16.7%	33.3%	16.7%	16.7%			16.7%	100.0%
	合计	3	3	1	2			2	11
		27.3%	27.3%	9.1%	18.2%			18.2%	100.0%
桂东南C市	城市初中	0	2	0		2			4
		0.0%	50.0%	0.0%		50.0%			100.0%
	乡镇初中	2	2	1		3			8
		25.0%	25.0%	12.5%		37.5%			100.0%
	合计	2	4	1		5			12
		16.7%	33.3%	8.3%		41.7%			100.0%
桂西E市	城市初中	2	2	2	2	2	2		12
		16.7%	16.7%	16.7%	16.7%	16.7%	16.7%		100.0%
	乡镇初中	0	4	0	0	0	0		4
		0.0%	100.0%	0.0%	0.0%	0.0%	0.0%		100.0%
	合计	2	6	2	2	2	2		16
		12.5%	37.5%	12.5%	12.5%	12.5%	12.5%		100.0%

续表

地区	学校类型	周课时							合计
		0节	1节	2节	3节	4节	5节	6节	
广西	城市初中	9	7	13	8	6	6	3	52
		17.3%	13.5%	25.0%	15.4%	11.5%	11.5%	5.8%	100.0%
	乡镇初中	4	9	6	4	7	3	2	35
		11.4%	25.7%	17.1%	11.4%	20.0%	8.6%	5.7%	100.0%
	合计	13	16	19	12	13	9	5	87
		14.9%	18.4%	21.8%	13.8%	14.9%	10.3%	5.7%	100.0%

在回收的2167份初中生有效问卷中，参与填写《综合实践活动》周课时共2167份，具体统计如下：

表3-64 初中《综合实践活动》类周课时情况统计表（学生卷）

地区	学校类型	周课时							合计
		0节	1节	2节	3节	4节	5节	6节	大于6节	
桂中A市	城市初中	64	64	72	0	24	24			248
		25.8%	25.8%	29.0%	0.0%	9.7%	9.7%			100.0%
	乡镇初中	48	104	24	48	0	0			224
		21.4%	46.4%	10.7%	21.4%	0.0%	0.0%			100.0%
	合计	112	168	96	48	24	24			472
		23.7%	35.6%	20.3%	10.2%	5.1%	5.1%			100.0%
桂东北B市	城市初中		20	120		2	8			150
			13.3%	80.0%		1.3%	5.3%			100.0%
	乡镇初中		33	193		3	12			241
			13.7%	80.1%		1.2%	5.0%			100.0%
	合计		53	313		5	20			391
			13.6%	80.1%		1.3%	5.1%			100.0%
			13.6%	80.1%		1.3%	5.1%			100.0%
桂南D市	城市初中	174	16	0	4	4		4		202
		86.1%	7.9%	0.0%	2.0%	2.0%		2.0%		100.0%
		43.0%	4.0%	0.0%	1.0%	1.0%		1.0%		49.9%

续表

地区	学校类型	周课时								合计
		0节	1节	2节	3节	4节	5节	6节	大于6节	
	乡镇初中	27	89	8	53	23		3		203
		13.3%	43.8%	3.9%	26.1%	11.3%		1.5%		100.0%
		6.7%	22.0%	2.0%	13.1%	5.7%		0.7%		50.1%
	合计	201	105	8	57	27		7		405
		49.6%	25.9%	2.0%	14.1%	6.7%		1.7%		100.0%
		49.6%	25.9%	2.0%	14.1%	6.7%		1.7%		100.0%
桂东南C市	城市初中	156	28	32	8	4				228
		68.4%	12.3%	14.0%	3.5%	1.8%				100.0%
		34.5%	6.2%	7.1%	1.8%	0.9%				50.4%
	乡镇初中	68	132	20	4	0				224
		30.4%	58.9%	8.9%	1.8%	0.0%				100.0%
		15.0%	29.2%	4.4%	0.9%	0.0%				49.6%
	合计	224	160	52	12	4				452
		49.6%	35.4%	11.5%	2.7%	0.9%				100.0%
		49.6%	35.4%	11.5%	2.7%	0.9%				100.0%
桂西E市	城市初中	52	68	34	10	30	4	2	4	204
		25.5%	33.3%	16.7%	4.9%	14.7%	2.0%	1.0%	2.0%	100.0%
		11.6%	15.2%	7.6%	2.2%	6.7%	0.9%	0.4%	0.9%	45.6%
	乡镇初中	73	80	21	22	26	2	16	3	243
		30.0%	32.9%	8.6%	9.1%	10.7%	0.8%	6.6%	1.2%	100.0%
		16.3%	17.9%	4.7%	4.9%	5.8%	0.4%	3.6%	0.7%	54.4%
	合计	125	148	55	32	56	6	18	7	447
		28.0%	33.1%	12.3%	7.2%	12.5%	1.3%	4.0%	1.6%	100.0%
		28.0%	33.1%	12.3%	7.2%	12.5%	1.3%	4.0%	1.6%	100.0%
广西	城市初中	446	196	258	22	64	36	6	4	1032
		43.2%	19.0%	25.0%	2.1%	6.2%	3.5%	0.6%	0.4%	100.0%
		20.6%	9.0%	11.9%	1.0%	3.0%	1.7%	0.3%	0.2%	47.6%

续表

地区	学校类型	周课时								合计
		0节	1节	2节	3节	4节	5节	6节	大于6节	
	乡镇初中	216	438	266	127	52	14	19	3	1135
		19.0%	38.6%	23.4%	11.2%	4.6%	1.2%	1.7%	0.3%	100.0%
		10.0%	20.2%	12.3%	5.9%	2.4%	0.6%	0.9%	0.1%	52.4%
	合计	662	634	524	149	116	50	25	7	2167
		30.5%	29.3%	24.2%	6.9%	5.4%	2.3%	1.2%	0.3%	100.0%
		30.5%	29.3%	24.2%	6.9%	5.4%	2.3%	1.2%	0.3%	100.0%

九、广西初中《历史与社会》周课时调查分析

（一）广西初中《历史》周课时调查分析

根据《广西九年义务教育课程计划》规定，初中《历史》周课时应为2节。通过回收的968份初中教师有效问卷中179名教师和回收的2167份初中学生有效问卷中的2101名学生参与填写初中《历史》周课时情况调查，结合教师和学生填写的情况由表3-65和表3-66可知，有2.8%的初中教师以及1.5%的初中生认为初中《历史》周课时仅为1节，并未达到相关规定要求，只有58.70%的被调查教师和63.6%的被调查学生认为初中《历史》周课时为2课时，和《广西九年义务教育课程计划》的规定还存在一定差距。

表3-65　初中《历史》周课时情况统计表（教师卷）

地区	学校类型	周课时				合计
		1节	2节	3节	4节	
桂中A市	城市初中		20	5		27
			74.1%	18.5%		100.0%
	乡镇初中		5	6		11
			45.5%	54.5%		100.0%
	合计		25	11		38
			65.8%	28.9%		100.0%

续表

地区	学校类型	周课时				合计
		1 节	2 节	3 节	4 节	
桂东北 B 市	城市初中	4	12	4		24
		16.7%	50.0%	16.7%		100.0%
	乡镇初中	0	4	12		16
		0.0%	25.0%	75.0%		100.0%
	合计	4	16	16		40
		10.0%	40.0%	40.0%		100.0%
桂南 D 市	城市初中	0	7	2		11
		0.0%	63.6%	18.2%		100.0%
	乡镇初中	1	7	4		12
		8.3%	58.3%	33.3%		100.0%
	合计	1	14	6		23
		4.3%	60.9%	26.1%		100.0%
桂东南 C 市	城市初中		32	6		38
			84.2%	15.8%		100.0%
	乡镇初中		10	6		19
			52.6%	31.6%		100.0%
	合计		42	12		57
			73.7%	21.1%		100.0%
桂西 E 市	城市初中		0	6	0	8
			0.0%	75.0%	0.0%	100.0%
	乡镇初中		8	3	1	13
			61.5%	23.1%	7.7%	100.0%
	合计		8	9	1	21
			38.1%	42.9%	4.8%	100.0%
广西	城市初中	4	71	23	0	108
		3.7%	65.7%	21.3%	0.0%	100.0%
	乡镇初中	1	34	31	1	71
		1.4%	47.9%	43.7%	1.4%	100.0%

续表

地区	学校类型	周课时 1节	周课时 2节	周课时 3节	周课时 4节	合计
	合计	5	105	54	1	179
		2.8%	58.7%	30.2%	0.6%	100.0%

在回收的2167份初中学生有效问卷中,参与填写《历史》周课时共2101人,具体统计如下:

表3-66 初中《历史》周课时情况统计表(学生卷)

地区	学校类型	0节	1节	2节	3节	4节	合计
桂中A市	城市初中	8	0	208	32	0	248
		3.2%	0.0%	83.9%	12.9%	0.0%	100.0%
	乡镇初中	0	24	136	40	24	224
		0.0%	10.7%	60.7%	17.9%	10.7%	100.0%
	合计	8	24	344	72	24	472
		1.7%	5.1%	72.9%	15.3%	5.1%	100.0%
桂东北B市	城市初中			122	28		150
				81.3%	18.7%		100.0%
	乡镇初中			193	48		241
				80.1%	19.9%		100.0%
	合计			315	76		391
				80.6%	19.4%		100.0%
桂南D市	城市初中	15	4	48	107	20	202
		7.4%	2.0%	23.8%	53.0%	9.9%	100.0%
	乡镇初中	8	0	187	3	4	203
		3.9%	0.0%	92.1%	1.5%	2.0%	100.0%
	合计	23	4	235	110	24	405
		5.7%	1.0%	58.0%	27.2%	5.9%	100.0%
桂东南C市	城市初中	4		220	4	0	228
		1.8%		96.5%	1.8%	0.0%	100.0%

续表

地区	学校类型	周课时					合计
		0节	1节	2节	3节	4节	
	乡镇初中	4		132	60	12	224
		1.8%		58.9%	26.8%	5.4%	100.0%
	合计	8		352	64	12	452
		1.8%		77.9%	14.2%	2.7%	100.0%
桂西E市	城市初中	2	2	30	58	54	204
		1.0%	1.0%	14.7%	28.4%	26.5%	100.0%
	乡镇初中	5	2	61	75	65	243
		2.1%	0.8%	25.1%	30.9%	26.7%	100.0%
	合计	7	4	91	133	119	447
		1.6%	0.9%	20.4%	29.8%	26.6%	100.0%
广西	城市初中	29	6	628	229	74	1032
		2.8%	0.6%	60.9%	22.2%	7.2%	100.0%
	乡镇初中	17	26	709	226	105	1135
		1.5%	2.3%	62.5%	19.9%	9.3%	100.0%
	合计	46	32	1337	455	179	2101
		2.2%	1.5%	63.6%	21.7%	11.8%	100.0%

（二）广西初中《地理》周课时调查分析

1.不同地区初中各年级《地理》周课时统计（学生卷）

根据《广西九年义务教育课程计划》规定，七、八年级初中《地理》周课时应分别为2节、1节。通过回收的2167份初中学生有效问卷中2097人参与填写不同地区和不同类型初中《地理》周课时的调查，结合统计数据由表3-67和表3-68可知，初中教师以及初中生认为初中《地理》周课时为2节的比例分别均为59.2%。桂中A市地区有90.4%的被调查学生认为七年级的《地理》已达到2课时，有73.9%的被调查学生认为八年级的《地理》已达到2课时；城市初中本调查中81.4%的七年级学生和82.3%被调查的八年级学生认为《地理》已达到2课时。

表 3-67 初中《地理》周课时情况统计表（学生卷）

地区	年级	周课时 0节	1节	2节	3节	4节	合计
桂中 A 市	七年级	0	0	300	32		332
		0.0%	0.0%	90.4%	9.6%		100.0%
	八年级	0	24	68	0		92
		0.0%	26.1%	73.9%	0.0%		100.0%
	九年级	48	0	0	0		48
		100.0%	0.0%	0.0%	0.0%		100.0%
	合计	48	24	368	32		472
		10.2%	5.1%	78.0%	6.8%		100.0%
桂东北 B 市	七年级	0		354	25		379
		0.0%		93.4%	6.6%		100.0%
	八年级	0		6	0		6
		0.0%		100.0%	0.0%		100.0%
	九年级	6		0	0		6
		100.0%		0.0%	0.0%		100.0%
	合计	6		360	25		391
		1.5%		92.1%	6.4%		100.0%
桂南 D 市	七年级	2	0	99	0		101
		2.0%	0.0%	98.0%	0.0%		100.0%
	八年级	1	1	97	1		100
		1.0%	1.0%	97.0%	1.0%		100.0%
	九年级	200	0	0	0		200
		100.0%	0.0%	0.0%	0.0%		100.0%
	合计	203	1	196	1		401
		50.6%	0.2%	48.9%	0.2%		100.0%
桂东南 C 市	七年级	0	4	136	8		148
		0.0%	2.7%	91.9%	5.4%		100.0%
	八年级	4	0	120	32		156
		2.6%	0.0%	76.9%	20.5%		100.0%

续表

地区	年级	周课时					合计
		0节	1节	2节	3节	4节	
	九年级	140	0	0	0		140
		100.0%	0.0%	0.0%	0.0%		100.0%
	合计	144	4	256	40		444
		32.4%	0.9%	57.7%	9.0%		100.0%
桂西E市	七年级	2	4	26	42	31	105
		1.9%	3.8%	24.8%	40.0%	29.5%	100.0%
	八年级	1	4	35	36	49	125
		0.8%	3.2%	28.0%	28.8%	39.2%	100.0%
	九年级	159	0	0	0	0	159
		100.0%	0.0%	0.0%	0.0%	0.0%	100.0%
	合计	162	8	61	78	80	389
		41.6%	2.1%	15.7%	20.1%	20.6%	100.0%
广西	七年级	4	8	915	107	31	1065
		0.4%	0.8%	85.9%	10.0%	2.9%	100.0%
	八年级	6	29	326	69	49	479
		1.3%	6.1%	68.1%	14.4%	10.2%	100.0%
	九年级	553	0	0	0	0	553
		100.0%	0.0%	0.0%	0.0%	0.0%	100.0%
	合计	563	37	1241	176	80	2097
		26.8%	1.8%	59.2%	8.4%	3.8%	100.0%

2.不同类型初中各年级《地理》周课时统计(学生卷)

在回收的2167份初中生有效问卷中,参与填写《地理》周课时共2097人,具体统计如下:

表 3-68　初中《地理》周课时情况统计表(学生卷)

学校类型	年级	周课时 0节	1节	2节	3节	4节	合计
城市初中	七年级	2 0.5%	2 0.5%	360 81.4%	60 13.6%	18 4.1%	442 100.0%
	八年级	0 0.0%	2 1.0%	167 82.3%	8 3.9%	26 12.8%	203 100.0%
	九年级	343 100.0%	0 0.0%	0 0.0%	0 0.0%	0 0.0%	343 100.0%
	合计	345 34.9%	4 0.4%	527 53.3%	68 6.9%	44 4.5%	988 100.0%
乡镇初中	七年级	2 0.3%	6 1.0%	555 89.1%	47 7.5%	13 2.1%	623 100.0%
	八年级	6 2.2%	27 9.8%	159 57.6%	61 22.1%	23 8.3%	276 100.0%
	九年级	210 100.0%	0 0.0%	0 0.0%	0 0.0%	0 0.0%	210 100.0%
	合计	218 19.7%	33 3.0%	714 64.4%	108 9.7%	36 3.2%	1109 100.0%
广西	七年级	4 0.4%	8 0.8%	915 85.9%	107 10.0%	31 2.9%	1065 100.0%
	八年级	6 1.3%	29 6.1%	326 68.1%	69 14.4%	49 10.2%	479 100.0%
	九年级	553 100.0%	0 0.0%	0 0.0%	0 0.0%	0 0.0%	553 100.0%
	合计	563 26.8%	37 1.8%	1241 59.2%	176 8.4%	80 3.8%	2097 100.0%

第四节 广西义务教育学校在线教学条件、实施情况及效果调查分析

一、广西义务教育学校在线课程条件调查分析

（一）广西小学在线课程条件调查分析

通过回收的1011份小学教师有效问卷中，全部参与了"贵校提供学生在线学习网络课程的软硬件条件"作答，结合不同地区和不同类型看：通过对不同地区部分小学和初中开展"在线学习网络课程的软硬件条件"进行问卷调查，从表3-69和表3-70中发现，小学和初中不具备"在线课程条件"分别占19.9%和22.7%，其中，桂东南C市地区小学和初中不具备在线课程条件比例最高，分别为29.7%，31.8%；小学和初中基本具备"在线课程条件"分别占56.3%，56.9%，完全具备"在线课程条件"分别占12.3%，11.2%。

表3-69 不同地区小学提供学生在线学习网络课程的软硬件条件统计表

地区	学校类型	在线课程条件				合计
		不具备	基本具备	完全具备	不清楚	
桂中A市	城市小学	8	86	4	2	100
		8.0%	86.0%	4.0%	2.0%	100.0%
	中心小学	10	38	2	4	54
		18.5%	70.4%	3.7%	7.4%	100.0%
	村小	18	18	0	0	36
		50.0%	50.0%	0.0%	0.0%	100.0%
	合计	36	142	6	6	190
		18.9%	74.7%	3.2%	3.2%	100.0%
桂东北B市	城市小学	0	36	4	14	54
		0.0%	66.7%	7.4%	25.9%	100.0%

续表

地区	学校类型	在线课程条件 不具备	基本具备	完全具备	不清楚	合计
	中心小学	14	68	8	20	110
		12.7%	61.8%	7.3%	18.2%	100.0%
	村小	0	24	0	10	34
		0.0%	70.6%	0.0%	29.4%	100.0%
	合计	14	128	12	44	198
		7.1%	64.6%	6.1%	22.2%	100.0%
桂南D市	城市小学	7	55	24	9	95
		7.4%	57.9%	25.3%	9.5%	100.0%
	中心小学	18	33	15	8	74
		24.3%	44.6%	20.3%	10.8%	100.0%
	村小	18	24	0	0	42
		42.9%	57.1%	0.0%	0.0%	100.0%
	教学点	0	3	0	0	3
		0.0%	100.0%	0.0%	0.0%	100.0%
	合计	43	115	39	17	214
		20.1%	53.7%	18.2%	7.9%	100.0%
桂东南C市	城市小学	6	13	16	1	36
		16.7%	36.1%	44.4%	2.8%	100.0%
	中心小学	19	30	3	12	64
		29.7%	46.9%	4.7%	18.8%	100.0%
	村小	30	44	8	7	89
		33.7%	49.4%	9.0%	7.9%	100.0%
	教学点	3	1	0	2	6
		50.0%	16.7%	0.0%	33.3%	100.0%
	合计	58	88	27	22	195
		29.7%	45.1%	13.8%	11.3%	100.0%

续表

地区	学校类型	在线课程条件				合计
		不具备	基本具备	完全具备	不清楚	
桂西E市	城市小学	4	10	18	8	40
		10.0%	25.0%	45.0%	20.0%	100.0%
	中心小学	30	54	6	14	104
		28.8%	51.9%	5.8%	13.5%	100.0%
	村小	8	32	22	0	62
		12.9%	51.6%	35.5%	0.0%	100.0%
	教学点	8	0	0	0	8
		100.0%	0.0%	0.0%	0.0%	100.0%
	合计	50	96	46	22	214
		23.4%	44.9%	21.5%	10.3%	100.0%
广西	城市小学	25	200	66	34	325
		7.7%	61.5%	20.3%	10.5%	100.0%
	中心小学	91	223	34	58	406
		22.4%	54.9%	8.4%	14.3%	100.0%
	村小	74	142	30	17	263
		28.1%	54.0%	11.4%	6.5%	100.0%
	教学点	11	4	0	2	17
		64.7%	23.5%	0.0%	11.8%	100.0%
	合计	201	569	130	111	1011
		19.9%	56.3%	12.9%	11.0%	100.0%

(二)广西初中在线课程条件调查分析

在回收的968份初中教师有效问卷中,全部参与了"贵校提供学生在线学习网络课程的软硬件条件"作答,具体统计如下:

表 3-70 不同地区初中提供学生在线学习网络课程的软硬件条件统计表

地区	学校类型	在线课程条件				合计
		不具备	基本具备	完全具备	不清楚	
桂中 A 市	城市初中	25	49	1	5	80
		31.2%	61.3%	1.2%	6.2%	100.0%
	乡镇初中	19	47	0	0	66
		28.8%	71.2%	0.0%	0.0%	100.0%
	合计	44	96	1	5	146
		30.1%	65.8%	0.7%	3.4%	100.0%
桂东北 B 市	城市初中	20	54	12	26	112
		17.9%	48.2%	10.7%	23.2%	100.0%
	乡镇初中	16	74	8	20	118
		13.6%	62.7%	6.8%	16.9%	100.0%
	合计	36	128	20	46	230
		15.7%	55.7%	8.7%	20.0%	100.0%
桂南 D 市	城市初中	20	33	8	7	68
		29.4%	48.5%	11.8%	10.3%	100.0%
	乡镇初中	21	41	6	14	82
		25.6%	50.0%	7.3%	17.1%	100.0%
	合计	41	74	14	21	150
		27.3%	49.3%	9.3%	14.0%	100.0%
桂东南 C 市	城市初中	38	48	2	10	98
		38.8%	49.0%	2.0%	10.2%	100.0%
	乡镇初中	29	70	5	9	113
		25.7%	61.9%	4.4%	8.0%	100.0%
	合计	67	118	7	19	211
		31.8%	55.9%	3.3%	9.0%	100.0%
桂西 E 市	城市初中	20	82	24	10	136
		14.7%	60.3%	17.6%	7.4%	100.0%
	乡镇初中	12	53	23	7	95
		12.6%	55.8%	24.2%	7.4%	100.0%

续表

地区	学校类型	在线课程条件				合计
		不具备	基本具备	完全具备	不清楚	
合计	合计	32	135	47	17	231
		13.9%	58.4%	20.3%	7.4%	100.0%
合计	城市初中	123	266	47	58	494
		24.9%	53.8%	9.5%	11.7%	100.0%
	乡镇初中	97	285	42	50	474
		20.5%	60.1%	8.9%	10.5%	100.0%
	合计	220	551	89	108	968
		22.7%	56.9%	9.2%	11.2%	100.0%

二、广西义务教育学校在线课程实施情况调查分析

（一）广西小学在线课程实施情况调查分析

通过回收的 1011 份小学教师有效问卷中，全部参与了"贵校组织学生在线学习网络课程情况"作答，不同地区和不同类型小学组织学生在线学习网络课程情况具体统计和不同类型如下：20.3% 的学校经常在线学习网络课程，61.8% 的学校偶尔开展在线课程；39.1% 的城市小学和 21.2% 的中心小学经常有在线课程的开展，具体见表 3-71 和表 3-72。

表 3-71 不同地区小学组织学生在线学习网络课程情况统计表

地区	学校类型	在线课程实施情况			合计
		从来没有	偶尔,有	经常有	
桂中 A 市	城市小学	2	32	66	100
		2.0%	32.0%	66.0%	100.0%
	中心小学	14	30	10	54
		25.9%	55.6%	18.5%	100.0%
	村小	18	18	0	36
		50.0%	50.0%	0.0%	100.0%
	合计	34	80	76	190
		17.9%	42.1%	40.0%	100.0%

续表

地区	学校类型	在线课程实施情况 从来没有	偶尔,有	经常有	合计
桂东北B市	城市小学	2	52	0	54
		3.7%	96.3%	0.0%	100.0%
	中心小学	8	82	20	110
		7.3%	74.5%	18.2%	100.0%
	村小	0	32	2	34
		0.0%	94.1%	5.9%	100.0%
	合计	10	166	22	198
		5.1%	83.8%	11.1%	100.0%
桂南D市	城市小学	13	47	35	95
		13.7%	49.5%	36.8%	100.0%
	中心小学	14	36	24	74
		18.9%	48.6%	32.4%	100.0%
	村小	6	24	12	42
		14.3%	57.1%	28.6%	100.0%
	教学点	0	3	0	3
		0.0%	100.0%	0.0%	100.0%
	合计	33	110	71	214
		15.4%	51.4%	33.2%	100.0%
桂东南C市	城市小学	8	16	12	36
		22.2%	44.4%	33.3%	100.0%
	中心小学	21	31	12	64
		32.8%	48.4%	18.8%	100.0%
	村小	30	43	16	89
		33.7%	48.3%	18.0%	100.0%
	教学点	3	3	0	6
		50.0%	50.0%	0.0%	100.0%
	合计	62	93	40	195
		31.8%	47.7%	20.5%	100.0%

续表

地区	学校类型	在线课程实施情况			合计
		从来没有	偶尔,有	经常有	
桂西E市	城市小学	8	18	14	40
		20.0%	45.0%	35.0%	100.0%
	中心小学	34	50	20	104
		32.7%	48.1%	19.2%	100.0%
	村小	24	16	22	62
		38.7%	25.8%	35.5%	100.0%
	教学点	8	0	0	8
		100.0%	0.0%	0.0%	100.0%
	合计	74	84	56	214
		34.6%	39.3%	26.2%	100.0%
广西	城市小学	33	165	127	325
		10.2%	50.8%	39.1%	100.0%
	中心小学	91	229	86	406
		22.4%	56.4%	21.2%	100.0%
	村小	78	133	52	263
		29.7%	50.6%	19.8%	100.0%
	教学点	11	6	0	17
		64.7%	35.3%	0.0%	100.0%
	合计	213	533	265	1011
		21.1%	52.7%	26.2%	100.0%

在回收的2566份小学生有效问卷中,全部参与了"你在学校通过网络观看教学视频进行学习的情况"作答,具体统计如下:

表3-72 小学生通过网络观看教学视频进行学习情况统计表

地区	学校类型	在线课程实施情况			合计
		没有参加过	偶尔	经常	
桂中A市	城市小学	3	156	33	192
		1.6%	81.2%	17.2%	100.0%

续表

地区	学校类型	在线课程实施情况 没有参加过	偶尔	经常	合计
	中心小学	18	186	24	228
		7.9%	81.6%	10.5%	100.0%
	村小	33	81	12	126
		26.2%	64.3%	9.5%	100.0%
	教学点	0	0	6	6
		0.0%	0.0%	100.0%	100.0%
	合计	54	423	75	552
		9.8%	76.6%	13.6%	100.0%
桂东北 B 市	城市小学	9	189	36	234
		3.8%	80.8%	15.4%	100.0%
	中心小学	21	84	81	186
		11.3%	45.2%	43.5%	100.0%
	村小	6	150	0	156
		3.8%	96.2%	0.0%	100.0%
	合计	36	423	117	576
		6.2%	73.4%	20.3%	100.0%
桂南 D 市	城市小学	27	63	63	153
		17.6%	41.2%	41.2%	100.0%
	中心小学	45	147	51	243
		18.5%	60.5%	21.0%	100.0%
	村小	60	99	15	174
		34.5%	56.9%	8.6%	100.0%
	合计	132	309	129	570
		23.2%	54.2%	22.6%	100.0%
桂东南 C 市	城市小学	3	75	60	138
		2.2%	54.3%	43.5%	100.0%
	乡镇中心小学	12	15	108	135
		8.9%	11.1%	80.0%	100.0%

续表

地区	学校类型	在线课程实施情况 没有参加过	偶尔	经常	合计
	村小	105	63	0	168
		62.5%	37.5%	0.0%	100.0%
	合计	120	153	168	441
		27.2%	34.7%	38.1%	100.0%
桂西E市	城市小学	24	99	18	141
		17.0%	70.2%	12.8%	100.0%
	中心小学	43	91	12	146
		29.5%	62.3%	8.2%	100.0%
	村小	46	80	0	126
		36.5%	63.5%	0.0%	100.0%
	教学点	4	8	2	14
		28.6%	57.1%	14.3%	100.0%
	合计	117	278	32	427
		27.4%	65.1%	7.5%	100.0%
广西	城市小学	66	582	210	858
		7.7%	67.8%	24.5%	100.0%
	中心小学	139	523	276	938
		14.8%	55.8%	29.4%	100.0%
	村小	250	473	27	750
		33.3%	63.1%	3.6%	100.0%
	教学点	4	8	8	20
		20.0%	40.0%	40.0%	100.0%
	合计	459	1586	521	2566
		17.9%	61.8%	20.3%	100.0%

（二）广西初中学校在线课程实施情况调查分析

在回收的968份初中教师有效问卷中，全部参与了"贵校组织学生在线学习网络课程情况"作答，具体统计如下：通过对不同地区部分初中开展"在线课程实施情况"进行问卷调查,从表3-73中发现,从来没有"组织学生在线学习网络课程"占17.7%,偶尔和经常"组织学生在线学习网络课程"分别占56.5%与25.8%;从表3-74中发现,初中生从来没有"通过网络观看教学视频进行学习"占20.9%,初中生偶尔和经常"通过网络观看教学视频进行学习"分别占70.7%与8.4%。

表3-73 不同地区初中组织学生在线学习网络课程情况统计表

地区	学校类型	在线课程实施情况			合计
		从来没有	偶尔有	经常有	
桂中A市	城市初中	14	32	34	80
		17.5%	40.0%	42.5%	100.0%
	乡镇初中	9	51	6	66
		13.6%	77.3%	9.1%	100.0%
	合计	23	83	40	146
		15.8%	56.8%	27.4%	100.0%
桂东北B市	城市初中	24	62	26	112
		21.4%	55.4%	23.2%	100.0%
	乡镇初中	14	68	36	118
		11.9%	57.6%	30.5%	100.0%
	合计	38	130	62	230
		16.5%	56.5%	27.0%	100.0%
桂南D市	城市初中	21	36	11	68
		30.9%	52.9%	16.2%	100.0%
	乡镇初中	22	41	19	82
		26.8%	50.0%	23.2%	100.0%
	合计	43	77	30	150
		28.7%	51.3%	20.0%	100.0%
桂东南C市	城市初中	26	64	8	98
		26.5%	65.3%	8.2%	100.0%
	乡镇初中	17	75	21	113
		15.0%	66.4%	18.6%	100.0%
	合计	43	139	29	211
		20.4%	65.9%	13.7%	100.0%

续表

| 地区 | 学校类型 | 在线课程实施情况 ||| 合计 |
		从来没有	偶尔有	经常有	
桂西E市	城市初中	12	82	42	136
		8.8%	60.3%	30.9%	100.0%
	乡镇初中	12	36	47	95
		12.6%	37.9%	49.5%	100.0%
	合计	24	118	89	231
		10.4%	51.1%	38.5%	100.0%
广西	城市初中	97	276	121	494
		19.6%	55.9%	24.5%	100.0%
	乡镇初中	74	271	129	474
		15.6%	57.2%	27.2%	100.0%
	合计	171	547	250	968
		17.7%	56.5%	25.8%	100.0%

在回收的 2167 份初中生有效问卷中,全部参与了"你在学校通过网络观看教学视频进行学习的情况"作答,具体统计如下:

表 3-74 初中生通过网络观看教学视频进行学习情况统计表

| 地区 | 学校类型 | 在线课程实施情况 ||| 合计 |
		没有参加过	偶尔	经常	
桂中A市	城市初中	60	156	32	248
		24.2%	62.9%	12.9%	100.0%
		12.7%	33.1%	6.8%	52.5%
	乡镇初中	72	120	32	224
		32.1%	53.6%	14.3%	100.0%
		15.3%	25.4%	6.8%	47.5%
	合计	132	276	64	472
		28.0%	58.5%	13.6%	100.0%

续表

地区	学校类型	在线课程实施情况			合计
		没有参加过	偶尔	经常	
桂东北B市	城市初中	30 20.0% 7.7%	114 76.0% 29.2%	6 4.0% 1.5%	150 100.0% 38.4%
	乡镇初中	51 21.2% 13.0%	180 74.7% 46.0%	10 4.1% 2.6%	241 100.0% 61.6%
	合计	81 20.7%	294 75.2%	16 4.1%	391 100.0%
桂南D市	城市初中	43 21.3% 10.6%	139 68.8% 34.3%	20 9.9% 4.9%	202 100.0% 49.9%
	乡镇初中	36 17.7% 8.9%	156 76.8% 38.5%	11 5.4% 2.7%	203 100.0% 50.1%
	合计	79 19.5%	295 72.8%	31 7.7%	405 100.0%
桂东南C市	城市初中	8 3.5% 1.8%	204 89.5% 45.1%	16 7.0% 3.5%	228 100.0% 50.4%
	乡镇初中	32 14.3% 7.1%	184 82.1% 40.7%	8 3.6% 1.8%	224 100.0% 49.6%
	合计	40 8.8%	388 85.8%	24 5.3%	452 100.0%

续表

地区	学校类型	在线课程实施情况			合计
		没有参加过	偶尔	经常	
桂西E市	城市初中	52	132	20	204
		25.5%	64.7%	9.8%	100.0%
		11.6%	29.5%	4.5%	45.6%
	乡镇初中	69	146	28	243
		28.4%	60.1%	11.5%	100.0%
		15.4%	32.7%	6.3%	54.4%
	合计	121	278	48	447
		27.1%	62.2%	10.7%	100.0%
广西	城市初中	193	745	94	1032
		18.7%	72.2%	9.1%	100.0%
		8.9%	34.4%	4.3%	47.6%
	乡镇初中	260	786	89	1135
		22.9%	69.3%	7.8%	100.0%
		12.0%	36.3%	4.1%	52.4%
	合计	453	1531	183	2167
		20.9%	70.7%	8.4%	100.0%

三、广西义务教育学校在线课程实施效果调查分析

（一）广西小学在线课程实施效果调查分析

通过回收的1011份小学教师有效问卷中，参与"学生在线学习网络课程的效果"作答共791人，在回收的2566份小学生有效问卷中，参与"你在学校通过网络观看教学视频进行学习的效果"作答共2260人，具体统计如下：通过对不同地区部分小学生开展"在线课程实施效果"进行问卷调查，从表3-75中发现，小学生认为在线学习网络课程效果非常差或比较差占8.8%，效果一般占57%，效果比较好或非常好占34.1%，说明有八成以上小学生认为在线学习网络课程有效果。从表3-76中发现，小学生认为在学校通过网络观看教学视频效果非常差或比较差占6.6%，效果一般占42.3%，效果比较好或非常好占51.1%，说明五成以上小学生

认为在学校通过网络观看教学视频效果较佳。

表 3-75　小学生在线学习网络课程的效果统计表

地区	学校类型	在线课程实施效果					合计
		非常差	比较差	一般	比较好	非常好	
桂中 A 市	城市小学	0	2	12	78		92
		0.0%	2.2%	13.0%	84.8%		100.0%
	中心小学	4	10	28	4		46
		8.7%	21.7%	60.9%	8.7%		100.0%
	村小	0	0	18	0		18
		0.0%	0.0%	100.0%	0.0%		100.0%
	合计	4	12	58	82		156
		2.6%	7.7%	37.2%	52.6%		100.0%
桂东北 B 市	城市小学	0	8	40	4		52
		0.0%	15.4%	76.9%	7.7%		100.0%
	中心小学	2	12	74	16		104
		1.9%	11.5%	71.2%	15.4%		100.0%
	村小	0	4	24	6		34
		0.0%	11.8%	70.6%	17.6%		100.0%
	合计	2	24	138	26		190
		1.1%	12.6%	72.6%	13.7%		100.0%
桂南 D 市	城市小学	0	1	36	38	4	79
		0.0%	1.3%	45.6%	48.1%	5.1%	100.0%
	中心小学	1	4	25	25	2	57
		1.8%	7.0%	43.9%	43.9%	3.5%	100.0%
	村小	0	6	30	0	0	36
		0.0%	16.7%	83.3%	0.0%	0.0%	100.0%
	教学点	0	0	3	0	0	3
		0.0%	0.0%	100.0%	0.0%	0.0%	100.0%
	合计	1	11	94	63	6	175
		0.6%	6.3%	53.7%	36.0%	3.4%	100.0%

续表

地区	学校类型	在线课程实施效果					合计
		非常差	比较差	一般	比较好	非常好	
桂东南 C 市	城市小学	0	0	10	15	2	27
		0.0%	0.0%	37.0%	55.6%	7.4%	100.0%
	中心小学	1	1	32	7	0	41
		2.4%	2.4%	78.0%	17.1%	0.0%	100.0%
	村小	4	2	33	18	3	60
		6.7%	3.3%	55.0%	30.0%	5.0%	100.0%
	教学点	0	0	2	0	0	2
		0.0%	0.0%	100.0%	0.0%	0.0%	100.0%
	合计	5	3	77	40	5	130
		3.8%	2.3%	59.2%	30.8%	3.8%	100.0%
桂西 E 市	城市小学	0		18	14	0	32
		0.0%		56.2%	43.8%	0.0%	100.0%
	中心小学	0		50	20	0	70
		0.0%		71.4%	28.6%	0.0%	100.0%
	村小	8		16	8	6	38
		21.1%		42.1%	21.1%	15.8%	100.0%
	合计	8		84	42	6	140
		5.7%		60.0%	30.0%	4.3%	100.0%
广西	城市小学	0	11	116	149	6	282
		0.0%	3.9%	41.1%	52.8%	2.1%	100.0%
	中心小学	8	27	209	72	2	318
		2.5%	8.5%	65.7%	22.6%	0.6%	100.0%
	村小	12	12	121	32	9	186
		6.5%	6.5%	65.1%	17.2%	4.8%	100.0%
	教学点	0	0	5	0	0	5
		0.0%	0.0%	100.0%	0.0%	0.0%	100.0%
	合计	20	50	451	253	17	791
		2.5%	6.3%	57.0%	32.0%	2.1%	100.0%

具体统计如下：

表 3-76 小学生在学校通过网络观看教学视频进行学习的效果统计表

地区	学校类型	在线课程实施效果					合计
		非常差	比较差	一般	比较好	非常好	
桂中 A 市	城市小学	3	57	99	30		189
		1.6%	30.2%	52.4%	15.9%		100.0%
	中心小学	6	204	6	6		222
		2.7%	91.9%	2.7%	2.7%		100.0%
	村小	15	90	3	3		111
		13.5%	81.1%	2.7%	2.7%		100.0%
	教学点	0	3	0	3		6
		0.0%	50.0%	0.0%	50.0%		100.0%
	合计	24	354	108	42		528
		4.5%	67.0%	20.5%	8.0%		100.0%
桂东北 B 市	县城及县城以上小学	9	90	90	45		234
		3.8%	38.5%	38.5%	19.2%		100.0%
	乡镇中心小学	3	69	87	21		180
		1.7%	38.3%	48.3%	11.7%		100.0%
	村小		57	6	51	39	153
			37.3%	3.9%	33.3%	25.5%	100.0%
	合计		69	165	228	105	567
			12.2%	29.1%	40.2%	18.5%	100.0%
桂南 D 市	城市小学	0	0	36	18	63	117
		0.0%	0.0%	30.8%	15.4%	53.8%	100.0%
	中心小学	3	15	96	90	27	231
		1.3%	6.5%	41.6%	39.0%	11.7%	100.0%
	村小	3	6	96	24	33	162
		1.9%	3.7%	59.3%	14.8%	20.4%	100.0%
	合计	6	21	228	132	123	510
		1.2%	4.1%	44.7%	25.9%	24.1%	100.0%

第三章 广西义务教育阶段国家课程设置与实施现状调查

续表

地区	学校类型	在线课程实施效果					合计
		非常差	比较差	一般	比较好	非常好	
桂东南C市	城市小学	0	3	63	63		129
		0.0%	2.3%	48.8%	48.8%		100.0%
	中心小学	3	15	6	111		135
		2.2%	11.1%	4.4%	82.2%		100.0%
	村小	0	3	0	63		66
		0.0%	4.5%	0.0%	95.5%		100.0%
	合计	3	21	69	237		330
		0.9%	6.4%	20.9%	71.8%		100.0%
桂西E市	城市小学	0	4	58	48	6	116
		0.0%	3.4%	50.0%	41.4%	5.2%	100.0%
	中心小学	1	4	59	36	3	103
		1.0%	3.9%	57.3%	35.0%	2.9%	100.0%
	村小	2	12	64	16	0	94
		2.1%	12.8%	68.1%	17.0%	0.0%	100.0%
	教学点	0	2	8	2	0	12
		0.0%	16.7%	66.7%	16.7%	0.0%	100.0%
	合计	3	22	189	102	9	325
		0.9%	6.8%	58.2%	31.4%	2.8%	100.0%
合计	城市小学	0	16	244	318	207	785
		0.0%	2.0%	31.1%	40.5%	26.4%	100.0%
	中心小学	4	31	443	225	168	871
		0.5%	3.6%	50.9%	25.8%	19.3%	100.0%
	村小	5	90	259	94	138	586
		0.9%	15.4%	44.2%	16.0%	23.5%	100.0%
	教学点	0	2	11	2	3	18
		0.0%	11.1%	61.1%	11.1%	16.7%	100.0%
	合计	9	139	957	639	516	2260
		0.4%	6.2%	42.3%	28.3%	22.8%	100.0%

(二)广西初中在线课程实施效果调查分析

通过回收的968份初中教师有效问卷中,参与"学生在线学习网络课程的效果"作答共786人和在回收的2167份初中生有效问卷中,参与"你在学校通过网络观看教学视频进行学习的效果"作答共1795人,具体统计如下:通过对不同地区部分初中生开展"在线课程实施效果"进行问卷调查,从表3-77中发现,初中生认为在线学习网络课程效果非常差或比较差占17.3%,效果一般占50.6%,效果比较好或非常好占32.1%,说明有八成以上初中生认为在线学习网络课程有效果。从表3-78中发现,初中生认为在学校通过网络观看教学视频效果非常差或比较差占2.4%,效果一般占40.4%,效果比较好或非常好占57.2%,说明约六成初中生认为在学校通过网络观看教学视频效果较佳。

表3-77 初中生在线学习网络课程的效果统计表

地区	学校类型	非常差	比较差	一般	比较好	非常好	合计
桂中A市	城市初中	4	23	19	20	4	70
		5.7%	32.9%	27.1%	28.6%	5.7%	100.0%
	乡镇初中	0	3	30	24	0	57
		0.0%	5.3%	52.6%	42.1%	0.0%	100.0%
	合计	4	26	49	44	4	127
		3.1%	20.5%	38.6%	34.6%	3.1%	100.0%
桂东北B市	城市初中	6	0	42	22	6	76
		7.9%	0.0%	55.3%	28.9%	7.9%	100.0%
	乡镇初中	0	16	56	36	0	108
		0.0%	14.8%	51.9%	33.3%	0.0%	100.0%
	合计	6	16	98	58	6	184
		3.3%	8.7%	53.3%	31.5%	3.3%	100.0%
桂南D市	城市初中	3	4	32	10	0	49
		6.1%	8.2%	65.3%	20.4%	0.0%	100.0%
	乡镇初中	0	12	28	19	1	60
		0.0%	20.0%	46.7%	31.7%	1.7%	100.0%

续表

地区	学校类型	在线课程实施效果					合计
		非常差	比较差	一般	比较好	非常好	
	合计	3	16	60	29	1	109
		2.8%	14.7%	55.0%	26.6%	0.9%	100.0%
桂东南C市	城市初中	8	34	24	6	8	80
		10.0%	42.5%	30.0%	7.5%	10.0%	100.0%
	乡镇初中	5	6	58	23	4	96
		5.2%	6.2%	60.4%	24.0%	4.2%	100.0%
	合计	13	40	82	29	12	176
		7.4%	22.7%	46.6%	16.5%	6.8%	100.0%
桂西E市	城市初中	0	6	68	34	6	114
		0.0%	5.3%	59.6%	29.8%	5.3%	100.0%
	乡镇初中	1	5	41	23	6	76
		1.3%	6.6%	53.9%	30.3%	7.9%	100.0%
	合计	1	11	109	57	12	190
		0.5%	5.8%	57.4%	30.0%	6.3%	100.0%
广西	城市初中	21	67	185	92	24	389
		5.4%	17.2%	47.6%	23.7%	6.2%	100.0%
	乡镇初中	6	42	213	125	11	397
		1.5%	10.6%	53.7%	31.5%	2.8%	100.0%
	合计	27	109	398	217	35	786
		3.4%	13.9%	50.6%	27.6%	4.5%	100.0%

在回收的2167份初中生有效问卷中,参与"你在学校通过网络观看教学视频进行学习的效果"作答共1795人,具体统计如下:

表3-78 初中学生通过网络观看教学视频进行学习的效果统计表

地区	学校类型	在线课程学习效果					合计
		非常差	比较差	一般	比较好	非常好	
桂中A市	城市初中			24	116	40	180
				13.3%	64.4%	22.2%	100.0%

续表

地区	学校类型	在线课程学习效果					合计
		非常差	比较差	一般	比较好	非常好	
	乡镇初中			112	64	24	200
				56.0%	32.0%	12.0%	100.0%
	合计			136	180	64	380
				35.8%	47.4%	16.8%	100.0%
桂东北B市	城市初中	2		56	56	6	120
		1.7%		46.7%	46.7%	5.0%	100.0%
	乡镇初中	3		89	89	9	190
		1.6%		46.8%	46.8%	4.7%	100.0%
	合计	5		145	145	15	310
		1.6%		46.8%	46.8%	4.8%	100.0%
桂南D市	城市初中	4	0	56	68	43	171
		2.3%	0.0%	32.7%	39.8%	25.1%	100.0%
	乡镇初中	2	2	113	48	16	181
		1.1%	1.1%	62.4%	26.5%	8.8%	100.0%
	合计	6	2	169	116	59	352
		1.7%	0.6%	48.0%	33.0%	16.8%	100.0%
桂东南C市	城市初中		0	16	72	128	216
			0.0%	7.4%	33.3%	59.3%	100.0%
	乡镇初中		8	60	92	32	192
			4.2%	31.2%	47.9%	16.7%	100.0%
			2.0%	14.7%	22.5%	7.8%	47.1%
	合计		8	76	164	160	408
			2.0%	18.6%	40.2%	39.2%	100.0%
桂西E市	城市初中	6	8	80	50	16	160
		3.8%	5.0%	50.0%	31.2%	10.0%	100.0%
	乡镇初中	2	6	120	39	18	185
		1.1%	3.2%	64.9%	21.1%	9.7%	100.0%

第三章 广西义务教育阶段国家课程设置与实施现状调查

续表

地区	学校类型	在线课程学习效果					合计
		非常差	比较差	一般	比较好	非常好	
	合计	8	14	200	89	34	345
		2.3%	4.1%	58.0%	25.8%	9.9%	100.0%
合计	城市初中	12	8	232	362	233	847
		1.4%	0.9%	27.4%	42.7%	27.5%	100.0%
	乡镇初中	7	16	494	332	99	948
		0.7%	1.7%	52.1%	35.0%	10.4%	100.0%
	合计	19	24	726	694	332	1795
		1.1%	1.3%	40.4%	38.7%	18.5%	100.0%

第四章 广西义务教育阶段国家课程开设中存在的问题分析

第一节 广西义务阶段国家课程未开设情况分析

一、广西小学未开设国家课程情况分析

(一)广西小学未开设课程总体情况分析

对回收的 1011 份广西小学教师有效问卷进行"小学课程未开设情况"的调查统计结果见表 4-1;对 2566 份广西小学生有效问卷进行"小学课程未开设情况"的调查统计结果见表 4-2。由表 4-1 和表 4-2 可知,存在未开设问题的课程有《品德》《外语》《科学》《体育》《美术》《音乐》《探究性学习》《信息技术》《综合学习与实践》。从学校类型来看,教学点未开设以上课程的比率非常高,多地区教学点师生回答未开设某些课程比例达到了 100%。从课程科目来看,回答《探究性学习》和《综合学习与实践》未开设的比例普遍很高。

表 4-1 广西小学未开设课程情况统计(教师卷)

地区	学校类型	未开设课程								样本容量
		品德	科学	体育	美术	音乐	探究性学习	信息技术	综合学习与实践	
桂中	城市小学		2			0	84	4	68	100
			2.0%			0.0%	84.0%	4.0%	68.0%	
	中心小学		8			2	26	4	16	54
			14.8%			3.7%	48.1%	7.4%	29.6%	

续表

地区	学校类型	未开设课程								样本容量
		品德	科学	体育	美术	音乐	探究性学习	信息技术	综合学习与实践	
	村小		0		0	0	0	0	0	36
			0.0%		0.0%	0.0%	0.0%	0.0%	0.0%	
	总计		10		2		110	44	84	190
			5.3%		1.1%		57.9%	23.2%	44.2%	100.0%
桂东北	城市小学						6	4	0	54
							11.1%	7.4%	0.0%	
	中心小学						34	14	24	110
							30.9%	12.7%	21.8%	
	村小						14	0	14	34
							41.2%	0.0%	41.2%	
	总计						54	18	38	198
							27.3%	9.1%	19.2%	100.0%
桂南	城市小学			0			0	9	6	95
				0.0%			0.0%	9.5%	6.3%	
	中心小学			0			14	10	9	74
				0.0%			18.9%	13.5%	12.2%	
	村小			6			6	0	0	42
				14.3%			14.3%	0.0%	0.0%	
	教学点			0			0	0	3	3
				0.0%			0.0%	0.0%	100.0%	
	总计			6			20	19	18	214
				2.8%			9.3%	8.9%	8.4%	100.0%

续表

地区	学校类型	未开设课程								样本容量
		品德	科学	体育	美术	音乐	探究性学习	信息技术	综合学习与实践	
桂东南	城市小学	0 0.0%	0 0.0%	0 0.0%	0 0.0%	0 0.0%	3 8.3%	1 2.8%	1 2.8%	36
	中心小学	3 4.7%	6 9.4%	4 6.2%	5 7.8%	7 10.9%	14 21.9%	11 17.2%	10 15.6%	64
	村小	2 2.2%	7 7.9%	0 0.0%	3 3.4%	2 2.2%	29 32.6%	22 24.7%	11 12.4%	89
	教学点	0 0.0%	1 16.7%	0 0.0%	0 0.0%	1 16.7%	3 50.0%	2 33.3%	1 16.7%	6
	总计	5 2.6%	14 7.2%	4 2.1%	8 4.1%	10 5.1%	49 25.1%	36 18.5%	23 11.8%	195 100.0%
桂西	城市小学	0 0.0%	0 0.0%	0 0.0%	0 0.0%	0 0.0%	18 45.0%	10 25.0%	6 15.0%	40
	中心小学	0 0.0%	0 0.0%	0 0.0%	0 0.0%	0 0.0%	48 46.2%	18 17.3%	20 19.2%	104
	村小	8 12.9%	8 12.9%	8 12.9%	8 12.9%	16 25.8%	16 25.8%	16 25.8%	8 12.9%	62
	教学点	8 100.0%	8 100.0%	0 0.0%	8 100.0%	8 100.0%	8 100.0%	8 100.0%	8 100.0%	8
	总计	16 7.5%	16 7.5%	8 3.7%	16 7.5%	24 11.2%	90 42.1%	52 24.3%	42 19.6%	214 100.0%

表 4-2 广西小学未开设课程情况统计(学生卷)

地区	学校类型	未开设课程								样本容量
		英语	科学	体育	美术	音乐	探究性学习	信息技术	综合学习与实践	
	城市小学		3 1.6%	6 3.1%	0 0.0%	3 1.6%	165 85.9%	12 6.2%	21 10.9%	192

第四章 广西义务教育阶段国家课程开设中存在的问题分析

续表

| 地区 | 学校类型 | 未开设课程 ||||||| 样本容量 |
		英语	科学	体育	美术	音乐	探究性学习	信息技术	综合学习与实践	
桂中A市	中心小学	0.0%	0 0.0%	0 5.3%	12 0.0%	0 86.8%	198 5.3%	12 68.4%	156	228
	村小	0.0%	0 9.5%	12 4.8%	6 0.0%	0 78.6%	99 4.8%	6 57.1%	72	126
	教学点	0.0%	0 0.0%	0 0.0%	0 0.0%	0 50.0%	3 0.0%	0 0.0%	0	6
	总计	0.5%	3 3.3%	18 3.3%	18 0.5%	3 84.2%	465 5.4%	30 45.1%	249	552 100.0%
桂东北B市	城市小学	0.0%	0 0.0%	0			72 30.8%	0 0.0%	99 42.3%	234
	中心小学	0.0%	0 0.0%	0			96 51.6%	3 1.6%	57 30.6%	186
	村小	25.0%	39 3.8%	6			114 73.1%	0 0.0%	111 71.2%	156
	总计	6.8%	39 1.0%	6			282 49.0%	3 0.5%	267 46.4%	576 100.0%
桂南D市	城市小学	0 0.0%	18 11.8%	0 0.0%	0 0.0%	0 0.0%	108 70.6%	0 0.0%	27 17.6%	153
	中心小学	3 1.2%	0 0.0%	3 1.2%	0 0.0%	0 0.0%	108 44.4%	6 2.5%	9 3.7%	243
	村小	0 0.0%	0 0.0%	0 0.0%	45 25.9%	15 8.6%	111 63.8%	6 3.4%	6 3.4%	174
	总计	3 0.5%	18 3.2%	3 0.5%	45 7.9%	15 2.6%	327 57.4%	12 2.1%	42 7.4%	570 100.0%

续表

地区	学校类型	未开设课程							样本容量
		英语	科学	体育	美术	音乐	探究性学习	信息技术	综合学习与实践	
桂东南C市	城市小学	3	9	3	0		117	0	6	138
		2.2%	6.5%	2.2%	0.0%		84.8%	0.0%	4.3%	
	中心小学	9	6	0	3		75	21	123	135
		6.7%	4.4%	0.0%	2.2%		55.6%	15.6%	91.1%	
	村小	3	3	0	0		3	3	0	168
		1.8%	1.8%	0.0%	0.0%		1.8%	1.8%	0.0%	
	总计	15	18	3	3		195	24	129	441
		3.4%	4.1%	0.7%	0.7%		44.2%	5.4%	29.3%	100.0%
桂西E市	城市小学	16	12	1	3	3	76	41	46	141
		11.3%	8.5%	0.7%	2.1%	2.1%	53.9%	29.1%	32.6%	
	中心小学	13	14	1	9	7	84	40	81	146
		8.9%	9.6%	0.7%	6.2%	4.8%	57.5%	27.4%	55.5%	
	村小	40	30	4	16	14	74	68	66	126
		31.7%	23.8%	3.2%	12.7%	11.1%	58.7%	54.0%	52.4%	
	教学点	10	6	0	6	8	8	8	10	14
		71.4%	42.9%	0.0%	42.9%	57.1%	57.1%	57.1%	71.4%	
	总计	79	62	6	34	32	242	157	203	427
		18.5%	14.5%	1.4%	8.0%	7.5%	56.7%	36.8%	47.5%	100.0%

（二）广西小学未开设国家课程总门数分析

通过对回收的1011份广西小学教师有效问卷和2566份广西小学生有效问卷进行"未开设课程总门数"的统计,其中《探究性学习》《信息技术》《综合学习与实践》只按1门进行统计,具体见表4-3和表4-4。由统表可知,21.6%的被调查小学教师和14%的被调查小学生答卷显示所在班级至少有1门义务教育阶段国家课程未开设。其中29.2%的城市小学教师,16.3%的中心小学教师,17.1%的村小教师,70.6%的教学点教师反映所教班级至少有 1 门义务教育阶段国家课程未开设。甚至有 1.9%的被调查小学教师反映有 4—6 门国家义务教育课程未开设。

表 4-3　广西小学未开设国家课程总门数统计（教师卷）

地区	学校类型	\multicolumn{7}{c}{小学未开设国家课程总门数}	合计
		0	1	2	3	4	5	6	
桂中A市	城市小学	58	40	0	2				100
		58.0%	40.0%	0.0%	2.0%				100.0%
	中心小学	42	6	6	0				54
		77.8%	11.1%	11.1%	0.0%				100.0%
	村小	36	0	0	0				36
		100.0%	0.0%	0.0%	0.0%				100.0%
	合计	136	46	6	2				190
		71.6%	24.2%	3.2%	1.1%				100.0%
桂东北B市	城市小学	18	36	0					54
		33.3%	66.7%	0.0%					100.0%
	中心小学	96	12	2					110
		87.3%	10.9%	1.8%					100.0%
	村小	34	0	0					34
		100.0%	0.0%	0.0%					100.0%
	合计	148	48	2					198
		74.7%	24.2%	1.0%					100.0%
桂南D市	城市小学	85	10	0					95
		89.5%	10.5%	0.0%					100.0%
	中心小学	60	10	4					74
		81.1%	13.5%	5.4%					100.0%
	村小	36	6	0					42
		85.7%	14.3%	0.0%					100.0%
	教学点	3	0	0					3
		100.0%	0.0%	0.0%					100.0%
	合计	184	26	4					214
		86.0%	12.1%	1.9%					100.0%

续表

地区	学校类型	\multicolumn{7}{c|}{小学未开设国家课程总门数}	合计
		0	1	2	3	4	5	6	
桂东南C市	城市小学	33	3	0	0	0	0		36
		91.7%	8.3%	0.0%	0.0%	0.0%	0.0%		100.0%
	中心小学	47	11	1	3	2	0		64
		73.4%	17.2%	1.6%	4.7%	3.1%	0.0%		100.0%
	村小	66	19	3	0	0	1		89
		74.2%	21.3%	3.4%	0.0%	0.0%	1.1%		100.0%
	教学点	2	3	1	0	0	0		6
		33.3%	50.0%	16.7%	0.0%	0.0%	0.0%		100.0%
	合计	147	36	5	3	2	1		195
		75.4%	18.5%	2.6%	1.5%	1.0%	0.5%		100.0%
桂西E市	城市小学	36	4				0	0	40
		90.0%	10.0%				0.0%	0.0%	100.0%
	中心小学	96	8				0	0	104
		92.3%	7.7%				0.0%	0.0%	100.0%
	村小	46	8				0	8	62
		74.2%	12.9%				0.0%	12.9%	100.0%
	教学点	0	0				4	4	8
		0.0%	0.0%				50.0%	50.0%	100.0%
	合计	178	20				4	12	214
		83.2%	9.3%				1.9%	5.6%	100.0%
广西	城市小学	230	93	0	2	0	0	0	325
		70.8%	28.6%	0.0%	0.6%	0.0%	0.0%	0.0%	100.0%
	中心小学	340	47	13	3	2	0	0	406
		83.7%	11.6%	3.2%	0.7%	0.5%	0.0%	0.0%	100.0%
	村小	218	33	3	0	0	1	8	263
		82.9%	12.5%	1.1%	0.0%	0.0%	0.4%	3.0%	100.0%
	教学点	5	3	1	0	0	4	4	17
		29.4%	17.6%	5.9%	0.0%	0.0%	23.5%	23.5%	100.0%

第四章 广西义务教育阶段国家课程开设中存在的问题分析

续表

地区	学校类型	小学未开设国家课程总门数							合计
		0	1	2	3	4	5	6	
	合计	793	176	17	5	2	5	12	1011
		78.4%	17.4%	1.7%	0.5%	0.2%	0.5%	1.2%	100.0%

表4-4　广西小学未开设课程总门数统计（学生卷）

地区	学校类型	学校未开设课程总门数							合计
		0	1	2	3	4	5	6	
桂中A市	城市小学	177	12	3					192
		92.2%	6.2%	1.6%					100.0%
	中心小学	216	12	0					228
		94.7%	5.3%	0.0%					100.0%
	村小	108	18	0					126
		85.7%	14.3%	0.0%					100.0%
	教学点	6	0	0					6
		100.0%	0.0%	0.0%					100.0%
	合计	507	42	3					552
		91.8%	7.6%	0.5%					100.0%
桂东北B市	城市小学	234	0						234
		100.0%	0.0%						100.0%
	中心小学	186	0						186
		100.0%	0.0%						100.0%
	村小	111	45						156
		71.2%	28.8%						100.0%
	合计	531	45						576
		92.2%	7.8%						100.0%
桂南D市	城市小学	135	18	0					153
		88.2%	11.8%	0.0%					100.0%
	中心小学	240	0	3					243
		98.8%	0.0%	1.2%					100.0%

续表

地区	学校类型	学校未开设课程总门数							合计
		0	1	2	3	4	5	6	
	村小	117	54	3					174
		67.2%	31.0%	1.7%					100.0%
	合计	492	72	6					570
		86.3%	12.6%	1.1%					100.0%
桂东南C市	城市小学	126	9	3	0				138
		91.3%	6.5%	2.2%	0.0%				100.0%
	中心小学	111	18	0	6				135
		82.2%	13.3%	0.0%	4.4%				100.0%
	村小	165	0	3	0				168
		98.2%	0.0%	1.8%	0.0%				100.0%
	合计	402	27	6	6				441
		91.2%	6.1%	1.4%	1.4%				100.0%
桂西E市	城市小学	106	26	7	1	1	0	0	141
		75.2%	18.4%	5.0%	0.7%	0.7%	0.0%	0.0%	100.0%
	中心小学	106	26	11	2	1	0	0	146
		72.6%	17.8%	7.5%	1.4%	0.7%	0.0%	0.0%	100.0%
	村小	64	30	6	18	2	4	2	126
		50.8%	23.8%	4.8%	14.3%	1.6%	3.2%	1.6%	100.0%
	教学点	0	6	0	8	0	0	0	14
		0.0%	42.9%	0.0%	57.1%	0.0%	0.0%	0.0%	100.0%
	合计	276	88	24	29	4	4	2	427
		64.6%	20.6%	5.6%	6.8%	0.9%	0.9%	0.5%	100.0%
广西	城市小学	778	65	13	1	1	0	0	858
		90.7%	7.6%	1.5%	0.1%	0.1%	0.0%	0.0%	100.0%
	中心小学	859	56	14	8	1	0	0	938
		91.6%	6.0%	1.5%	0.9%	0.1%	0.0%	0.0%	100.0%

续表

地区	学校类型	学校未开设课程总门数							合计
		0	1	2	3	4	5	6	
	村小	565	147	12	18	2	4	2	750
		75.3%	19.6%	1.6%	2.4%	0.3%	0.5%	0.3%	100.0%
	教学点	6	6	0	8	0	0	0	20
		30.0%	30.0%	0.0%	40.0%	0.0%	0.0%	0.0%	100.0%
	合计	2208	274	39	35	4	4	2	2566
		86.0%	10.7%	1.5%	1.4%	0.2%	0.2%	0.1%	100.0%

二、广西初中学校未开设国家课程情况分析

(一)广西初中除《科学》与《地理》外的国家课程未开设情况分析

初中除《科学》与《地理》外的国家课程包括《品德》《语文》《数学》《外语》《历史》《美术》《音乐》《探究性学习》《信息技术》《综合学习与实践》。这些课程在《广西九年义务教育课程计划(2002)》中要求七至九年级都要开设。回收的968份初中教师有效问卷中,参与填写非科学与地理的国家课程开设情况的教师929人,具体统计结果见表4-5。由统计表可以得出:(1)《品德》《语文》《数学》《外语》不存在未开设问题。教师所教本级或学生所在班级存在未开设的课程主要集中在《美术》《音乐》《探究性学习》《信息技术》《综合学习与实践》,有少部分学生反映所在班级未开设《历史》。(2)在存在未开设的课程中,《探究性学习》《信息技术》《综合学习与实践》反映所在班级未开设的比例普遍较高。而且学生反映未开设的比例明显高于教师反映未开设的比例。这可能是有些课程在课程表上开设了,但实际上严重被占用甚至没真正进行教学。

表4-5 广西初中非科学与地理课程未开设情况统计(教师卷)

地区		美术	音乐	探究性学习	信息技术	综合学习与实践	样本容量
桂中A市	城市初中	3	3	8		10	63
		4.8%	4.8%	12.7%		15.9%	
	乡镇初中	2	2	22		0	62
		3.2%	3.2%	35.5%		0.0%	

续表

地区		美术	音乐	探究性学习	信息技术	综合学习与实践	样本容量
	总计	5	5	30		10	125
		4.0%	4.0%	24.0%		8.0%	100.0%
桂东北B市	城市初中	0	0	10		6	96
		0.0%	0.0%	10.4%		6.2%	
	乡镇初中	8	8	38		12	116
		6.9%	6.9%	32.8%		10.3%	
	总计	8	8	48		18	212
		3.8%	3.8%	22.6%		8.5%	100.0%
桂南D市	城市初中	4	4	19	4	21	68
		5.9%	5.9%	27.9%	5.9%	30.9%	
	乡镇初中	9	8	29	11	21	82
		11.0%	9.8%	35.4%	13.4%	25.6%	
	总计	13	12	48	15	42	150
		8.7%	8.0%	32.0%	10.0%	28.0%	100.0%
桂东南C市	城市初中	0	0	36	10	36	98
		0.0%	0.0%	36.7%	10.2%	36.7%	
	乡镇初中	6	6	43	9	26	113
		5.3%	5.3%	38.1%	8.0%	23.0%	
	总计	6	6	79	19	62	211
		2.8%	2.8%	37.4%	9.0%	29.4%	100.0%
桂西E市	城市初中	8	8	36	4	30	136
		5.9%	5.9%	26.5%	2.9%	22.1%	
	乡镇初中	1	1	28	1	23	95
		1.1%	1.1%	29.5%	1.1%	24.2%	
	总计	9	9	64	5	53	231
		3.9%	3.9%	27.7%	2.2%	22.9%	100.0%

第四章 广西义务教育阶段国家课程开设中存在的问题分析

表 4-6 广西初中非科学与地理课程未开设情况统计(学生卷)

地区	学校类型	历史	体育	美术	音乐	探究性学习	信息技术	综合学习与实践	样本容量
桂中A市	城市初中	24		4	0	124	32	132	248
		9.7%		1.6%	0.0%	50.0%	12.9%	53.2%	
	乡镇初中	0		64	40	152	72	168	224
		0.0%		28.6%	17.9%	67.9%	32.1%	75.0%	
	总计	24		68	40	276	104	300	472
		5.1%		14.4%	8.5%	58.5%	22.0%	63.6%	100.0%
桂东北B市	城市初中			2		126		124	150
				1.3%		84.0%		82.7%	
	乡镇初中			4		204		200	241
				1.7%		84.6%		83.0%	
	总计			6		330		324	391
				1.5%		84.4%		82.9%	100.0%
桂南D市	城市初中	4	15	147	147	170	171	146	202
		2.0%	7.4%	72.8%	72.8%	84.2%	84.7%	72.3%	
	乡镇初中	1	2	23	29	90	26	115	203
		0.5%	1.0%	11.3%	14.3%	44.3%	12.8%	56.7%	
	总计	5	17	170	176	260	197	261	405
		1.2%	4.2%	42.0%	43.5%	64.2%	48.6%	64.4%	100.0%
桂东南C市	城市初中		4	80	76	208	148	192	228
			1.8%	35.1%	33.3%	91.2%	64.9%	84.2%	
			0.9%	17.7%	16.8%	46.0%	32.7%	42.5%	50.4%
	乡镇初中		12	140	124	208	48	168	224
			5.4%	62.5%	55.4%	92.9%	21.4%	75.0%	
	总计		16	220	200	416	196	360	452
			3.5%	48.7%	44.2%	92.0%	43.4%	79.6%	100.0%

续表

地区	学校类型	历史	体育	美术	音乐	探究性学习	信息技术	综合学习与实践	样本容量
桂西E市	城市初中	0	2	26	30	144	42	138	204
		0.0%	1.0%	12.7%	14.7%	70.6%	20.6%	67.6%	
	乡镇初中	2	8	58	61	147	79	143	243
		0.8%	3.3%	23.9%	25.1%	60.5%	32.5%	58.8%	
	总计	2	10	84	91	291	121	281	447
		0.4%	2.2%	18.8%	20.4%	65.1%	27.1%	62.9%	100.0%

(二)广西初中各年级《物理》未开设情况分析

1.广西不同地区初中各年级《物理》未开设情况(学生卷)

通过对回收的2167份不同地区初中各年级《物理》课程开设情况进行统计,具体如表4-7。根据《广西九年义务教育课程计划》规定八年级《物理》周课时为1节,九年级为2节,初中《物理》从初二年级开始开设,从表4-7可知,几乎所有地区的城市八九年级都开设了《物理》这门课程(97.9%以上),且有70%以上的学生反映七年级就开设了《物理》课。

表4-7 广西不同地区初中各年级《物理》开设情况统计表(学生卷)

地区	学校类型	《物理》开设情况		合计
		开设	未开设	
桂中A市	七年级	236	96	332
		71.1%	28.9%	100.0%
	八年级	92	0	92
		100.0%	0.0%	100.0%
	九年级	48	0	48
		100.0%	0.0%	100.0%
	合计	376	96	472
		79.7%	20.3%	100.0%

续表

地区	学校类型	《物理》开设情况 开设	《物理》开设情况 未开设	合计
桂东北B市	七年级	379 100.0%		379 100.0%
桂东北B市	八年级	6 100.0%		6 100.0%
桂东北B市	九年级	6 100.0%		6 100.0%
桂东北B市	合计	391 100.0%		391 100.0%
桂南D市	七年级	2 2.0%	99 98.0%	101 100.0%
桂南D市	八年级	100 100.0%	0 0.0%	100 100.0%
桂南D市	九年级	192 94.1%	12 5.9%	204 100.0%
桂南D市	合计	294 72.6%	111 27.4%	405 100.0%
桂东南C市	七年级	76 51.4%	72 48.6%	148 100.0%
桂东南C市	八年级	156 100.0%	0 0.0%	156 100.0%
桂东南C市	九年级	148 100.0%	0 0.0%	148 100.0%
桂东南C市	合计	380 84.1%	72 15.9%	452 100.0%
桂西E市	七年级	98 77.2%	29 22.8%	127 100.0%

续表

地区	学校类型	《物理》开设情况 开设	《物理》开设情况 未开设	合计
	八年级	148 98.7%	2 1.3%	150 100.0%
	九年级	170 100.0%	0 0.0%	170 100.0%
	合计	416 93.1%	31 6.9%	447 100.0%
广西	七年级	791 72.8%	296 27.2%	1087 100.0%
	八年级	502 99.6%	2 0.4%	504 100.0%
	九年级	564 97.9%	12 2.1%	576 100.0%
	合计	1857 85.7%	310 14.3%	2167 100.0%

2. 广西不同类型初中各年级《物理》未开设情况（学生卷）

通过对回收的2167份不同类型初中各年级《物理》未开设情况调查统计显示，88.8%的被调查学生认为城市初中《物理》已有开设，其中八年级开课情况为100%，96.6%的被调查学生认为九年级有开设《物理》；被调查的82.9%的乡镇初中学生认为初中已开设有《物理》课，其中八年级开课情况为100%，99.3%的被调查学生认为九年级有开设《物理》课，仅17.1%的被调查学生认为乡镇初中并未开设《物理》课，和《广西九年义务教育课程计划》规定八年级《物理》周课时为1节，九年级为2节的要求相比，初中课程还存在开不齐开不足的情况。具体见表4-8。

表4-8 广西不同类型初中各年级《物理》开设情况（学生卷）

学校类型	年级	《物理》课程开设情况 开设	《物理》课程开设情况 未开设	合计
城市初中	七年级	356 77.4%	104 22.6%	460 100.0%

续表

学校类型	年级	《物理》课程开设情况 开设	未开设	合计
	八年级	217	0	217
		100.0%	0.0%	100.0%
	九年级	343	12	355
		96.6%	3.4%	100.0%
	合计	916	116	1032
		88.8%	11.2%	100.0%
乡镇初中	七年级	435	192	627
		69.4%	30.6%	100%
	八年级	285	2	287
		99.3%	0.7%	100.0%
	九年级	221	0	221
		100.0%	0.0%	100.0%
	合计	941	194	1135
		82.9%	17.1%	100.0%
广西	七年级	791	296	1087
		72.8%	27.2%	100.0%
	八年级	502	2	504
		99.6%	0.4%	100.0%
	九年级	564	12	576
		97.9%	2.1%	100.0%
	合计	1857	310	2167
		85.7%	14.3%	100.0%

(三)广西初中各年级《化学》未开设情况分析

1. 广西不同地区初中各年级《化学》开设情况(学生卷)

通过对回收的 2167 份对不同地区初中各年级《化学》课程开设情况进行统计,具体如表 4-9。由表可知 96.5% 的被调查九年级学生反映开设了《化学》,达到了九年级开设《化学》的要求,甚至有 33.1% 的八年级学生反映开设了《化学》。

表 4-9 广西不同地区初中各年级《化学》课程开设情况统计表(学生卷)

地区	年级	《化学》课程开设情况 开设	《化学》课程开设情况 未开设	合计
桂中 A 市	七年级	0	332	332
		0.0%	100.0%	100.0%
	八年级	48	44	92
		52.2%	47.8%	100.0%
	九年级	48	0	48
		100.0%	0.0%	100.0%
	合计	96	376	472
		20.3%	79.7%	100.0%
桂东北 B 市	七年级		6	6
			100.0%	100.0%
	八年级		6	6
			100.0%	100.0%
	九年级	379		379
		100.0%		100.0%
	合计	379	12	391
		96.9%	3.1%	100.0%
桂南 D 市	七年级	0	101	101
		0.0%	100.0%	100.0%
	八年级	23	77	100
		23.0%	77.0%	100.0%
	九年级	199	5	204
		97.5%	2.5%	100.0%
	合计	222	183	405
		54.8%	45.2%	100.0%

续表

地区	年级	《化学》课程开设情况 开设	《化学》课程开设情况 未开设	合计
桂东南C市	七年级	0 0.0%	148 100.0%	148 100.0%
桂东南C市	八年级	8 5.1%	148 94.9%	156 100.0%
桂东南C市	九年级	140 94.6%	8 5.4%	148 100.0%
桂东南C市	合计	148 32.7%	304 67.3%	452 100.0%
桂西E市	七年级	0 0.0%	127 100.0%	127 100.0%
桂西E市	八年级	88 58.7%	62 41.3%	150 100.0%
桂西E市	九年级	169 99.4%	1 0.6%	170 100.0%
桂西E市	合计	257 57.5%	190 42.5%	447 100.0%
广西	七年级	0 0.0%	1087 100.0%	1087 100.0%
广西	八年级	167 33.1%	337 66.9%	504 100.0%
广西	九年级	556 96.5%	20 3.5%	576 100.0%
广西	合计	723 33.4%	1444 66.6%	2167 100.0%

2. 广西不同类型初中各年级《化学》开设情况（学生卷）

通过对回收的2167份初中生有效问卷，进行不同类型初中各年级《化学》课程开设情况统计数据显示：96.1%的被调查城市初中学生认为城市初中九年级《化学》课程已经开设，97.3%的被调查乡镇初中学生认为乡镇初中九年级《化学》课程已经开设,仅2.7%的被调查乡镇初中学生认为乡镇初中九年级《化学》课程并未开设,说明城市初中和乡镇中学《化学》课程开设良好,基本按义务教育课程计划开设。具体见表4-10。

表4-10 广西不同类型初中各年级《化学》开设情况统计表(学生卷)

学校类型	年级	《化学》开设情况 开设	《化学》开设情况 未开设	合计
城市初中	七年级	0	460	460
		0.0%	100.0%	100.0%
	八年级	51	166	217
		23.5%	76.5%	100.0%
	九年级	341	14	355
		96.1%	3.9%	100.0%
	合计	392	640	1032
		38.0%	62.0%	100.0%
乡镇初中	七年级	0	627	627
		0.0%	100.0%	100.0%
	八年级	116	171	287
		40.4%	59.6%	100.0%
	九年级	215	6	221
		97.3%	2.7%	100.0%
	合计	331	804	1135
		29.2%	70.8%	100.0%
合计	七年级	0	1087	1087
		0.0%	100.0%	100.0%
		0.0%	50.2%	50.2%
	八年级	167	337	504
		33.1%	66.9%	100.0%
	九年级	556	20	576
		96.5%	3.5%	100.0%
	合计	723	1444	2167
		33.4%	66.6%	100.0%

第四章 广西义务教育阶段国家课程开设中存在的问题分析

（四）广西初中各年级《生物》未开设情况分析

1. 广西不同地区初中各年级《生物》未开设情况（学生卷）

通过对回收的 2167 份对不同地区初中各年级《生物》课程开设情况进行统计，具体如表 4-11。《广西九年义务教育课程计划》要求七八年级开设生物课。由表 4-11 可知，被调查学生中，99.2% 的七年级学生，100% 的八年级学生回答开设了《生物》，九年级学生都回答未开设。说明计划所有学校的《生物》课程开设学年都符合要求。

表 4-11　广西不同地区初中各年级《生物》开设情况统计表（学生卷）

地区	年级	《生物》开设情况 开设	《生物》开设情况 未开设	合计
桂中 A 市	七年级	332	0	332
		100.0%	0.0%	100.0%
	八年级	92	0	92
		100.0%	0.0%	100.0%
	九年级	0	48	48
		0.0%	100.0%	100.0%
	合计	424	48	472
		89.8%	10.2%	100.0%
桂东北 B 市	七年级	379	0	379
		100.0%	0.0%	100.0%
	八年级	6	0	6
		100.0%	0.0%	100.0%
	九年级	0	6	6
		0.0%	1.5%	1.5%
	合计	385	6	391
		98.5%	1.5%	100.0%
桂南 D 市	七年级	101	0	101
		100.0%	0.0%	100.0%

续表

地区	年级	《生物》开设情况 开设	《生物》开设情况 未开设	合计
	八年级	100 100.0% 24.7%	0 0.0% 0.0%	100 100.0% 24.7%
	九年级	0 0.0%	204 100.0%	204 100.0%
	合计	201 49.6%	204 50.4%	405 100.0%
桂东南 C 市	七年级	144 97.3%	4 2.7%	148 100.0%
	八年级	156 100.0%	0 0.0%	156 100.0%
	九年级	0 0.0%	148 100.0%	148 100.0%
	合计	300 66.4%	152 33.6%	452 100.0%
桂西 E 市	七年级	122 96.1%	5 3.9%	127 100.0%
	八年级	150 100.0%	0 0.0%	150 100.0%
	九年级	0 0.0%	170 100.0%	170 100.0%
	合计	272 60.9%	175 39.1%	447 100.0%
广西	七年级	1078 99.2%	9 0.8%	1087 100.0%
	八年级	504 100.0%	0 0.0%	504 100.0%

第四章 广西义务教育阶段国家课程开设中存在的问题分析

续表

地区	年级	《生物》开设情况 开设	《生物》开设情况 未开设	合计
	九年级	0	576	576
		0.0%	100.0%	100.0%
	合计	1582	585	2167
		73.0%	27.0%	100.0%

2. 广西不同类型初中各年级《生物》开设情况（学生卷）

通过回收的2167份初中生有效问卷对不同类型初中各年级《生物》课程开设情况统计数据显示：73%的被调查学生认为初中各年级开设《生物》课程，其中99%以上的城市初中七、八年级开设有《生物》课程，所有九年级均未开设《生物》课程，这和义务教育课程计划九年级《生物》课程相一致。具体见表4-12。

表4-12 广西不同类型初中各年级《生物》课程开设情况统计表（学生卷）

学校类型	年级	《生物》开设情况 开设	《生物》开设情况 未开设	合计
城市初中	七年级	456	4	460
		99.1%	0.9%	100.0%
	八年级	217	0	217
		100.0%	0.0%	100.0%
	九年级	0	355	355
		0.0%	100.0%	100.0%
	合计	673	359	1032
		65.2%	34.8%	100.0%
乡镇初中	七年级	622	5	627
		99.2%	0.8%	100.0%
	八年级	287	0	287
		100.0%	0.0%	100.0%
	九年级	0	221	221
		0.0%	100.0%	100.0%
	合计	909	226	1135
		80.1%	19.9%	100.0%

续表

广西	七年级	1078	9	1087
		99.2%	0.8%	100.0%
	八年级	504	0	504
		100.0%	0.0%	100.0%
	九年级	0	576	576
		0.0%	26.6%	26.6%
	合计	1582	585	2167
		73.0%	27.0%	100.0%

（五）广西初中各年级《地理》未开设情况分析

1. 广西不同地区初中各年级《地理》开设情况（学生卷）

通过对回收的 2167 份对不同地区初中各年级《地理》课程开设情况进行统计，具体如表 4-13。《广西九年义务教育课程计划》要求七八年级开设《地理》课。由表 4-13 可知，被调查学生中，99.7% 的七年级学生，100% 的八年级学生回答开设了《地理》，九年级学生都回答未开设。说明计划所有学校的《地理》课程开设学年都符合要求。

表 4-13 广西不同地区初中各年级《地理》课程开设情况统计表

地区	年级	《地理》开设情况		合计
		开设	未开设	
桂中 A 市	七年级	332	0	332
		100.0%	0.0%	100.0%
	八年级	92	0	92
		100.0%	0.0%	100.0%
	九年级	0	48	48
		0.0%	100.0%	100.0%
	合计	424	48	472
		89.8%	10.2%	100.0%
桂东北 B 市	七年级	379	0	379
		100.0%	0.0%	100.0%

续表

地区	年级	《地理》开设情况 开设	《地理》开设情况 未开设	合计
	八年级	6	0	6
		100.0%	0.0%	100.0%
	九年级	0	6	6
		0.0%	100.0%	100.0%
	合计	385	6	391
		98.5%	1.5%	100.0%
桂南 D 市	七年级	100	1	101
		99.0%	1.0%	100.0%
	八年级	100	0	100
		100.0%	0.0%	100.0%
	九年级	0	204	204
		0.0%	100.0%	100.0%
	合计	200	205	405
		49.4%	50.6%	100.0%
桂东南 C 市	七年级	148	0	148
		100.0%	0.0%	100.0%
	八年级	156	0	156
		100.0%	0.0%	100.0%
	九年级	0	148	148
		0.0%	100.0%	100.0%
	合计	304	148	452
		67.3%	32.7%	100.0%
桂西 E 市	七年级	125	2	127
		98.4%	1.6%	100.0%
	八年级	150	0	150
		100.0%	0.0%	100.0%
	九年级	0	170	170
		0.0%	100.0%	100.0%

续表

地区	年级	《地理》开设情况 开设	《地理》开设情况 未开设	合计
广西	合计	275	172	447
		61.5%	38.5%	100.0%
	七年级	1084	3	1087
		99.7%	0.3%	100.0%
	八年级	504	0	504
		100.0%	0.0%	100.0%
	九年级	0	576	576
		0.0%	100.0%	100.0%
	合计	1588	579	2167
		73.3%	26.7%	100.0%

2. 广西不同类型初中各年级《地理》开设情况（学生卷）

在回收的2167份初中生有效问卷中，参与填写《地理》周课时情况共2167人，具体统计如下：

表4-14　广西不同类型初中各年级《地理》课程开设情况统计表（学生卷）

学校类型	年级	《地理》开设情况 开设	《地理》开设情况 未开设	合计
城市初中	七年级	458	2	460
		99.6%	0.4%	100.0%
	八年级	217	0	217
		100.0%	0.0%	100.0%
	九年级	0	355	355
		0.0%	100.0%	100.0%
	合计	675	357	1032
		65.4%	34.6%	100.0%
乡镇初中	七年级	626	1	627
		99.8%	0.2%	100.0%
	八年级	287	0	287
		100.0%	0.0%	100.0%

续表

学校类型	年级	《地理》开设情况 开设	《地理》开设情况 未开设	合计
	九年级	0	221	221
		0.0%	100.0%	100.0%
	合计	913	222	1135
		80.4%	19.6%	100.0%
广西	七年级	1084	3	1087
		99.7%	0.3%	100.0%
	八年级	504	0	504
		100.0%	0.0%	100.0%
	九年级	0	576	576
		0.0%	100.0%	100.0%
	合计	1588	579	2167
		73.3%	26.7%	100.0%

根据《广西九年义务教育课程计划》的规定，初中《地理》在七、八年级开设。从表4-13和4-14可知，几乎所有地区城市初中的七八年级都开设了《地理》课（98.4%以上），所有的学校在九年级未再开设《地理》。

第二节 广西义务教育阶段国家课程被占用情况分析

一、广西小学国家课程被占用情况分析

（一）广西小学国家课程教学时间被占用整体情况分析

在回收的1011份小学教师有效问卷中，小学课程被占用的情况调查结果如表4-15；在回收的2566份小学生有效问卷中，参与填写小学课程被占用情况共2520人，具体数据如表4-16。

由表4-15和表4-16可知，广西各个地区的小学都存在某些课程被占用的情况，存在被占用的课程主要为《品德》《外语》《科学》《体育》《美术》《音乐》《综合实践活动》。

表 4-15 广西小学课程被占用课程情况统计表(教师卷)

地区	学校类型品德	英语	科学	体育	美术	音乐	综合被占用合	无被占用科目	合计
桂中	城市小学 4.0%	4		4	8	4	6	12	84	100
			4.0%	8.0%	4.0%	6.0%	12.0%	84.0%	
	中心小学 11.1%	6	12	6	10	8	10	30	54
			22.2%	11.1%	18.5%	14.8%	18.5%	55.6%	
	村小 0.0%	0	0	0	0	0	0	18	18	36
		0.0%	0.0%	0.0%	0.0%	0.0%	50.0%	50.0%	
	总计 5.3%	10		16	14	14	14	40	132	190
			8.4%	7.4%	7.4%	7.4%	21.1%	69.5%	100.0%	
桂东北	城市小学 0.0%	0	0	8	0	0		26	20	54
		0.0%	14.8%	0.0%	0.0%		48.1%	37.0%	
	中心小学 9.1%	10	4	4	4	4		10	84	110
		3.6%	3.6%	3.6%	3.6%		9.1%	76.4%	
	村小 0.0%	0	0	8	0	0		2	22	32
		0.0%	25.0%	0.0%	0.0%		6.2%	68.8%	
	总计 5.1%	10	4	20	4	4		38	126	196
		2.0%	10.2%	2.0%	2.0%		19.4%	64.3%	100.0%	
桂南	城市小学 4.2%	4	1	4	5	3	4	5	86	95
		1.1%	4.2%	5.3%	3.2%	4.2%	5.3%	90.5%	
	中心小学 8.1%	6	3	4	4	7	4	7	56	74
		4.1%	5.4%	5.4%	9.5%	5.4%	9.5%	75.7%	
	村小 0.0%	0	0	12	6	6	0	6	24	42
		0.0%	28.6%	14.3%	14.3%	0.0%	14.3%	57.1%	
	教学点 0.0%	0	0	0	0	0	0	3	0	3
		0.0%	0.0%	0.0%	0.0%	0.0%	100.0%	0.0%	
	总计 4.7%	10	4	20	15	16	8	21	166	214
		1.9%	9.3%	7.0%	7.5%	3.7%	9.8%	77.6%	100.0%	

第四章　广西义务教育阶段国家课程开设中存在的问题分析

续表

地区	学校类型 品德	被占用的科目						综合被占用合	无被占用科目	合计
		英语	科学	体育	美术	音乐			
桂东南	城市小学 2.8%	1 0.0%	0 2.8%	1 5.6%	2 0.0%	0 0.0%	0 5.6%	2 91.7%	33	36
	中心小学 11.1%	7 6.3%	4 12.7%	8 9.5%	6 17.5%	11 15.9%	10 23.8%	15 60.3%	38	63
	村小 6.7%	6 5.6%	5 6.7%	6 11.2%	10 4.5%	4 3.4%	3 19.1%	17 71.9%	64	89
	教学点 0.0%	0 16.7%	1 0.0%	0 0.0%	0 16.7%	1 33.3%	2 33.3%	2 50.0%	3	6
	总计 7.2%	14 5.2%	10 7.7%	15 9.3%	18 8.2%	16 7.7%	15 18.6%	36 71.1%	138 100.0%	194
桂西	城市小学 15.0%	6 0.0%	0 0.0%	0 5.0%	2 0.0%	0 10.0%	4 5.0%	2 85.0%	34	40
	中心小学 9.6%	10 3.8%	4 3.8%	4 25.0%	26 36.5%	38 23.1%	24 30.8%	32 50.0%	52	104
	村小 25.8%	16 12.9%	8 12.9%	8 25.8%	16 25.8%	16 25.8%	16 25.8%	16 61.3%	38	62
	教学点 100.0%	8 50.0%	4 100.0%	8 50.0%	4 100.0%	8 100.0%	8 50.0%	4 0.0%	0	8
	总计 18.7%	40 7.5%	16 9.3%	20 22.4%	48 29.0%	62 24.3%	52 25.2%	54 57.9%	124 100.0%	214

表4-16　广西小学课程被占用情况统计表(学生卷)

地区	学校类型	被占用科目								没有被占用的情况	合计
		品德	英语	科学	体育	美术	音乐	综合实践活动		
桂中A市	城市小学	30 15.6%	6 3.1%	30 15.6%	57 29.7%	48 25.0%	24 12.5%	78 40.6%	75 39.1%	192

· 197 ·

续表

地区	学校类型	被占用科目 品德	英语	科学	体育	美术	音乐	综合实践活动	没有被占用的情况	合计
	中心小学	48	6	114	48	54	48	48	66	228
		21.1%	2.6%	50.0%	21.1%	23.7%	21.1%	21.1%	28.9%	
	村小	36	3	45	45	21	24	21	33	126
		28.6%	2.4%	35.7%	35.7%	16.7%	19.0%	16.7%	26.2%	
	教学点	0	0	3	0	0	0	0	3	6
		0.0%	0.0%	50.0%	0.0%	0.0%	0.0%	0.0%	50.0%	
	总计	114	15	192	150	123	96	147	177	552
		20.7%	2.7%	34.8%	27.2%	22.3%	17.4%	26.6%	32.1%	100.0%
桂东北B市	城市小学	18	36	144	126	99	108	153	27	234
		7.7%	15.4%	61.5%	53.8%	42.3%	46.2%	65.4%	11.5%	
	中心小学	72	18	6	6	21	15	78	60	183
		39.3%	9.8%	3.3%	3.3%	11.5%	8.2%	42.6%	32.8%	
	村小	45	0	3	0	42	0	66	42	153
		29.4%	0.0%	2.0%	0.0%	27.5%	0.0%	43.1%	27.5%	
	总计	135	54	153	132	162	123	297	129	570
		23.7%	9.5%	26.8%	23.2%	28.4%	21.6%	52.1%	22.6%	100.0%
桂南D市	城市小学	27	0	90	36	0	81	36	54	153
		17.6%	0.0%	58.8%	23.5%	0.0%	52.9%	23.5%	35.3%	
	中心小学	9	18	18	51	60	33	18	87	204
		4.4%	8.8%	8.8%	25.0%	29.4%	16.2%	8.8%	42.6%	
	村小	30	21	24	111	45	54	15	3	174
		17.2%	12.1%	13.8%	63.8%	25.9%	31.0%	8.6%	1.7%	
	总计	66	39	132	198	105	168	69	144	531
		12.4%	7.3%	24.9%	37.3%	19.8%	31.6%	13.0%	27.1%	100.0%

第四章 广西义务教育阶段国家课程开设中存在的问题分析

续表

地区	学校类型	被占用科目							没有被占用的情况	合计
		品德	英语	科学	体育	美术	音乐	综合实践活动		
桂东南C市	城市小学	0	0	3	0	0	0	6	132	138
		0.0%	0.0%	2.2%	0.0%	0.0%	0.0%	4.3%	95.7%	
	中心小学	3	0	18	6	3	6	0	114	135
		2.2%	0.0%	13.3%	4.4%	2.2%	4.4%	0.0%	84.4%	
	村小	0	3	0	0	0	0	0	165	168
		0.0%	1.8%	0.0%	0.0%	0.0%	0.0%	0.0%	98.2%	
	总计	3	3	21	6	3	6	6	411	441
		0.7%	0.7%	4.8%	1.4%	0.7%	1.4%	1.4%	93.2%	100.0%
桂西E市	城市小学	43	1	31	37	39	35	56	36	141
		30.5%	0.7%	22.0%	26.2%	27.7%	24.8%	39.7%	25.5%	
	中心小学	39	0	31	44	44	36	49	41	145
		26.9%	0.0%	21.4%	30.3%	30.3%	24.8%	33.8%	28.3%	
	村小	32	8	16	40	40	36	24	42	126
		25.4%	6.3%	12.7%	31.7%	31.7%	28.6%	19.0%	33.3%	
	教学点	4	2	2	6	4	4	6	2	14
		28.6%	14.3%	14.3%	42.9%	28.6%	28.6%	42.9%	14.3%	
	总计	118	11	80	127	127	111	135	121	426
		27.7%	2.6%	18.8%	29.8%	29.8%	26.1%	31.7%	28.4%	100.0%

(二)广西小学存在被占用国家课程门数情况分析

在回收的1011份小学教师有效问卷中,参与填写小学课程被占用总门数的共1011人,具体统计见表4-17;在回收的2566份小学生有效问卷中,参与填写小学课程被占用总门数的情况共2566人,具体统计见表4-18。

由表4-17和表4-18可知,只有68.2%的教师及40.1%的学生反映课程没有被占用的现象,还有不少学校被占用课程门数在2门以上,其中村小,特别是教学点被占用的情况比较严重。

表 4-17　广西小学阶段存在被占用的国家课程门数统计表(教师卷)

地区	学校类型(被调查人数)	被占用课程总门数(所有综合类课程只计 1 次)								合计
		0	1	2	3	4	5	6	7	
桂中A市	城市小学(100)	84.0%	6.0%	4.0%	2.0%	2.0%	2.0%			100.0%
	中心小学(54)	55.6%	11.1%	22.2%	7.4%	0.0%	3.7%			100.0%
	村小(36)	50.0%	50.0%	0.0%	0.0%	0.0%				100.0%
	合计(190)	69.5%	15.8%	8.4%	3.2%	1.1%	2.1%			100.0%
桂东北B市	城市小学(54)	37.0%	63.0%	0.0%						100.0%
	中心小学(110)	76.4%	14.5%	9.1%						100.0%
	村小(34)	70.6%	29.4%	0.0%						100.0%
	合计(198)	64.6%	30.3%	5.1%						100.0%
桂南D市	城市小学(95)	90.5%	2.1%	3.2%	1.1%	2.1%	0.0%		1.1%	100.0%
	中心小学(74)	75.7%	12.2%	6.8%	2.7%	0.0%	2.7%		0.0%	100.0%
	村小(42)	57.1%	28.6%	0.0%	14.3%	0.0%	0.0%		0.0%	100.0%
	教学点(3)	0.0%	100.0%						0.0%	100.0%
	合计(214)	77.6%	12.1%	3.7%	4.2%	0.9%	0.9%		0.5%	100.0%
桂东南C市	城市小学(36)	91.7%	2.8%	2.8%	2.8%	0.0%		0.0%	0.0%	100.0%
	中心小学(64)	60.9%	17.2%	9.4%	3.1%	4.7%		1.6%	3.1%	100.0%
	村小(89)	71.9%	12.4%	7.9%	4.5%	2.2%		1.1%	0.0%	100.0%
	教学点(6)	50.0%	0.0%	50.0%	0.0%	0.0%		0.0%	0.0%	100.0%
	合计(195)	71.3%	11.8%	8.7%	3.6%	2.6%		1.0%	1.0%	100.0%
桂西E市	城市小学(40)	85.0%	0.0%	10.0%	5.0%	0.0%	0.0%		0.0%	100.0%
	中心小学(104)	50.0%	9.6%	15.4%	11.5%	9.6%	3.8%		0.0%	100.0%
	村小(62)	61.3%	12.9%	0.0%		12.9%			12.9%	100.0%
	教学点(8)	0.0%	0.0%	0.0%	0.0%	50.0%	0.0%		50.0%	100.0%
	合计(214)	57.9%	8.4%	9.3%	6.5%	10.3%	1.9%		5.6%	100.0%
广西	城市小学(325)	79.1%	13.2%	3.7%	1.8%	1.2%	0.6%	0.0%	0.3%	100.0%
	中心小学(406)	64.3%	12.8%	12.1%	4.9%	3.2%	2.0%	0.2%	0.5%	100.0%
	村小(263)	63.9%	22.4%	2.7%	3.8%	3.8%	0.0%	0.4%	3.0%	100.0%
	教学点(17)	17.6%	17.6%	17.6%	0.0%	23.5%			23.5%	100.0%
	合计(1011)	68.2%	15.5%	7.0%	3.6%	3.1%	1.0%	0.2%	1.5%	100.0%

表4-18 广西小学阶段存在被占用的国家课程总门数统计表(学生卷)

地区	学校类型	样本量	\multicolumn{8}{c}{被占用课程总门数}	合计
			0	1	2	3	4	5	6	7	
桂中A市	城市小学	192	39.1%	17.2%	15.6%	20.3%	6.2%	1.6%			100.0%
	中心小学	228	28.9%	23.7%	21.1%	18.4%	0.0%	7.9%			100.0%
	村小	126	26.2%	28.6%	23.8%	14.3%	0.0%	7.1%			100.0%
	教学点	6	50.0%	50.0%	0.0%	0.0%	0.0%	0.0%			100.0%
	合计	552	32.1%	22.8%	19.6%	17.9%	2.2%	5.4%			100.0%
桂东北B市	城市小学	234	11.5%	19.2%	3.8%	19.2%	23.1%	23.1%			100.0%
	中心小学	186	33.9%	27.4%	30.6%	4.8%	3.2%	0.0%			100.0%
	村小	156	28.8%	42.3%	28.8%	0.0%	0.0%	0.0%			100.0%
	合计	576	23.4%	28.1%	19.3%	9.4%	10.4%	9.4%			100.0%
桂南D市	城市小学	153	35.3%	0.0%	47.1%	0.0%	5.9%	11.8%			100.0%
	中心小学	243	51.9%	18.5%	22.2%	7.4%	0.0%	0.0%			100.0%
	村小	174	1.7%	31.0%	60.3%	6.9%	0.0%	0.0%			100.0%
	合计	570	32.1%	17.4%	40.5%	5.3%	1.6%	3.2%			100.0%
桂东南C市	城市小学	138	95.7%	2.2%	2.2%	0.0%					100.0%
	中心小学	135	84.4%	8.9%	2.2%	4.4%					100.0%
	村小	168	98.2%	1.8%	0.0%	0.0%					100.0%
	合计	441	93.2%	4.1%	1.4%	1.4%					100.0%
		1	3600.0%	3500.0%	3100.0%	2200.0%	1000.0%	300.0%	4000.0%	0.0%	14100.0%
桂西E市	城市小学	141	25.5%	24.8%	22.0%	15.6%	7.1%	2.1%	2.8%	0.0%	100.0%
	中心小学	146	28.8%	24.0%	21.2%	11.6%	7.5%	6.2%	0.7%	0.0%	100.0%
	村小	126	33.3%	25.4%	19.0%	12.7%	1.6%	3.2%	1.6%	3.2%	100.0%

续表

地区	学校类型	样本量	被占用课程总门数								合计
			0	1	2	3	4	5	6	7	
广西	教学点	14	14.3%	57.1%	0.0%	0.0%	14.3%	0.0%	14.3%	0.0%	100.0%
	合计	427	28.6%	25.8%	20.1%	12.9%	5.9%	3.7%	2.1%	0.9%	100.0%
	城市小学	858	37.8%	13.5%	16.9%	12.4%	9.9%	9.1%	0.5%	0.0%	100.0%
	中心小学	938	43.8%	21.0%	20.6%	9.8%	1.8%	2.9%	0.1%	0.0%	100.0%
	村小	750	38.4%	25.5%	27.2%	6.1%	0.3%	1.7%	0.3%	0.5%	100.0%
	教学点	20	25.0%	55.0%	0.0%	0.0%	10.0%	0.0%	10.0%	0.0%	100.0%
	合计	2566	40.1%	20.1%	21.1%	9.5%	4.1%	4.6%	0.4%	0.2%	100.0%

二、广西初中国家课程被占用情况分析

(一)广西初中国家课程教学时间被占用整体情况分析

在回收的968份初中教师有效问卷中,参与填写初中课程被占用情况的共968人,具体统计见表4-19;在回收的2167份初中生有效问卷中,参与填写初中课程被占用情况的共2167人,具体统计见表4-20。

由表4-19和表4-20可知,广西各个地区的初中都存在某些课程被占用的情况,存在被占用的科目有《品德》《历史》《地理》《物理》《化学》《生物》《体育》《美术》《音乐》和《综合实际活动》,其中《体育》《美术》《音乐》和《综合实际活动》被占用情况比较严重。

表4-19 广西初中课程被占用情况统计表(教师卷)

地区	学校类型	被占用科目								合计
		品德	历史	化学	体育	美术	音乐	综合(合)	无被占用	
桂中A市	城市初中				2	4	4	10	66	80
					2.5%	5.0%	5.0%	12.5%	82.5%	
	乡镇初中				4	5	7	12	54	66
					6.1%	7.6%	10.6%	18.2%	81.8%	
	总计				6	9	11	22	120	146
					4.1%	6.2%	7.5%	15.1%	82.2%	100.0%

续表

地区	学校类型	被占用科目							合计
		品德	历史	化学	体育	美术	音乐	综合(合)	无被占用	
桂东北 B市	城市初中					4		12	96	112
						3.6%		10.7%	85.7%	
	乡镇初中					0		8	110	118
						0.0%		6.8%	93.2%	
	合计					4		20	206	230
						1.7%		8.7%	89.6%	100.0%
桂南D市	城市初中					4	5	5	63	68
						5.9%	7.4%	7.4%	92.6%	
	乡镇初中					5	4	5	75	82
						6.1%	4.9%	6.1%	91.5%	
	合计					9	9	10	138	150
						6.0%	6.0%	6.7%	92.0%	100.0%
桂东南 C市	城市初中					0	0	0	6	92	98
						0.0%	0.0%	0.0%	6.1%	93.9%	
	乡镇初中					7	15	16	16	89	113
						6.2%	13.3%	14.2%	14.2%	78.8%	
	合计					7	15	16	22	181	211
						3.3%	7.1%	7.6%	10.4%	85.8%	100.0%
桂西E市	城市初中	0	0	2	4	4	6	12	118	136
		0.0%	0.0%	1.5%	2.9%	2.9%	4.4%	8.8%	86.8%	
	乡镇初中	1	1	0	4	5	5	1	88	95
		1.1%	1.1%	0.0%	4.2%	5.3%	5.3%	1.1%	92.6%	
	合计	1	1	2	8	9	11	13	206	231
		0.4%	0.4%	0.9%	3.5%	3.9%	4.8%	5.6%	89.2%	100.0%

表 4-20 广西初中课程被占用情况统计表(学生卷)

地区	学校类型	品德	历史	地理	物理	化学	生物	体育	美术	音乐	综合(合)	无被占用	合计
桂中A市	城市初中				4 / 1.6%		0 / 0.0%	16 / 6.5%	24 / 9.7%	24 / 9.7%	24 / 9.7%	204 / 82.3%	248
	乡镇初中				0 / 0.0%		48 / 21.4%	72 / 32.1%	48 / 21.4%	48 / 21.4%	56 / 25.0%	48 / 21.4%	224
	合计				4 / 0.8%		48 / 10.2%	88 / 18.6%	72 / 15.3%	72 / 15.3%	80 / 16.9%	252 / 53.4%	472 / 100.0%
桂东北B市	城市初中	4 / 2.7%	2 / 1.3%	2 / 1.3%	28 / 18.7%	10 / 6.7%	2 / 1.3%	8 / 5.3%	24 / 16.0%	20 / 13.3%	34 / 22.7%	76 / 50.7%	150
	乡镇初中	6 / 2.5%	3 / 1.2%	3 / 1.2%	39 / 16.2%	16 / 6.6%	3 / 1.2%	12 / 5.0%	40 / 16.6%	32 / 13.3%	57 / 23.7%	123 / 51.0%	241
	合计	10 / 2.6%	5 / 1.3%	5 / 1.3%	67 / 17.1%	26 / 6.6%	5 / 1.3%	20 / 5.1%	64 / 16.4%	52 / 13.3%	91 / 23.3%	199 / 50.9%	391 / 100.0%
桂南D市	城市初中	8 / 4.0%	8 / 4.0%	8 / 4.0%	19 / 9.4%	24 / 11.9%		20 / 9.9%	12 / 5.9%	4 / 2.0%	36 / 17.8%	131 / 64.9%	202
	乡镇初中	0 / 0.0%	0 / 0.0%	2 / 1.0%	5 / 2.5%	4 / 2.0%	0 / 0.0%	10 / 4.9%	11 / 5.4%	11 / 5.4%	45 / 22.2%	152 / 74.9%	203
	合计	8 / 2.0%	8 / 2.0%	10 / 2.5%	24 / 5.9%	28 / 6.9%	4 / 1.0%	30 / 7.4%	23 / 5.7%	15 / 3.7%	81 / 20.0%	283 / 69.9%	405 / 100.0%
桂东南C市	城市初中	28 / 12.3%	0 / 0.0%				0 / 0.0%	12 / 5.3%	4 / 1.8%	4 / 1.8%	0 / 0.0%	188 / 82.5%	228
	乡镇初中	4 / 1.8%	4 / 1.8%				4 / 1.8%	32 / 14.3%	4 / 1.8%	0 / 0.0%	8 / 3.6%	180 / 80.4%	224
	合计	32 / 7.1%	4 / 0.9%				4 / 0.9%	44 / 9.7%	8 / 1.8%	4 / 0.9%	8 / 1.8%	368 / 81.4%	452 / 100.0%

· 204 ·

续表

地区	学校类型	被占用课程										合计
		品德	历史	地理	物理	化学	生物	体育	美术	音乐	综合(合)	无被占用	
桂西E市	城市初中	4	4	4	6	2	6	54	50	48	54	100	204
		2.0%	2.0%	2.0%	2.9%	1.0%	2.9%	26.5%	24.5%	23.5%	26.5%	49.0%	
	乡镇初中	9	10	2	12	3	10	66	50	50	53	109	243
		3.7%	4.1%	0.8%	4.9%	1.2%	4.1%	27.2%	20.6%	20.6%	21.8%	44.9%	
	合计	13	14	6	18	5	16	120	100	98	107	209	447
		2.9%	3.1%	1.3%	4.0%	1.1%	3.6%	26.8%	22.4%	21.9%	23.9%	46.8%	100.0%

(二)广西初中国家课程被占用课程总门数情况分析

在回收的968份初中教师有效问卷中,参与填写初中课程被占用总门数的共968份,具体统计见表4-21;在回收的2167份初中生有效问卷中,参与填写初中课程被占用总门数的共2167人,具体统计见表4-22。

由表4-21和表4-22可知,在广西初中仅有87.9%的教师及60.5%的学生反映课程没有被占用,还有不少学校被占用课程门数在2门以上,个别地区城市与乡镇课程被占用的差距较大。

表4-21 广西初中被占用课程总门数统计表(教师卷)

地区	学校类型	被占用课程总门数(所有综合类课程只计1次)					合计
		0	1	2	3	4	
桂中A市	城市初中	66	10	2	2	0	80
		82.5%	12.5%	2.5%	2.5%	0.0%	100.0%
	乡镇初中	54	5	2	1	4	66
		81.8%	7.6%	3.0%	1.5%	6.1%	100.0%
	合计	120	15	4	3	4	146
		82.2%	10.3%	2.7%	2.1%	2.7%	100.0%
桂东北B市	城市初中	96	16				112
		85.7%	14.3%				100.0%
	乡镇初中	110	8				118
		93.2%	6.8%				100.0%

续表

地区	学校类型	被占用课程总门数（所有综合类课程只计1次）					合计
		0	1	2	3	4	
	合计	206	24				230
		89.6%	10.4%				100.0%
桂南D市	城市初中	63	0	1	4		68
		92.6%	0.0%	1.5%	5.9%		100.0%
	乡镇初中	75	2	3	2		82
		91.5%	2.4%	3.7%	2.4%		100.0%
	合计	138	2	4	6		150
		92.0%	1.3%	2.7%	4.0%		100.0%
桂东南C市	城市初中	92	6	0	0	0	98
		93.9%	6.1%	0.0%	0.0%	0.0%	100.0%
	乡镇初中	89	8	6	6	4	113
		78.8%	7.1%	5.3%	5.3%	3.5%	100.0%
	合计	181	14	6	6	4	211
		85.8%	6.6%	2.8%	2.8%	1.9%	100.0%
桂西E市	城市初中	118	12	4	0	2	136
		86.8%	8.8%	2.9%	0.0%	1.5%	100.0%
	乡镇初中	88	2	1	3	1	95
		92.6%	2.1%	1.1%	3.2%	1.1%	100.0%
	合计	206	14	5	3	3	231
		89.2%	6.1%	2.2%	1.3%	1.3%	100.0%
合计	城市初中	435	44	7	6	2	494
		88.1%	8.9%	1.4%	1.2%	0.4%	100.0%
	乡镇初中	416	25	12	12	9	474
		87.8%	5.3%	2.5%	2.5%	1.9%	100.0%
	合计	851	69	19	18	11	968
		87.9%	7.1%	2.0%	1.9%	1.1%	100.0%

表 4-22 广西初中被占用课程总门数统计表(学生卷)

地区	学校类型	0	1	2	3	4	5	6	7	8	合计
桂中A市	城市初中	204 82.3%	20 8.1%		24 9.7%						248 100.0%
	乡镇初中	48 21.4%	128 57.1%		48 21.4%						224 100.0%
	合计	252 53.4%	148 31.4%		72 15.3%						472 100.0%
桂东北B市	城市初中	76 50.7%	52 34.7%	10 6.7%	6 4.0%		2 1.3%		2 1.3%	2 1.3%	150 100.0%
	乡镇初中	123 51.0%	82 34.0%	18 7.5%	9 3.7%		3 1.2%		3 1.2%	3 1.2%	241 100.0%
	合计	199 50.9%	134 34.3%	28 7.2%	15 3.8%		5 1.3%		5 1.3%	5 1.3%	391 100.0%
桂南D市	城市初中	131 64.9% 32.3%	27 13.4% 6.7%	28 13.9% 6.9%	4 2.0% 1.0%	12 5.9% 3.0%					202 100.0% 49.9%
	乡镇初中	152 74.9%	33 16.3%	5 2.5%	7 3.4%	6 3.0%					203 100.0%
	合计	283 69.9%	60 14.8%	33 8.1%	11 2.7%	18 4.4%					405 100.0%
桂东南C市	城市初中	188 82.5%	32 14.0%	8 3.5%	0 0.0%						228 100.0%
	乡镇初中	180 80.4%	36 16.1%	4 1.8%	4 1.8%						224 100.0%
	合计	368 81.4%	68 15.0%	12 2.7%	4 0.9%						452 100.0%

续表

地区	学校类型	\multicolumn{9}{c	}{被占用课程总门数}	合计
		0	1	2	3	4	5	6	7	8	
桂西E市	城市初中	100	40	22	24	16		2		0	204
		49.0%	19.6%	10.8%	11.8%	7.8%		1.0%		0.0%	100.0%
	乡镇初中	109	63	33	24	12	1		1		243
		53.9%	30.1%	5.3%	8.1%	1.6%	0.3%	0.1%	0.3%	0.4%	100.%
	合计	209	103	55	48	28		3		1	447
		46.8%	23.0%	12.3%	10.7%	6.3%		0.7%		0.2%	100.0%
合计	城市初中	699	171	68	58	28	2	2	2	2	1032
		67.7%	16.6%	6.6%	5.6%	2.7%	0.2%	0.2%	0.2%	0.2%	100.0%
	乡镇初中	612	342	60	92	18	3	1	3	4	1135
		53.9%	30.1%	5.3%	8.1%	1.6%	0.3%	0.1%	0.3%	0.4%	100.0%
	合计	1311	513	128	150	46	5	3	5	6	2167
		60.5%	23.7%	5.9%	6.9%	2.1%	0.2%	0.1%	0.2%	0.3%	100.0%

第五章　广西义务教育阶段国家课程设置与实施中存在问题的原因分析

第一节　广西义务教育阶段国家课程未开齐原因分析

一、广西小学阶段某些国家课程未开设的原因分析

在回收的1011份小学教师有效问卷中,参与"导致您所教班级未开齐规定课程的主要原因"作答共710人,具体统计见表5-1;在回收的2566份小学生有效问卷中,参与"导致您所在班级未开齐规定课程的主要原因"填写共2323人,具体统见表5-2。

由表5-1和表5-2可知,导致小学未开齐规定课程主要原因是师资缺乏和其他课程资源(如教材、图书、实验室和电脑设备)缺乏。2019年广西教育统计年显示,2018年广西小学在校生476.8万人,专人小学教师257773人,全区小学师生比例达到了1:18.5,结合对部分中小学领导的访谈和《广西义务教育阶段课程实施情况专项调研报告(2018)》表明,虽然师资总数量还存在缺口,但更重要的师资的学科结构缺乏和不同地区与学校间的分配不均衡等问题。(1)区内不同地区、不同类型学校间的师资分配不均匀。(2)非考试科目的专业师资普遍不足。(3)有大量的代课教师、顶岗教师和支教教师,缺乏稳定性。(4)任课安排不合理。如,有不少学校在安排任课时并非以专业性为准,而是以教师的发展机会均等或教师绩效平均或教师工作量均衡作为首要的标准,就出现了非考试科目专业出身的老师和考试科目专业出身的老师都同时上考试科目和非考试科目。

另外,学生其他课业负担、无可以借鉴教学经验、无足够的经费支持(如小学科学与综合实践活动教学中产生的费用)是小学未开设某些国家课程的重要原因。

表 5-1 导致小学未开齐规定课程主要原因统计表（教师卷）

地区	学校类型	师资缺乏	学生其他课业负担重	无足够的经费支持	课程资源缺乏（如教材、图书、实验室等）	无可以借鉴教学经验	任课安排不合理	学生家长不重视	其他原因	合计
桂中A市	城市小学	10 11.1%	4 4.4%	0 0.0%	0 0.0%	0 0.0%	4 4.4%	0 0.0%	78 86.7%	90
	中心小学	24 50.0%	8 16.7%	10 20.8%	2 4.2%	2 4.2%	0 0.0%	2 4.2%	20 41.7%	48
	村小	18 50.0%	0 0.0%	0 0.0%	0 0.0%	0 0.0%	0 0.0%	0 0.0%	18 50.0%	36
	总计	52 29.9%	12 6.9%	10 5.7%	2 1.1%	2 1.1%	4 2.3%	2 1.1%	116 66.7%	174 100.0%
桂东北B市	城市小学	2 4.3%	0 0.0%	0 0.0%	0 0.0%	10 21.7%	0 0.0%		36 78.3%	46
	中心小学	42 55.3%	6 7.9%	8 10.5%	22 28.9%	16 21.1%	4 5.3%		14 18.4%	76
	村小	14 58.3%	0 0.0%	0 0.0%	0 0.0%	0 0.0%	0 0.0%		10 41.7%	24
	总计	58 39.7%	6 4.1%	8 5.5%	22 15.1%	26 17.8%	4 2.7%		60 41.1%	146 100.0%
桂南D市	城市小学	19 57.6%	2 6.1%	1 3.0%	5 15.2%	1 3.0%	0 0.0%	2 6.1%	12 36.4%	33
	中心小学	26 59.1%	6 13.6%	1 2.3%	5 11.4%	5 11.4%	3 6.8%	3 6.8%	9 20.5%	44
	村小	24 66.7%	12 33.3%	0 0.0%	6 16.7%	0 0.0%	0 0.0%	0 0.0%	6 16.7%	36
	教学点	0 0.0%	0 0.0%	0 0.0%	0 0.0%	0 0.0%	0 0.0%	0 0.0%	3 100.0%	3

续表

地区	学校类型	未开齐规定课程原因								合计
		师资缺乏	学生其他课业负担重	无足够的经费支持	课程资源缺乏（如教材、图书、实验室等）	无可以借鉴教学经验	任课安排不合理	学生家长不重视	其他原因	
	总计	69	20	2	16	6	3	5	30	116
		59.5%	17.2%	1.7%	13.8%	5.2%	2.6%	4.3%	25.9%	100.0%
桂东南C市	城市小学	2	1	1	1	1	0	0	4	8
		25.0%	12.5%	12.5%	12.5%	12.5%	0.0%	0.0%	50.0%	
	中心小学	27	1	1	7	3	1	0	5	37
		73.0%	2.7%	2.7%	18.9%	8.1%	2.7%	0.0%	13.5%	
	村小	43	5	4	15	3	3	1	10	57
		75.4%	8.8%	7.0%	26.3%	5.3%	5.3%	1.8%	17.5%	
	教学点	5	0	0	0	0	1	0	1	6
		83.3%	0.0%	0.0%	0.0%	0.0%	16.7%	0.0%	16.7%	
	总计	77	7	6	23	7	5	1	20	108
		71.3%	6.5%	5.6%	21.3%	6.5%	4.6%	0.9%	18.5%	100.0%
桂西E市	城市小学	14	0	4	0	4	0	0	14	32
		43.8%	0.0%	12.5%	0.0%	12.5%	0.0%	0.0%	43.8%	
	中心小学	56	8	0	20	6	8	4	4	72
		77.8%	11.1%	0.0%	27.8%	8.3%	11.1%	5.6%	5.6%	
	村小	46	8	8	16	0	0	0	0	54
		85.2%	14.8%	14.8%	29.6%	0.0%	0.0%	0.0%	0.0%	
	教学点	8	0	0	0	4	0	0	0	8
		100.0%	0.0%	0.0%	0.0%	50.0%	0.0%	0.0%	0.0%	
	总计	124	16	12	36	14	8	4	18	166
		74.7%	9.6%	7.2%	21.7%	8.4%	4.8%	2.4%	10.8%	100.0%

表 5-2 导致小学未开齐规定课程主要原因统计表(学生卷)

地区	学校类型	师资缺乏	学生其他课业负担重,学生家长不重视	课程资源缺乏(如教材、图书、实验室和电脑设备)	其他原因	不清楚	合计
桂中A市	城市小学	6 3.2%	15 8.1%	39 21.0%	81 43.5%	57 30.6%	186
	中心小学	12 5.4%	0 0.0%	114 51.4%	30 13.5%	84 37.8%	222
	村小	3 2.4%	0 0.0%	48 39.0%	27 22.0%	54 43.9%	123
	教学点	0 0.0%	0 0.0%	0 0.0%	0 0.0%	6 100.0%	6
	总计	21 3.9%	15 2.8%	201 37.4%	138 25.7%	201 37.4%	537 100.0%
桂东北B市	城市小学	9 4.3%	9 4.3%	18 8.7%	36 17.4%	135 65.2%	207
	中心小学	69 37.7%	6 3.3%	66 36.1%	0 0.0%	105 57.4%	183
	村小	105 68.6%	0 0.0%	45 29.4%	3 2.0%	6 3.9%	153
	总计	183 33.7%	15 2.8%	129 23.8%	39 7.2%	246 45.3%	543 100.0%
桂南D市	城市小学	0 0.0%	0 0.0%	0 0.0%	0 0.0%	126 100.0%	126
	中心小学	60 31.7%	6 3.2%	51 27.0%	48 25.4%	111 58.7%	189
	村小	87 50.9%	15 8.8%	9 5.3%	3 1.8%	81 47.4%	171
	总计	147 30.2%	21 4.3%	60 12.3%	51 10.5%	318 65.4%	486 100.0%

第五章 广西义务教育阶段国家课程设置与实施中存在问题的原因分析

续表

地区	学校类型	未开齐规定课程原因					合计
		师资缺乏	学生其他课业负担重,学生家长不重视	课程资源缺乏(如教材、图书、实验室和电脑设备)	其他原因	不清楚	
桂东南C市	城市小学	0	0	0	0	123	123
		0.0%	0.0%	0.0%	0.0%	100.0%	
	中心小学	15	3	66	9	60	135
		11.1%	2.2%	48.9%	6.7%	44.4%	
	村小	0	0	96	0	3	99
		0.0%	0.0%	97.0%	0.0%	3.0%	
	总计	15	3	162	9	186	357
		4.2%	0.8%	45.4%	2.5%	52.1%	100.0%
桂西E市	城市小学	52	15	34	12	57	123
		42.3%	12.2%	27.6%	9.8%	46.3%	
	中心小学	66	16	60	12	50	139
		47.5%	11.5%	43.2%	8.6%	36.0%	
	村小	66	10	62	20	36	124
		53.2%	8.1%	50.0%	16.1%	29.0%	
	教学点	12	0	2	2	0	14
		85.7%	0.0%	14.3%	14.3%	0.0%	
	总计	196	41	158	46	143	400
		49.0%	10.2%	39.5%	11.5%	35.8%	100.0%

二、广西初中阶段某些国家课程未开设的原因分析

在回收的1011份初中教师有效问卷中,参与"导致您所教班级未开齐规定课程的主要原因"填写共534人,具体统计如表5-3;在回收的2167份初中生有效问卷中,参与"导致您所在班级未开齐规定课程的主要原因"作答共1945人,具体统计如表5-4。

由表5-3和5-4可知,在"师资缺乏、学生其他课业负担重、无足够的经费支持、课程资源缺乏(如教材、图书、实验室和电脑设备等)、无可以

借鉴经验、任课安排不合理、学生家长不重视"原因选项中,除了桂南 D 市外,其他地区的被调查师生中选择"师资缺乏"的比例最高。2019 年广西教育统计年鉴显示,2018 年广西初中在校生 212.6 万人,专职初中教师 137406 人,全区初中师生比为 1∶15.5,结合对部分中小学领导的访谈和《广西义务教育阶段课程实施情况专项调研报告(2018)》表明,虽然师资总数量还存在缺口,但更重要的是结构性缺编,缺少非考试科目师资。另外学生其他课业负担重、无足够的经费支持、课程资源缺乏(如教材、图书、实验室和电脑设备等)是导致未开设某些国家课程的重要原因。

表 5-3 导致初中未开齐规定课程主要原因统计表(教师卷)

地区	学校类型	师资缺乏	学生其他课业负担重	无足够的经费支持	课程资源缺乏(如教材、图书、实验室和电脑设备等)	无可以借鉴经验	任课安排不合理	学生家长不重视	其他原因	合计
桂中A市	城市初中	27 57.4%	11 23.4%	12 25.5%	7 14.9%	5 10.6%	0 0.0%	7 14.9%	13 27.7%	47
	乡镇初中	23 52.3%	9 20.5%	14 31.8%	12 27.3%	2 4.5%	2 4.5%	2 4.5%	8 18.2%	44
	总计	50 54.9%	20 22.0%	26 28.6%	19 20.9%	7 7.7%	2 2.2%	9 9.9%	21 23.1%	91 100.0%
桂东北B市	城市初中	12 23.1%	4 7.7%	0 0.0%	12 23.1%	4 7.7%	4 7.7%		28 53.8%	52
	乡镇初中	22 33.3%	4 6.1%	4 6.1%	18 27.3%	0 0.0%	4 6.1%		30 45.5%	66
	总计	34 28.8%	8 6.8%	4 3.4%	30 25.4%	4 3.4%	8 6.8%		58 49.2%	118 100.0%
桂南D市	城市初中	8 22.9%	7 20.0%	2 5.7%	1 2.9%	3 8.6%	0 0.0%	2 5.7%	19 54.3%	35
	乡镇初中	12 27.3%	3 6.8%	2 4.5%	6 13.6%	2 4.5%	2 4.5%	4 9.1%	21 47.7%	44
	总计	20 25.3%	10 12.7%	4 5.1%	7 8.9%	5 6.3%	2 2.5%	6 7.6%	40 50.6%	79 100.0%

第五章 广西义务教育阶段国家课程设置与实施中存在问题的原因分析

续表

地区	学校类型	未开齐规定课程原因								合计
		师资缺乏	学生其他课业负担重	无足够的经费支持	课程资源缺乏（如教材、图书、实验室和电脑设备等）	无可以借鉴经验	任课安排不合理	学生家长不重视	其他原因	
桂东南C市	城市初中	30	14	20	2	6	0	6	12	48
		62.5%	29.2%	41.7%	4.2%	12.5%	0.0%	12.5%	25.0%	
	乡镇初中	30	13	13	14	10	2	6	7	60
		50.0%	21.7%	21.7%	23.3%	16.7%	3.3%	10.0%	11.7%	
	总计	60	27	33	16	16	2	12	19	108
		55.6%	25.0%	30.6%	14.8%	14.8%	1.9%	11.1%	17.6%	100.0%
桂西E市	城市初中	48	6	6	6	8	4	4	28	86
		55.8%	7.0%	7.0%	7.0%	9.3%	4.7%	4.7%	32.6%	
	乡镇初中	27	1	3	12	7	4	5	14	52
		51.9%	1.9%	5.8%	23.1%	13.5%	7.7%	9.6%	26.9%	
	总计	75	7	9	18	15	8	9	42	138
		54.3%	5.1%	6.5%	13.0%	10.9%	5.8%	6.5%	30.4%	100.0%

表5-4 导致初中未开齐规定课程主要原因统计表（学生卷）

地区	学校类型	未开齐规定课程原因						总计
		师资缺乏	学生其他课业负担重	课程资源缺乏（如教材、图书、实验室和电脑设备）	任课安排不合理	其他原因	不清楚	
桂中A市	城市初中	12	8	8	4	72	72	168
		7.1%	4.8%	4.8%	2.4%	42.9%	42.9%	
		3.2%	2.1%	2.1%	1.1%	19.1%	19.1%	44.7%
	乡镇初中	88	40	72	16	32	64	208
		42.3%	19.2%	34.6%	7.7%	15.4%	30.8%	
		23.4%	10.6%	19.1%	4.3%	8.5%	17.0%	55.3%

续表

地区	学校类型	未开齐规定课程原因						总计
		师资缺乏	学生其他课业负担重	课程资源缺乏（如教材、图书、实验室和电脑设备）	任课安排不合理	其他原因	不清楚	
	总计	100	48	80	20	104	136	376
		26.6%	12.8%	21.3%	5.3%	27.7%	36.2%	100.0%
桂东北B市	城市初中	20	2	10	8	30	102	142
		14.1%	1.4%	7.0%	5.6%	21.1%	71.8%	
		5.4%	0.5%	2.7%	2.2%	8.2%	27.7%	38.6%
	乡镇初中	33	4	17	14	49	161	226
		14.6%	1.8%	7.5%	6.2%	21.7%	71.2%	
		9.0%	1.1%	4.6%	3.8%	13.3%	43.8%	61.4%
	总计	53	6	27	22	79	263	368
		14.4%	1.6%	7.3%	6.0%	21.5%	71.5%	100.0%
桂南D市	城市初中	16	99	23	31	28	43	186
		8.6%	53.2%	12.4%	16.7%	15.1%	23.1%	
		4.2%	26.1%	6.1%	8.2%	7.4%	11.3%	48.9%
	乡镇初中	86	84	42	7	39	29	194
		44.3%	43.3%	21.6%	3.6%	20.1%	14.9%	
		22.6%	22.1%	11.1%	1.8%	10.3%	7.6%	51.1%
	总计	102	183	65	38	67	72	380
		26.8%	48.2%	17.1%	10.0%	17.6%	18.9%	100.0%
桂东南C市	城市初中	112	20	76	8	20	40	220
		50.9%	9.1%	34.5%	3.6%	9.1%	18.2%	
		26.7%	4.8%	18.1%	1.9%	4.8%	9.5%	52.4%
	乡镇初中	44	40	48	28	16	76	200
		22.0%	20.0%	24.0%	14.0%	8.0%	38.0%	
		10.5%	9.5%	11.4%	6.7%	3.8%	18.1%	47.6%
	总计	156	60	124	36	36	116	420
		37.1%	14.3%	29.5%	8.6%	8.6%	27.6%	100.0%

续表

地区	学校类型	未开齐规定课程原因						总计
		师资缺乏	学生其他课业负担重	课程资源缺乏（如教材、图书、实验室和电脑设备）	任课安排不合理	其他原因	不清楚	
桂西E市	城市初中	50	56	56	12	24	46	178
		28.1%	31.5%	31.5%	6.7%	13.5%	25.8%	
		12.5%	14.0%	14.0%	3.0%	6.0%	11.5%	44.4%
	乡镇初中	86	39	67	16	36	66	223
		38.6%	17.5%	30.0%	7.2%	16.1%	29.6%	
		21.4%	9.7%	16.7%	4.0%	9.0%	16.5%	55.6%
	总计	136	95	123	28	60	112	401
		33.9%	23.7%	30.7%	7.0%	15.0%	27.9%	100.0%

第二节 广西义务教育阶段某些国家课程被占用原因分析

一、广西小学阶段某些国家课程被占用的原因分析

在回收的1011份小学教师有效问卷中，参与"导致您所教班级未开足规定课程的最主要原因"作答共425人，具体统计如表5-5；在回收的2566份小学生有效问卷中，参与"导致小学某些课程被占用的主要原因"作答共1785人，具体统计如下表5-6。

由表5-5可知，被调查教师反映"非考试科目教师不专业，上了课也效果不大""非考试科目由同班其他考试科目教师兼任，易被占"和"非考试科目不被重视，学生参与积极性不高"是课程被占用的主要原因。

由表5-6可知，被调查小学生同样反映"非考试科目教师不专业，上了课也效果不大""非考试科目由同班其他考试科目教师兼任，易被占"和"非考试科目不被重视，学生参与积极性不高"是课程被占用的主要原因。但与小学教师卷不同的是，选择"非考试科目由同班考试科目教师兼任，容易被占用"的比例最高。另外，学生卷显示"教师有额外任务"（如外出培训、扶贫等）导致无法教学也是某些课程被占用的重要原因。

表 5-5 导致小学某些课程被占用主要原因统计表(教师卷)

地区	学校类型	非考试科目教师不专业,上了课也效果不大	非考试科目不被重视,学生参与积极性不高	非考试科目由同班其他考试科目教师兼任,易被占	教师有额外任务(如外出培训、扶贫等)无法教学	其他原因	合计
桂中A市	城市小学	6 30.0%	8 40.0%	10 50.0%	2 10.0%	6 30.0%	20
	中心小学	20 50.0%	6 15.0%	10 25.0%	6 15.0%	10 25.0%	40
	村小	18 50.0%	0 0.0%	0 0.0%	0 0.0%	18 50.0%	36
	总计	44 45.8%	14 14.6%	20 20.8%	8 8.3%	34 35.4%	96 100.0%
桂东北B市	城市小学	26 76.5%	24 70.6%	6 17.6%	8 23.5%	0 0.0%	34
	中心小学	4 9.5%	12 28.6%	22 52.4%	6 14.3%	6 14.3%	42
	村小	0 0.0%	0 0.0%	6 60.0%	2 20.0%	4 40.0%	10
	总计	30 34.9%	36 41.9%	34 39.5%	16 18.6%	10 11.6%	86 100.0%
桂南D市	城市小学	4 25.0%	4 25.0%	5 31.2%	4 25.0%	4 25.0%	16
	中心小学	8 26.7%	13 43.3%	11 36.7%	5 16.7%	5 16.7%	30
	村小	6 25.0%	6 25.0%	12 50.0%	0 0.0%	6 25.0%	24
	教学点	0 0.0%	3 100.0%	3 100.0%	0 0.0%	0 0.0%	3

续表

地区	学校类型	非考试科目教师不专业,上了课也效果不大	非考试科目不被重视,学生参与积极性不高	非考试科目由同班其他考试科目教师兼任,易被占	教师有额外任务(如外出培训、扶贫等)无法教学	其他原因	合计
	总计	18	26	31	9	15	73
		24.7%	35.6%	42.5%	12.3%	20.5%	100.0%
桂东南C市	城市小学	3	3	0	1	1	6
		50.0%	50.0%	0.0%	16.7%	16.7%	
	中心小学	12	4	11	6	3	28
		42.9%	14.3%	39.3%	21.4%	10.7%	
	村小	11	5	12	5	7	29
		37.9%	17.2%	41.4%	17.2%	24.1%	
	教学点	0	0	0	0	1	1
		0.0%	0.0%	0.0%	0.0%	100.0%	
	总计	26	12	23	12	12	64
		40.6%	18.8%	35.9%	18.8%	18.8%	100.0%
桂西E市	城市小学	0	0	6	0	4	10
		0.0%	0.0%	60.0%	0.0%	40.0%	
	中心小学	22	12	28	6	18	64
		34.4%	18.8%	43.8%	9.4%	28.1%	
	村小	16	8	0	16	8	24
		66.7%	33.3%	0.0%	66.7%	33.3%	
	教学点	4	0	0	8	4	8
		50.0%	0.0%	0.0%	100.0%	50.0%	
	总计	42	20	34	30	34	106
		39.6%	18.9%	32.1%	28.3%	32.1%	100.0%

表 5-6 导致小学某些课程被占用的主要原因统计表(学生卷)

地区	学校类型	非考试科目课程教师不专业,上了课也效果不大	非考试科目不被重视,学生参与积极性不高	非考试科目由同班考试科目教师兼任,容易被占用	教师有额外任务(如外出培训、扶贫等无法教学)	其他原因	合计
桂中A市	城市小学	12 10.0%	21 17.5%	51 42.5%	60 50.0%	15 12.5%	120
	中心小学	60 26.3%	48 21.1%	24 10.5%	48 21.1%	60 26.3%	228
	村小	36 31.6%	21 18.4%	9 7.9%	24 21.1%	30 26.3%	114
	教学点	0 0.0%	0 0.0%	0 0.0%	3 100.0%	0 0.0%	3
	总计	108 23.2%	90 19.4%	84 18.1%	135 29.0%	105 22.6%	465 100.0%
桂东北B市	城市小学	0 0.0%	36 17.4%	36 17.4%	45 21.7%	108 52.2%	207
	中心小学	3 2.5%	45 37.5%	57 47.5%	12 10.0%	15 12.5%	120
	村小	3 2.7%	3 2.7%	102 91.9%	60 54.1%	3 2.7%	111
	总计	6 1.4%	84 19.2%	195 44.5%	117 26.7%	126 28.8%	438 100.0%
桂南D市	城市小学	0 0.0%	0 0.0%	108 100.0%	0 0.0%	0 0.0%	108
	中心小学	12 6.2%	30 15.6%	60 31.2%	33 17.2%	75 39.1%	192
	村小	108 62.1%	18 10.3%	105 60.3%	36 20.7%	0 0.0%	174
	总计	120 25.3%	48 10.1%	273 57.6%	69 14.6%	75 15.8%	474 100.0%

续表

地区	学校类型	被占用的主要原因					合计
		非考试科目课程教师不专业，上了课也效果不大	非考试科目不被重视，学生参与积极性不高	非考试科目由同班考试科目教师兼任，容易被占用	教师有额外任务（如外出培训、扶贫等无法教学）	其他原因	
桂东南C市	城市小学	3	0	3	0	45	51
		5.9%	0.0%	5.9%	0.0%	88.2%	
	中心小学	3	3	9	6	3	21
		14.3%	14.3%	42.9%	28.6%	14.3%	
	村小	0	0	0	3	3	6
		0.0%	0.0%	0.0%	50.0%	50.0%	
	总计	6	3	12	9	51	78
		7.7%	3.8%	15.4%	11.5%	65.4%	100.0%
桂西E市	城市小学	24	26	50	33	21	112
		21.4%	23.2%	44.6%	29.5%	18.8%	
	中心小学	35	28	53	20	27	114
		30.7%	24.6%	46.5%	17.5%	23.7%	
	村小	28	20	46	24	18	94
		29.8%	21.3%	48.9%	25.5%	19.1%	
	教学点	4	2	4	0	2	10
		40.0%	20.0%	40.0%	0.0%	20.0%	
	总计	91	76	153	77	68	330
		27.6%	23.0%	46.4%	23.3%	20.6%	100.0%

二、广西初中阶段某些国家课程被占用的原因分析

在回收的968份初中教师有效问卷中，参与"导致您所教班级未开足规定课程的最主要原因"作答共242人，具体统计如表5-7；在回收的2167份初中生有效问卷中，参与"导致您所在班级未开足规定课程的最主要原因"作答共1122人，具体统计如表5-8。

由表5-7可知，被调查初中教师反映"非考试科目教师不专业，上了

课也效果不大""非考试科目不被重视,学生参与积极性不高"和"非考试科目不被重视,学生参与积极性不高"是课程被占用的主要原因,"非考试科目由同班考试科目教师兼任,容易被占用"也是相对重要的原因。

由表5-8可知,被调查初中生反映"非考试科目不被重视,学生参与积极性不高""非考试科目由考试科目教师兼任,容易被占用""教师有额外任务(如外出培训、扶贫等)""考试科目学业压力大"是课程被占用的主要原因。但与初中教师卷不同的是,选择"非考试科目课程教师不专业,上了课也效果不大"的比例相对较低。

表5-7 导致初中某些课程被占用的主要原因统计表(教师卷)

地区	学校类型	非考试科目课程教师不专业,上了课也效果不大	非考试科目不被重视,学生参与积极性不高	非考试科目由同班考试科目教师兼任,容易被占用	教师有额外任务(如外出培训、扶贫等)无法教学	其他原因	合计
桂中A市	城市初中	9	13	4	6	4	32
		28.1%	40.6%	12.5%	18.8%	12.5%	
	乡镇初中	7	4	4	5	5	15
		46.7%	26.7%	26.7%	33.3%	33.3%	
	总计	16	17	8	11	9	47
		34.0%	36.2%	17.0%	23.4%	19.1%	100.0%
桂东北B市	城市初中	8	4	8	8	8	28
		28.6%	14.3%	28.6%	28.6%	28.6%	
	乡镇初中	10	4	0	4	6	20
		50.0%	20.0%	0.0%	20.0%	30.0%	
	总计	18	8	8	12	14	48
		37.5%	16.7%	16.7%	25.0%	29.2%	100.0%
桂南D市	城市初中	0	8	0	1	3	10
		0.0%	80.0%	0.0%	10.0%	30.0%	
	乡镇初中	6	8	3	0	4	19
		31.6%	42.1%	15.8%	0.0%	21.1%	
	总计	6	16	3	1	7	29
		20.7%	55.2%	10.3%	3.4%	24.1%	100.0%

第五章 广西义务教育阶段国家课程设置与实施中存在问题的原因分析

续表

地区	学校类型	被占用的主要原因					合计
		非考试科目课程教师不专业,上了课也效果不大	非考试科目不被重视,学生参与积极性不高	非考试科目由同班考试科目教师兼任,容易被占用	教师有额外任务(如外出培训、扶贫等)无法教学	其他原因	
桂东南C市	城市初中	6	8	6	6	0	26
		23.1%	30.8%	23.1%	23.1%	0.0%	
	乡镇初中	10	12	5	6	8	30
		33.3%	40.0%	16.7%	20.0%	26.7%	
	总计	16	20	11	12	8	56
		28.6%	35.7%	19.6%	21.4%	14.3%	100.0%
桂西E市	城市初中	0	8	6	16	16	38
		0.0%	21.1%	15.8%	42.1%	42.1%	
	乡镇初中	4	7	1	9	8	24
		16.7%	29.2%	4.2%	37.5%	33.3%	
	总计	4	15	7	25	24	62
		6.5%	24.2%	11.3%	40.3%	38.7%	100.0%

表 5-8 导致初中被占用的主要原因统计表(学生卷)

地区	学校类型	被占用的主要原因						总计
		非考试科目课程教师不专业,上了课也效果不大	非考试科目不被重视,学生参与积极性不高	非考试科目由班考试科目教师兼任,容易被占用	教师有额外任务(如外出培训、扶贫等)	考试科目学业压力大	其他原因	
桂中A市	城市初中	0	0	4	28	20		52
		0.0%	0.0%	7.7%	53.8%	38.5%		
	乡镇初中	48	80	64	8	0		152
		31.6%	52.6%	42.1%	5.3%	0.0%		
	总计	48	80	68	36	20		204
		23.5%	39.2%	33.3%	17.6%	9.8%		100.0%

续表

地区	学校类型	被占用的主要原因						总计
		非考试科目课程教师不专业,上了课也效果不大	非考试科目不被重视,学生参与积极性不高	非考试科目由班考试科目教师兼任,容易被占用	教师有额外任务(如外出培训、扶贫等)	考试科目学业压力大	其他原因	
桂东北B市	城市初中		14	8	24	18	34	76
			18.4%	10.5%	31.6%	23.7%	44.7%	
	乡镇初中		22	12	37	30	55	121
			18.2%	9.9%	30.6%	24.8%	45.5%	
	总计		36	20	61	48	89	197
			18.3%	10.2%	31.0%	24.4%	45.2%	100.0%
桂南D市	城市初中	16	19	15	24	48	44	143
		11.2%	13.3%	10.5%	16.8%	33.6%	30.8%	
	乡镇初中	9	83	9	14	77	17	136
		6.6%	61.0%	6.6%	10.3%	56.6%	12.5%	
	总计	25	102	24	38	125	61	279
		9.0%	36.6%	8.6%	13.6%	44.8%	21.9%	100.0%
桂东南C市	城市初中	4	4	0	52	48	16	72
		5.6%	5.6%	0.0%	72.2%	66.7%	22.2%	
	乡镇初中	0	0	16	32	8	12	64
		0.0%	0.0%	25.0%	50.0%	12.5%	18.8%	
	总计	4	4	16	84	56	28	136
		2.9%	2.9%	11.8%	61.8%	41.2%	20.6%	100.0%
桂西E市	城市初中	30	60	30	34	36	14	142
		21.1%	42.3%	21.1%	23.9%	25.4%	9.9%	
	乡镇初中	29	43	44	41	35	22	164
		17.7%	26.2%	26.8%	25.0%	21.3%	13.4%	
	总计	59	103	74	75	71	36	306
		19.3%	33.7%	24.2%	24.5%	23.2%	11.8%	100.0%

第六章 西部与非西部地区部分省份间义务教育国家课程设置与实施比较

为了更好地了解西部地区义务教育课程设置情况,为西部地区省份后面修订完善义务教育阶段课程实施方案和课程计划,综合考虑区域分布和各省义务教育课程计划(设计方案)修订的时间,本研究选定西部地区的广西(桂)和四川(川),非西部地区的湖南(湘)、江苏(苏)和广东(粤),对5省的义务教育课程计划进行比较分析。

为了找到我国西部地区义务教育阶段国家课程实施中存在问题及原因,综合考虑区域分布和教育发展程度,本研究选定西部地区的广西(桂)、云南(滇)、重庆市(渝)和非西部地区的江苏省(苏),在各省市内部进行抽样调查,进行义务教育阶段国家课程未开设和被占用情况进行比较研究。

第一节 桂川湘苏粤五省义务教育课程设置比较

综合考虑区域分布和义务教育课程计划(设计方案)修订的时间,本研究选定广西壮族自治区(桂)《广西九年义务教育课程计划(2002年)》,四川省(川)《四川省义务教育课程设置方案(2015年修订)》,湖南省(湘)的《湖南省义务教育课程计划(2018年修订)》,江苏省(苏)《江苏省义务教育课程设置实验方案(2017年修订)》,以及广东省(粤)深圳市《深圳市九年义务教育课程计划(2007年修订)》,就义务教育国家课程设置情况进行比较分析。因为《广东省九年义务教育课程计划表》中的科学部分有两个选择方案可供地方选择,深圳市选择的方案中的课时总量为9522,与国家规定的总课时相同。而另一种方案总课时为9592,超出了教育部规定9522的总课时,这样与其他省份对比各门课程设置比例时也没有可比性。因此选择《深圳市九年义务教育课程计划(2007年修订)》

参与比较。

通过对比研究 5 省的义务教育课程计划,发现《历史与社会》(包括《历史》和《地理》)和《艺术》(包括《音乐》和《美术》)课程设置没有太大的差异,因此本部分只对《道德与法治》《语文》《数学》《外语》《科学》《体育与健康》《综合实践活动》与地方学校课程设置进行比较分析。

一、桂川湘苏粤五省义务教育《道德与法治》课程设置比较

通过对广西、四川、湖南、江苏和广东(深圳)5 省义务教育课程计划中的《道德与法治》课程设置的比较(具体见表 6-1),得出如下结论:

第一,2016 年教育部将义务教育小学和初中起始年级"品德与生活""思想品德"教材名称统一更改为"道德与法治"后,江苏省(2017 年)和湖南省(2018 年)新修订的课程计划中统一用《道德与法治》代替原来的《品德与生活(社会)》和《思想品德》等名称。其他 3 省的课程计划或课程方案中相应的课程名称还未统一。

第二,虽然 5 省的《道德与法治》的九年课时总比例都在教育部规定的 7%-9% 范围内,但 2018 年修订的《湖南省义务教育课程计划》和 2017 年修订的《江苏省义务教育课程设置实验方案》中的《道德与法治》总课时低于其他省份,这可能与 2014 年 3 月 30 日教育部印发的《教育部关于全面深化课程改革落实立德树人根本任务的意见》要求其他各学科发挥德育功能有一定的关系。

表 6-1 桂川湘苏粤五省义务教育《道德与法治》课程设置比较表

省份	课程名称＼年级	一	二	三	四	五	六	七	八	九	九年课时合计	九年课时总比例
广西	思想品德与生活	2	2								696	7.31%
	思想品德与社会			2	2	2	2					
	思想品德							3	3	2		
四川	品德与生活(社会)	2	2	2	2	2	2				677	7.11%
	思想品德							3/2	2	3		
湖南	道德与法治	2	2	2	2	2	2	2	2	2	626	6.57%
江苏	道德与法治	2	2	2	2	2	2	2	2	2	626	6.57%

第六章 西部与非西部地区部分省份间义务教育国家课程设置与实施比较

续表

省份	课程名称＼年级	一	二	三	四	五	六	七	八	九	九年课时合计	九年课时总比例
广东（深圳）	品德与生活	2	2								696	7.31%
	品德与社会			2	2	3	3					
	思想品德							2	2	2		
教育部标准												7%~9%

二、桂川湘苏粤五省义务教育《语文》课程设置比较

通过对广西、四川、湖南、江苏和广东（深圳）5省义务教育课程计划中的《语文》课程设置的比较（具体见表6-2），得出如下结论：

第一，广西和四川义务教育阶段《语文》九年课时总课时和总比例都等于或低于其他三个省份。尤其是广西义务教育阶段《语文》九年总课时为1878，占九年总课时的19.72%，低于教育部规定的20%~22%。与其他四省相比，至少少了107个课时，尤其是与总课时最高的广东（深圳）的2055课时相比，少了177课时。

第二，广西义务教育阶段每个年级的周课时都为6课时，而其他4省《语文》周课时从一年级到九年级基本按由多到少安排，其中一二年级《语文》周课时最多，都为8课时；八九年级《语文》周课时最少，都为5课时。我们认为《语文》周课时在一至九年级先多后少相对合理。原因如下：一方面，小学低年级学生自学能力相对薄弱，《语文》学习主要需要通过课堂教学完成。而初中阶段学生自学能力有了较大提高，可以通过课后作业或课后自学方式完成部分学习。另一方面，初中阶段比小学阶段增加了《地理》和《历史》课程，《科学》课程细分为了《物理》《化学》和《生物》课程，学习内容和难度都有了很大的增加，需要减少语文课时。

表6-2 桂川湘苏粤五省义务教育《语文》课程设置比较表

省份	课程＼年级	一	二	三	四	五	六	七	八	九	九年课时合计	九年课时总比例
广西	语文	6	6	6	6	6	6	6	6	6	1878	19.72%

· 227 ·

续表

省份	课程\年级	一	二	三	四	五	六	七	八	九	九年课时合计	九年课时总比例
四川	语文	8	8	7	7	6	6	5	5	5	1985	20.85%
湖南	语文	8	8	7	7	6	6	6	5	5	2020	21.21%
江苏	语文	8	8	7	7	6	6	5	5	5	1985	20.85%
广东（深圳）	语文	9	8	7	7	6	6	6	5	5	2055	21.58%
教育部标准												20%～22%

三、桂川湘苏粤五省义务教育《数学》课程设置比较

通过对广西、四川、湖南、江苏和广东（深圳）5 省义务教育课程计划中的《数学》课程设置的比较（具体见表 6-3）发现，西部省份广西自治区和四川省义务教育阶段《数学》九年课时总课时（总比例）都偏低。其中广西义务教育阶段《数学》九年总课时为 1252 课时，与其他四省相比，至少少了 70 个课时，尤其是比近几年刚修订课程计划的江苏少了 173 课时，比湖南少了 243 个课时。

表 6-3　桂川湘苏粤五省义务教育《数学》课程设置比较表

省份	课程\年级	一	二	三	四	五	六	七	八	九	九年课时合计	九年课时总比例
广西	数学	4	4	4	4	4	4	4	4	4	1252	13.15%
四川	数学	4	4	4	4	4	5	5/4	5/4	4	1323	13.89%
湖南	数学	5	5	4	4	4	4	5	5	5	1425	14.97%
江苏	数学	5	5	4	4	5	5	5	5	5	1495	15.70%
广东（深圳）	数学	3	4	4	5	5	5	4	4	4	1322	13.88%
教育部标准												13%～15%

四、桂川湘苏粤五省义务教育《外语》课程设置比较

通过对广西、四川、湖南、江苏和广东(深圳)5省义务教育课程计划中的《外语》课程设置的比较(具体见表6-4),得出如下结论:

西部地区的广西和四川义务教育阶段《外语》九年课时总课时(总比例)都低于非西部地区的三个省份,尤其广西义务教育阶段《外语》九年课时总课时(总比例)与其他省份差距较大。广西义务教育阶段《外语》九年总课时为486课时,与其他四省相比,至少少了137个课时,尤其是比江苏省和广东省(深圳)少了346课时。而且,广西义务教育《外语》九年课时总比例为5.1%,低于教育部规定的6%~8%。这与2001年教育部印发的《义务教育课程设置实验方案》中规定"民族地区的中小学校,外语课程的设置由省级教育行政部门决定"有关。但是与其他省份直接在外语课时上的巨大差距将不利于广西义务教育学生后续的竞争发展。

表6-4 桂川湘苏粤五省义务教育《外语》课程设置比较表

省份	课程 年级	一	二	三	四	五	六	七	八	九	九年课时合计	九年课时总比例
广西	外语			2	2	2	2	2	2	2	486	5.10%
四川	外语			2	2	2	2	3/4	3/4	3	623	6.54%
湖南	外语			2	2	2	2	4	4	4	692	7.27%
江苏	外语			3	3	3	3	4	4	4	832	8.74%
广东(深圳)	外语			3	3	3	3	4	4	4	832	8.74%
教育部标准											6%~8%

五、桂川湘苏粤五省义务教育《科学》课程设置比较

通过对广西、四川、湖南、江苏和广东(深圳)5省义务教育课程计划中的《科学》课程设置的比较(具体见表6-5),得出如下结论:

第一,广西、四川和广东(深圳)现有义务教育课程计划或课程设置方案中《科学》课程依旧三年级开始开设,未符合最新的国家政策要求。《湖南省义务教育课程计划(2018年修订)》和《江苏省义务教育课程设置实验方案(2017年修订)》中,小学一、二年级也设置了《科学》课程。

这是因为教育部2017年印发的《义务教育小学科学课程标准》把小学六年学习时间划分为1—2年级、3—4年级、5—6年级三个学段。这意味着义务教育阶段的《科学》课程由原来的小学三年级开始开设调为从小学一年级开始开设。

第二，在《科学》课程九年总课时比较中可知，西部地区的广西和四川义务教育阶段九年《科学》总课时和总比例均等于或低于非西部地区三省对应总课时和总比例。江苏省《科学》课程九年总课时为861课时，明显多于其他四省，比广西(760课时)多了101个课时。

第三，广西在《科学》课时分配时，小学阶段多而初中阶段少，与其他四省恰好相反。通过《科学》课程的学段课时分配比较得出，初中阶段的《科学》(包括《物理》《化学》《生物》)课时在九年《科学》总课时中所占比例分别为：广西44.74%，湖南53.83%，江苏59.35%，四川60.28%，广东(深圳)63.16%。可见相对于其他4省，广西初中阶段的《物理》《化学》《生物》总课时340课时比较紧张，尤其是比江苏(511课时)少了171课时，比广东(深圳)(480课时)少了140课时。

表6-5 桂川湘苏粤五省义务教育《科学》课程设置比较表

省份	课程\年级	一	二	三	四	五	六	七	八	九	九年课时合计	九年课时总比例
广西	科学	缺	缺	3	3	3	3				420	7.98%
	物理								1	2	101	
	化学									3	99	760
	生物								2	2	140	
四川	科学			2	2	2	2				280	7.40%
	物理								2	3	169	
	化学									3	99	705
	生物							2/3	2		157	
湖南	科学	1	1	2	2	2	2				350	7.96%
	物理								2	3	169	
	化学									3	99	758
	生物							2	2		140	

续表

省份	课程\年级	一	二	三	四	五	六	七	八	九	九年课时合计	九年课时总比例
江苏	科学	1	1	2	2	2	2				350	9.04%
	物理								3	3	204	
	化学									4	132	861
	生物							3	2		175	
广东（深圳）	综合		2	2	2	2	4	5	5		760	7.98%
	物理											760
	化学											
	生物											
教育部标准												7%~9%

六、桂川湘苏粤五省义务教育《体育与健康》课程设置比较

通过对广西、四川、湖南、江苏和广东（深圳）5省义务教育课程计划中的《体育与健康》课程设置的比较（具体见表6-6），发现广西和四川义务教育阶段九年的总课时小于等于其他三省，尤其是广西义务教育阶段九年的总课时939课时，占总课时的9.86%，未达到教育部规定的10%~11%的要求。广西与其他四省相比，义务教育阶段九年的《体育与健康》总课时至少少了70课时。

表6-6 桂川湘苏粤五省义务教育《体育与健康》课程设置比较表

省份	课程\年级	一	二	三	四	五	六	七	八	九	九年课时合计	九年课时总比例
广西	体育与健康	3	3	3	3	3	3	3	3	3	939	9.86%
四川	体育与健康	4	4	3	3	3	3	3	3	3	1009	10.60%

续表

省份 课程 年级		一	二	三	四	五	六	七	八	九	九年课时合计	九年课时总比例
湖南	体育与健康	4	4	4	4	4	4	2	2	2	1046	10.99%
江苏	体育与健康	4	4	3	3	3	3	3	3	3	1029	10.81%
广东（深圳）	体育	4	4	3	3	3	3				1009	10.60%
	体育与健康							3	3	3		
教育部标准												10%~11%

七、桂川湘苏粤五省义务教育《综合实践活动》与地方学校课程设置比较

通过对广西、四川、湖南、江苏和广东（深圳）5省义务教育课程计划中的《综合实践活动》、地方课程和学校课程设置的比较（具体见表6-7），得出如下结论：

第一，与其他三省相比，西部地区的广西和四川义务教育阶段《综合实践活动》、地方课程和学校课程九年总课时和九年课时总比例偏高，尤其是广西超出了国家标准。广西义务教育阶段《综合实践活动》、地方课程和学校课程九年课时总比例为23.75%，超出教育部规定的上限20%（16%~20%）达3.75%，超出课时比例已经达到了教育部规定的义务教育阶段《历史与社会》（包括《历史》和《地理》）九年总课时比例3%~4%。广西义务教育阶段《综合实践活动》、地方课程和学校课程九年总课时和总比例多出很多。义务教育九年《综合实践活动》、地方课程和学校课程的总课时和课时总比例分别为：广西2261课时（23.75%），湖南1563课时（16.41%），江苏1302课时（13.67%），四川1808课时（18.99%），广东（深圳）1633课时（17.15%）。即，广西义务教育阶段《综合实践活动》、地方课程和学校课程九年总课时比其他四省多出453课时至959节。

第六章　西部与非西部地区部分省份间义务教育国家课程设置与实施比较

第二，广西和湖南义务教育课程计划中，综合实践活动课程开设从一年级开始，符合《中小学综合实践活动课程指导纲要》（2017年9月25日印发）中"小学1—2年级，平均每周不少于1课时；小学3—6年级和初中，平均每周不少于2课时"的要求。

第三，除了江苏，广西和其他四省的课程计划中都将信息技术在《综合实践活动》课中单独列出。可见，由于现代信息技术的重要性，各省在综合实践课内部单独列出信息技术具有较大的共识和可行性。

第四，2018年新修订的《湖南省义务教育课程计划》中，将《综合实践活动》课分为《主题活动》和《信息技术》。我们认为这对其他省份修订义务教育阶段课程计划有一定的参考价值。因为，2017年9月25日印发的《中小学综合实践活动课程指导纲要》推荐的中小学综合实践活动主题包括考察探究活动、社会服务活动、设计制作活动（信息技术、劳动技术）、职业体验及其他活动，主题增多，不便在课程计划中一一列出。

第五，《湖南省义务教育课程计划（2018年修订）》将地方课程细分为《湖南地方文化常识》与《生命与健康常识》。这样可能有利于学校的实施。

表6-7　桂川湘苏粤五省义务教育《综合实践活动》与地方学校课程设置比较表

			一	二	三	四	五	六	七	八	九	九年课时合计	九年课时总比例
广西	综合实践活动	综合实践活动	2	2	4	4	4	4	4	4	3	1079	23.75%
		探究性学习			1	1	1	1	1	1	1	243	
		信息技术综合学习与实践			1	1	1	1	2	2	1	313	2261
			2	2	2	2	2	2	2	1	1	523	
	地方与学校课程		6	6	3	3	3	3	3	3	4	1182	
四川	综合实践活动	信息技术			1	1	1	1	1	1	1	243	18.99%
		劳动与技术教育							1	1	1	103	1808
	地方课程		3	3	3	3	3	3	4	3	3	974	
	学校课程		1	1	2	2	3	2	1	1	1	488	

续表

			一	二	三	四	五	六	七	八	九	九年课时合计	九年课时总比例
湖南	综合实践活动	主题活动	1	1	2	21	2	2	2	2	2	556	16.41%
		信息技术							1	1	1	173	
	地方课程生命与健康常识	湖南地方文化常识						1	1			70	1563	
				1	1	1	1	1	1			243		
	学校自主开发或选用		1	1	2	2	2	2	2	1	2	521	
江苏	综合实践活动				3	3	3	3	3	2	2	641	1302	13.67%
	地方和学校安排的课程		2	2	2	2	2	2	3	2	2	661	
广东（深圳）	信息技术					1	1	1	1	1	1	208	1633	17.15%
	综合实践活动				2	2	2	2	2	2	2	486	
	选修课									2	2	2	206	
	地方、校本课程		4	4	4	2	2	2	1	1	1	733	
教育部标准													16%~20%

第二节 桂滇渝苏四省义务教育国家课程未开齐开足问题及原因比较

为了与其他省份的比较中准确地探究我国西部地区省份义务教育阶段国家课程实施中存在问题及原因，综合考虑区域分布和教育发展程度，本研究最终选定了我国西部地区的广西壮族自治区（桂）、云南省（滇）和重庆市（渝），非西部地区的江苏省（苏）进行调查比较。每个省份至少选定2个市后，按照县城及以上初中、乡镇初中、县城及以上小学、中心小学、村小和教学点进行分层抽样选定调查学校，然后再通过抽样对部分学生和教师发放问卷调查和访谈调查。

第六章　西部与非西部地区部分省份间义务教育国家课程设置与实施比较

一、桂滇渝苏四省调查问卷样本构成

在对四省的调查研究过程中,共回收有效小学教师卷 3907 份(包括广西小学教师卷),具体见表 6-8。共回收有效初中教师卷 3710 份(包括广西初中教师卷),具体见表 6-9。

表 6-8　桂渝苏滇四省小学教师调查问卷样本构成

省份	学校类型				合计
	城市小学	中心小学	村小	教学点	
广西	325	406	263	17	1011
重庆市	329	327	311	24	991
云南省	464	176	256	20	916
江苏省	383	282	324	0	989
合计	1501	1191	1154	61	3907

表 6-9　桂渝苏滇四省初中教师调查问卷样本构成

省份	学校类型		合计
	城市初中	乡镇初中	
广西	494	474	968
云南省	400	520	920
重庆市	537	378	915
江苏省	510	397	907
合计	1941	1769	3710

二、桂滇渝苏四省义务教育阶段国家课程未开齐情况及原因比较

通过对四省的调查研究,发现非西部地区的江苏省课程开齐率远高于西部地区的三省(市),但也还存在少部分义务教育学校未开全国家课程的情况。存在未开设的课程主要集中在《美术》《音乐》《小学科学》和《综合实践活动》课程,尤其是《综合实践活动》课程未开齐情况较多。在关于某些课程未开设原因的题项的统计分析发现,在 3907 份有效小学教师问卷中,共有 2482 名小学教师参与填写了该题项。通过分析,未能开齐某些课程的主要原因有"师资缺乏""无足够经费支持""无可以借鉴经验,教师不知道怎么上"(具体见表 6-10)。

在3710份有效初中教师问卷中,共有2508名初中教师参与填写了某些课程未开设原因的题项。通过分析发现,西部地区的广西、云南和重庆三省(市)样本中选择"师资缺乏"的人数最多,另外选择"其他原因"、"学业负担重"的次之。来自江苏省的样本中70.8%的初中教师选择"其他原因"(具体见表6-11)。

表6-10 桂渝苏滇四省小学阶段国家课程未开齐原因对比

省份	师资缺乏	学生其他课业负担重	无足够的经费支持	教材、图书、实验室和电脑设备等资源缺乏	无可以借鉴经验,教师不知道怎么上	任课安排不合理	学生家长不重视	其他原因	总计
广西	380	61	38	99	55	24	12	244	710
	53.50%	8.60%	5.40%	13.90%	7.70%	3.40%	1.70%	34.40%	
云南省	432	114	124	88	86	8	110	294	836
	51.70%	13.60%	14.80%	10.50%	10.30%	1.00%	13.20%	35.20%	
重庆市	329	111	197	87	188	47	47	272	891
	36.90%	12.50%	22.10%	9.80%	21.10%	5.30%	5.30%	30.50%	
江苏省	30	0	30	0	15	0	0	0	45
	66.70%	0.00%	66.70%	0.00%	33.30%	0.00%	0.00%	0.00%	
计	1171	286	389	274	344	79	169	810	2482
	47.18%	11.52%	15.67%	11.04%	13.86%	3.18%	6.81%	32.63%	

表6-11 桂渝苏滇四省初中阶段国家课程未开齐原因对比

省份	师资缺乏	学生其他课业负担重	缺乏经费支持	教材、图书、实验室和电脑等资源缺乏	无可借鉴经验,教师不道如何教学	任课安排不合理	学生家长不重视	其他原因	总计
广西	239	72	76	90	47	22	36	180	534
	44.80%	13.50%	14.20%	16.90%	8.80%	4.10%	6.70%	33.70%	
	9.50%	2.90%	3.00%	3.60%	1.90%	0.90%	1.40%	7.20%	21.30%

续表

省份	未开设原因								总计
	师资缺乏	学生其他课业负担重）	缺乏经费支持	教材、图书、实验室和电脑等资源缺乏	无可借鉴经验，教师不道如何教学	任课安排不合理	学生家长不重视	其他原因	
云南省	360	300	220	120	140	20	60	200	860
	41.90%	34.90%	25.60%	14.00%	16.30%	2.30%	7.00%	23.30%	
	14.40%	12.00%	8.80%	4.80%	5.60%	0.80%	2.40%	8.00%	34.30%
重庆市	458	280	112	156	185	66	35	188	843
	54.30%	33.20%	13.30%	18.50%	21.90%	7.80%	4.20%	22.30%	
	18.30%	11.20%	4.50%	6.20%	7.40%	2.60%	1.40%	7.50%	33.60%
江苏省	47	16	16	47	16	0	0	192	271
	17.30%	5.90%	5.90%	17.30%	5.90%	0.00%	0.00%	70.80%	
	1.90%	0.60%	0.60%	1.90%	0.60%	0.00%	0.00%	7.70%	10.80%
合计	1104	668	424	413	388	108	131	760	2508
	44.00%	26.60%	16.90%	16.50%	15.50%	4.30%	5.20%	30.30%	

三、桂滇渝苏四省义务教育阶段国家课程被占用情况及原因比较

（一）桂滇渝苏四省义务教育阶段国家课程被占用情况比较

通过对3907份有效小学教师问卷统计分析，发现西部地区的广西、云南和重庆三省市样本中回答"存在小学阶段国家课程被占用"的分别为32.1%、39.3%和40.3%，远高于非西部地区的江苏7.9%，具体见表6-12。

通过对3710份有效小学教师问卷统计分析，广西、云南、重庆和江苏四省市样本中回答"存在初中阶段国家课程被占用"的分别为12.1%、26.1%、44.2%和19.3%，西部地区的重庆市和云南省都高于26%，广西壮族自治区相对较低，具体见表6-13。

表 6-12 桂渝苏滇四省小学阶段国家课程被占用情况对比（小学教师卷）

省份 被占用情况	存在被占用情况	不存被占用情况	合计
广西	325	686	1011
	32.10%	67.90%	100.00%
云南	360	556	916
	39.30%	60.70%	100.00%
重庆	399	592	991
	40.30%	59.70%	100.00%
江苏	78	911	989
	7.90%	92.10%	100.00%
合计	1162	2745	3907

表 6-13 桂渝苏滇四省初中阶段国家课程被占用情况对比

省份 被占用情况	存在被占用情况	无被占用情况	合计
广西	117	851	968
	12.10%	87.90%	100.00%
云南省	240	680	920
	26.10%	73.90%	100.00%
重庆市	404	511	915
	44.20%	55.80%	100.00%
江苏省	175	732	907
	19.30%	80.70%	100.00%
合计	936	2774	3710
	25.20%	74.80%	100.00%

（二）桂滇渝苏四省义务教育阶段国家课程被占用原因比较

在3907份有效小学教师问卷中，共有1465位参与填写了小学阶段国家课被占用的原因调查题项。整体而言，"教师不专业，上了课也效果不大"是有国家课程被占用的最主要原因。但西部省份与非西部省份小学阶段国家课程被占用原因有一定不同，如"教师临时有其他任务（如培训、扶贫等)"是导致西部三省(市)有国家课程被占用的原因之一,但在非西部省份江苏基本不存在这种问题。具体见表6-14。

在3710份有效初中教师问卷中,1349位参与填写了初中阶段国家课被占用的原因调查题项,具体见表6-15。与小学教师卷不同,"教师不专业,上了课也效果不大"不是导致初中阶段某些国家课程被占用的主要原因。导致初中阶段某些课程被占用的主要原因是"非考试科目不被重视,学生参与积极性不高"和"非考试科目的教学由同一个班其他考试科目教师兼任,容易被占用"。与小学阶段一样,西部省份与非西部省份初中阶段某些国家课程被占用原因有一定不同,如"教师临时有其他任务(如培训、扶贫等)"是导致西部三省(市)有国家课程被占用的原因之一,但在非西部省份江苏基本不存在这种问题。具体见表6-15。

表6-14 桂渝苏滇四省小学阶段国家课程被占用原因对比表(小学教师卷)

省份 被占用 原因	教师不专业,上了课也效果不大	非考试科目不被重视,学生参与积极性不高	非考试科目的教学由同一个班其他考试科目教师兼任,容易被占用	教师临时有其他任务(如培训、扶贫等)	其他原因	总计
广西	160	108	142	75	105	425
	37.60%	25.40%	33.40%	17.60%	24.70%	
云南省	126	90	80	154	232	522
	24.10%	17.20%	15.30%	29.50%	44.40%	
重庆市	201	189	157	55	102	455
	44.20%	41.50%	34.50%	12.10%	22.40%	
江苏省	16	16	31	0	16	63
	25.40%	25.40%	49.20%	0.00%	25.40%	
合计	503	403	410	284	455	1465

表6-15 桂渝苏滇四省初中阶段国家课程被占用原因对比表(初中教师卷)

省份 被占情 况	教师不专业,上了课也效果不大	非考试科目不被重视,学生参与积极性不高	非考试科目的教学由同一个班其他考试科目教师兼任,容易被占用	教师临时有其他任务(如培训、扶贫等)	其他原因	总计
广西	60	76	37	61	62	242
	24.80%	31.40%	15.30%	25.20%	25.60%	

续表

省份 被占情况	教师不专业,上了课也效果不大	非考试科目不被重视,学生参与积极性不高	非考试科目的教学由同一个班其他考试科目教师兼任,容易被占用	教师临时有其他任务(如培训、扶贫等)	其他原因	总计
云南省	60	200	80	120	120	460
	13.00%	43.50%	17.40%	26.10%	26.10%	
重庆市	148	232	218	167	48	505
	29.30%	45.90%	43.20%	33.10%	9.50%	
江苏省	0	32	63	0	47	142
	0.00%	22.50%	44.40%	0.00%	33.10%	
合计	268	540	398	348	277	1349
	19.90%	40.00%	29.50%	25.80%	20.50%	100.00%

第七章 中国西部地区开齐开足义务教育阶段国家课程的策略

第一节 西部地区义务教育课程设置与实施政策文件的制定完善策略

一、及时修订省级《九年义务教育课程计划(2002)》

根据《义务教育课程设置实验方案(2001)》和之后有关义务教育课程设置与实施的系列政策文件要求,结合广西、四川、湖南、江苏和广东(深圳)5省的义务教育课程计划的比较,针对西部地区修订省级《九年义务教育课程计划》提出以下建议。

第一,将省级《九年义务教育课程计划》中《品德与生活》《品德与社会》和《思想品德》课程名称统一改为《道德与法治》。自2016年教育部将义务教育小学和初中起始年级"品德与生活""思想品德"教材名称统一更改为"道德与法治"后,如江苏省(2017年)和湖南省(2018年)等新修订的义务教育课程计划中的课程名称也已经统一用《道德与法治》。适当降低《道德与法治》九年课时总比例,将一部分德育融入其他学科教育之中。

第二,保证《语文》义务教育九年总课时和总比例不低于其他省份平均水平,周课时按照小学一二年级最多,八九年级最少的梯度进行安排。以广西为例,首先是增加《语文》总课时。《广西九年义务教育课程计划(2002)》中《语文》九年课时总比例19.72%,低于教育部规定的九年课时总比例在20%~22%的要求。与广东(深圳)(2008年修订)义务教育课程计划中的21.58%和湖南省(2018年修订)的课程计划中的超出教育部标准恰好相反。《广西九年义务教育课程计划(2002)》中《语文》九年总课时与湖南、江苏、四川和广东(深圳)相比,少了107至177个课时。在进入广西义务教育阶段学校调研期间,领导和老师们普遍反映《语文》和《数学》课时不足。而且《语文》是基础学科,广西义务教育阶段总课时与其他省份差距太大。可能会导致学生在与其他省份学生的竞争中处于劣势。其次,《语文》周课时按照小学一二年级最多,八九年级最少的梯度进行安排。原因如下:一方面,小学低年级学生自学能力相对薄弱,《语文》学习主要需要通过课堂教学完成。而初中阶段学生自学能力有了较大提高,可以通过课后作业或课后自学方式完成部分学习。另一方面,初中阶段比小学阶段增加了《地理》和《历史》课程,《科学》课程细分为了《物理》《化学》和《生物》课程,学习内容和难度都有了很大的增加,课时相对紧张。

第三,保证《外语》和《数学》义务教育九年总课时和总比例不低于其他省份平均水平。以广西为例,首先增加《外语》总课时至少85课时。《广西九年义务教育课程计划(2002)》中《外语》九年总课时比例5.1%,低于教育部规定的6%~8%。按照教育部最低要求九年6%计算,还要增加85课时。广西义务教育阶段《外语》九年总课时与湖南、江苏、四川和广东(深圳)相比,至少少了137个课时,尤其是比江苏省和广东省(深圳)少了346课时。其次,适当增加《数学》课总课时。虽然《广西九年义务教育课程计划(2002)》中《数学》九年课时总比例达到了教育部要求,但与其他四省至少少了70个课时,尤其是比近几年刚修订课程计划的江苏少了173课时,比湖南少了243个课时。当前广西一至九年级每周数学课时都为4课时,即每天不到1课时。

第四,保证《科学》义务教育九年总课时和总比例不低于其他省份平均水平,科学分配各年级总课时。如四川省适当增加《科学》课时;广西义务教育阶段《科学》九年总课时不变,小学一年级开始开设,适当降低小学阶段《科学》课时,增加到初中《物理》《化学》和《生物》的总课时中。2017年印发的《义务教育小学科学课程标准》要求从小学一年级开始开设《科学》课程。五省小学阶段《科学》总课时比初中阶段《科学》的比值分别为:广西(420:340),湖南(350:408),江苏(350:511),四川(280:425),广东深圳(280:480)。可见,广西小学《科学》总课时多于初中《物理》《化学》和《生物》总课时,恰好与其他四省相反。由于初中阶段科学课程科目、内容、难度和升学压力都增加了很多,所以建议适当降低小学《科学》总课时量,增加初中阶段《物理》《化学》和《生物》的总课时。

第五,适当增加《体育与健康》总课时。如《广西九年义务教育课程计划(2002)》中《体育与健康》九年课时总比例为9.86%,教育部中规定的10%～11%。

第六,适当降低《综合实践活动》、地方和学校课程的总课时。广西和四川九年义务教育阶段《综合实践活动》、地方和学校课程的总课时和总比例都明显高于其他几个省份,尤其是《广西九年义务教育课程计划(2002)》中《综合实践活动》、地方和学校课程九年课时总比例为23.75%,比教育部规定的上限20%超出了3.75%,超出部分相当于《地理》和《历史》九年课时总和。与湖南、江苏、四川和广东(深圳)相比,广西义务教育阶段《综合实践活动》、地方课程和学校课程九年总课时比其他四省至少多出了453课时,尤其是比江苏省的多出了959课时。

第七,将《综合实践活动》课程划分为《信息技术》和《主题活动》,代替原来的《探究性学习》《信息技术》和《综合学习与实践》。因为,2017年9月25日印发的《中小学综合实践活动课程指导纲要》推荐的中小学综合实践活动主题包括考察探究活动、社会服务活动、设计制作活动(信息技术、劳动技术)、职业体验及其他活动,主题增多,不便在课程计划中一一列出。

第八,在地方课程中设定省级地方课程,作为全区所有市县的公共课,如广西壮族自治区可以设置《广西地方文化常识》。

二、制定完善系统的省级《九年义务教育课程设置方案》及部分课程的专门指导文件

第一,及时制定和修订完善省级《九年义务教育课程计划设置方案》。为了更好地指导县市教育行政部门和义务教育学校设置义务教育课程设置工作,要尽快制定和修订完善省级《广西九年义务教育课程计划设置方案》。省级《九年义务教育课程计划设置方案》应至少包括培养目标、课程设置原则、课程设置(包括省级《九年义务教育课程计划》)、课程设置说明四部分。

第二,制定和不断修订完善省级《义务教育综合实践活动、地方课程和校本课程设置与实施方案》。如《广西义务教育课程设置实验方案(2001)》允许综合实践活动的课时可与地方、学校自主使用的课时结合在一起使用,可以分散安排,也可以集中安排。调研发现,有不少地方教育局和义务教育学校对义务教育阶段综合实践活动、地方课程与校本课程设置感到困难。为了更好地指导市县级教育行政部门和义务教育学校设置地方课程和学校课程,西部地区省级教育行政部门要及时组织制定

和修订完善省级《义务教育综合实践活动、地方课程和校本课程设置与实施方案》。方案应该包括综合实践活动课程、地方课程与学校课程目标,课程设置原则,综合实践活动课程、地方课程与学校课程计划,地方与学校课程设置管理,方案说明等内容。其中地方与学校课程计划部分应划分好省级地方课程、市县级地方课程和学校课程的课时分配,并明确省级地方课程。

针对国家出台的涉及义务教育课程设置与实施的新政策文件,及时组织解读,及时制定专门的政策落实指导文件。

三、县市级教育行政部门制定并定期修订辖区内的义务教育课程设置方案

市县级教育行政部门,要在上级教育行政部门制定或修订义务教育课程设置方案和义务教育地方课程设置方案后,及时制定或修订本级的义务教育课程设置方案和义务教育地方课程设置方案。如四川省教育厅于2015年修订出台了《四川省义务教育课程设置方案(2015年修订)》和《四川省义务教育地方课程方案(2015年修订)》。四川泸州根据省级课程方案,泸州市教育局于2015年制定并印发了《泸州市义务教育课程设置方案(2015年修订)》和《泸州市义务教育地方课程方案(2015年修订)》。江苏省于2017年修订并印发了《江苏省义务教育课程设置实验方案(2017年修订)》。江苏扬州市教育局于2018年印发了关于实施江苏省义务教育课程设置实验方案落实中小学综合实践活动课程课时的指导意见。

第二节 西部地区义务教育阶段国家课程实施的策略

一、加强课程开设与任课安排培训,提高开课与任课安排科学性

加强对义务教育学校校长和其他责任学校课程设置及任课安排的领导教师进行课程设置与任课安排相关培训。培训的内容包括系统解读国家、自治区、地方的义务教育课程设置方案和系列涉及义务教育课程设置的政策文件。保证学校课程设置与任课安排的领导老师把握培养目标、课程实施的原则,清楚各门课程内容与课程之间的关系。

第二,合理搭配《综合实践活动》类课程师资。调查显示《综合实践活动》类课程未开设或被占用情况最为突出,由于没有可借鉴教学经验或教师不专业上了课效果也不大是重要原因。《综合实践活动》类课程往往综合其他国家课程、地方与学校课程,对教师要求很高,应该是要由一个合理的团队搭配才能很好地开展《综合实践活动》课程中各类主题教育活动。

第三,安排任课教师坚持"专业性和经验"第一的原则。调研了解到,不少学校存在:非考试科目专业出身的教师同时担任考试科目教学,而考试科目专业出身教师又同时兼任非考试科目教学。之所以会出现这种问题,学校在安排任课教师时首先考虑到的或是教师的绩效平均(有的地方考试科目教师绩效高于非考试科目教师绩效),或教师工作量与工作压力均衡,或考虑老师发展机会均等(有小学老师反映考试科目教师在社会地位、职称评比或晋升方面有优势)。这样可以减少因"教师不专业,上了效果也不大""学生积极性不高"和"教师没经验"等引起的课程未开设或被占用的问题。

第四,对于有些学校的非考试科目教师确实不足,需要由考试科目教师兼任的,可以在班级间进行交叉安排。如四一班数学老师去兼任四二班科学,四二班的数学老师去兼任四一班的科学。因为调查显示"因为非考试科目由同班考试科目教师兼任,容易被占用"是某些非考试科目课堂被占用的重要原因,尤其是小学生卷显示这是课程被占用的最重要原因。百色市右江区某些小学通过这种方式,有效减少非考试科目被占用的问题。

二、借助各种师资培训项目,系统培训非专业的任课教师

第一,对任课教师进行各级课程设置与实施方案,让他们清楚九年课程体系,知道自己任课科目在整个课程系统中的角色,清楚与其他课程之间的区别与联系。尤其是《综合实践活动》课程与学科课程、地方课程、校本课程、主题教育之间的关系比较复杂。《义务教育课程设置与实施方案(2001)》系列文件都提倡学科之间的渗透,提升课程教学的综合性,但又要避免简单等同或代替。因此,需要对教师进行培训。这样才能避免各门课程教学相互独立,师生负担重且没有效果,才能避免有些课程教学内容简单重复。

第二,加强对非专业出身的任课老师进行学科知识与教育教学技能培训。通过研究显示,还存在教师总体数量不足,结构性缺编问题较为突

出。因此，至少在短时间内有些学校的某些非考试科目需要安排非专业老师任教，尤其是除《信息技术》外的《综合实践活动》类课程、小学《科学》等课程几乎没有专门的师范专业。需要借助国培计划、区培计划、地方和学校的各类培训，对这类进行专门培训。甚至支持他们考取相应的教师资格证，并给予相应的奖励。

第三，保证对顶岗教师或支教教师或代课教师的培训。研究发现，广西很多地方、各类型学校都存在一定数量的顶岗教师或支教教师或代课教师。需要及时灵活地对这类教师进行专门培训，保证教学质量。

三、尝试办学模式改革，实现校际间课程资源高效共建共享

为了实现优质资源共享、推动义务教育均衡发展，有的西部省份划分了学区，通过好的学校向区域内薄弱学校派教师支教或共同教研或提供教学指导，这些措施对促进薄弱学校发展起到了很好的作用，但这还只是一种帮扶关系。有的地方在推行走教教师，但对走教教师的交通补贴、管理等方面还存在诸多问题；随着家长越来越重视教育，生源向好学校流动的现象非常普遍。如，很多地方村小和小学点的学生越来越少，而中小学或县城及以上的小学生源越来越多导致师资和设施设备严重不足。这一切，都需要继续探索学区制或联盟制或集团化办学模式，进一步推进区域内学校间的合作深度，促进义务教育阶段国家课程开设比例及开设质量。

第一，通过推进办学模式改革，尝试探索实现区域内师资共聘、共用的师资管理模式。如，探索师资由学区或联盟或集团整体管理师资，学校间以优质均衡发展为原则，根据现实需求实现灵活高效流动。可以通过师资的高效共用，降低"因师资缺乏而未开设某些课程"和"因为教师不专业上了效果也不大而存在课程被占用"的现象发生。

第二，通过学区或联盟或集团整合内部各校资源，共建、共享《综合实践活动》《科学》和主题教育等实践教学基地。另外，随着校际间师资分布相对均衡，将降低原来薄弱学校生源流向好学校，进而降低有学校因生源过剩导致教学场所和教学设施设备无法支持开齐开足某些课程，同时也尽量避免薄弱学校因生源流走而导致所建教学场所和资源被闲置。

第三，通过学区或联盟或集团整合内部各校深入合作，合理开发优质教学资源，尤其是开设《综合实践课》《科学》、地方课程的教学资源。充分调动教育局教科所（教研室）与各学校教研室，推动协同创新，即时修订符合各校实际情况的教学计划，探索教学模式与方法。降低因为"没

有可借鉴的教学经验"或"因为教师不专业上了课也效果不大"导致的未开设或被占用情况。

四、推动三通两平台建设，保证薄弱义务教育学校的课程开设

2012年9月5日刘延东同志在全国教育信息化工作电视电话会议上提出："十二五"期间，要以建设好"三通两平台"为抓手，也就是"宽带网络校校通、优质资源班班通、网络学习空间人人通"，建设教育资源公共服务平台和教育管理公共服务平台。通过问卷调查，对广西、重庆、江苏、云南四省市的部分小学教师进行学校在线学习条件的调查显示，各省市被调查小学教师中回答"不具备在线学习条件"的比率分别为重庆14.50%，江苏0.00%，云南18.60%，广西19.90%。可见广西小学的在线学习条件与重庆、江苏间有差距，尤其是与江苏相比，差距较大。通过7年多的建设，广西三通两平台建设已经初具规模，但还需进一步建设提升。

第一，提升宽带网络速度，多渠道减轻义务教育学校的宽带经费压力。通过对部分义务教育学校校长的访谈，有些学校的"宽带网络校校通"还存在如下一些问题，如有些学校的宽带流量不足，无法满足在线直播或在线观看录播课；部分校长反映，宽带费用每年需要几万元，需要学校自己承担有一定的压力。针对这些问题，有两个方面的建议。一方面政府设定专门的义务教育学校宽带网络经费，减轻学校的压力。另一方面尝试邻近学校间网络共享，降低成本。

第二，加大优质资源班班通硬件设施建设与运营维护经费，加快薄弱学科优质数字化课程资源，推进"优质资源班班通"建设。通过调研了解到，有部分地方的学校存在并非每个班级都有多媒体设备，有的存在现代教育技术设备性能无法达到在线教学或直播要求。有农村义务教育学校反映，现代教育技术设施设备维护维修成本与原来的粉笔支出相比多出很多，所以存在老师们不敢使用现代教育技术设备的现象。另外，进入"广西壮族自治区教育公共服务平台"和各地教育资源公共服务相关平台，发现数字化优质资源极其缺乏，部分地区有了一些主要也是文本资源，很少有视频资源，而且不具有系统性。进入"国家教育资源公共服务平台"发现《综合实践活动》、科学等部分非考试科目的资源也非常少，而这些资源是很多薄弱学校开齐开足中最急需的资源。所以，我区需要从以下两个方面推进"优质资源班班通"建设：一方面，加大"优质资源班班通"相关硬件设施建设与运营维修经费。另一方面，各级教育行政部门整合辖区内各校资源,尽快建成系统完备的《探究性学习》《综合学习与实践》《科学》《品德》《外语》《美术》《音乐》等薄弱课程的优质数字教学资源。通过区内自建与区外引进两种方式推进三个课堂(专递课堂、名师课堂、名校网络课堂)建设。

第三,推进网络学习空间人人通建设。建成教师、学生和家长有效互动的平台,汇聚优质资源能力"资源超市"。

第四,西部地区各省份积极整合现有平台资源,建成省级、市级、县级一体化的教育公共服务平台,尤其是加强教育资源公共服务平台建设,保证所有薄弱义务教育学校在没法线下开设《探究性学习》《综合学习与实践》《科学》《品德》《外语》《美术》《音乐》等个课程时,可以借助平台提供线上教学。

第五,可以尝试引入人工智能教育,通过机器人教学代替教师的部分劳动。如借助机器人代替教师的普通话教学。

五、发挥教研团队作用,探索基于STEAM+教育理念的课程与教学改革

发源于美国的 STEAM 课程目前已历经了 STS → STEM → TEAM/STEAMS → STEAM+ 的演变过程。[①]STEAM 教育是由五个英文单词的大写首字母组成,他们分别是 Science(科学)、Technology(技术)、Engineering(工程)、Arts(艺术)和 Mathematics(数学), STEAM+ 是在 STEAM 基础上增加其他学科知识,意味着人才培养的内容更自由、更灵活。基于 STEAM+ 教育理念的课程设置与教学符合义务教育阶段学生身心发展规律,将 STEAM+ 教育理念应用于广西义务教育学校课程设置与教学中,既符合国家的政策文件要求,又符合现实需求,有助于解决开不齐开和不足问题。

首先,基于 STEAM+ 教育理念的课程与教学改革符合政策文件要求。《义务教育课程设置实施方案(2001)》的课程设置的第二条原则为"加强课程的综合性,注重学生经验,加强学科渗透"。《教育部关于全面深化课程改革落实立德树人根本任务的意见》(2014),要求要统筹各学科,发挥各类课程的育人价值。《中小学综合实践活动课程指导纲要》(2017)指出要使学科知识在综合实践活动中得到延伸、综合、重组与提升,学生在

---

① 李义茹,彭援援.STEAM课程的发展历程、价值取向与本土化建设[J].现代教育技术,2019,29(09):115-120.

综合实践活动中所发现的问题要在相关学科教学中分析解决,所获得的知识要在相关学科教学中拓展加深。但要防止用学科实践活动取代综合实践活动。可将有关专题教育转化为学生感兴趣的综合实践活动主题,但又要防止将专题教育简单等同于综合实践活动课程。

其次,基于STEAM+教育理念的课程与教学改革符合广西义务教育阶段课程设置与实施的现实需求。通过基于STEAM+教育理念的课程与教学改革,实现不同学科间知识的整合,将有助于解决几个方面的现实问题:第一,避免因课程科目繁杂或课程内容零散、繁多而导致师生负担过重而无法开齐或被占用的问题;第二,通过学科间课程与教学整合,在不同课程间相互渗透,各门课程间的关系将是不同学科间知识的拓展加深,相互促进。这样将有利于降低因"非考试科目不被重视,学生参与积极性不高"或因"试科目学业压力大"而导致某些课程未开设或被占用的情况。第三,现实问题的解决往往需要同时用到不同学科的知识与技能,STEAM+教育将有助于真正提升学生发现问题、分析问题和解决问题的实践能力,有效落实素质教育。

在进行基于STEAM+教育理念的课程与教学改革探索过程中,各级教育行政部门需要整合辖区内的教科所、教研室、各义务教育学校教研室,发挥协同创新优势,积极探索各门课程设置和教学间的整合模式、整合途径与方法,尤其是在《综合实践活动》课程、地方课程、校本课程与其他主题教育相关课程安排与教育教学实施中的整合探索。实现有效整合,但又要避免简单等同或代替。

第三节 西部地区义务教育课程实施条件保障措施策略

一、加强引导,让相关主体牢固树立素质教育观

"非考试科目不被重视""学生参与积极性不高""非考试科目教师不专业""考试科目学业压力大"等导致某些课程未开设或被占用的原因,都并非是课程未开设或课时被占用的最深层次的原因。出现这些问题的最本质原因之一是受应试教育影响,不少领导、教师、学生、家长等相关主体尚未牢固树立素质教育观念。

为了让相关主体牢固树立素质教育观念,需要加强宣传引导。首先,加强对义务教育工作者的理论培训与引导,在全体教师、校长和教育行政

工作人员中牢固树立素质教育的观念。要让校长和老师正确理解素质教育观,避免素质教育形式化。其次,在家长和其他社会全体中牢固树立素质教育的观念。应试教育问题一直没有得到很好的解决,其中一个很重要的原因是家长和其他社会群体将分数看得太重,唯分数来评价学生、教师和学校。

当然,也要避免走向极端,避免将考试与应试教育划等号。如,为了推行素质教育,有的地方小学取消其中期考试等,有小学校长和老师对此表示担忧。

二、多渠道共同推进,加强义务教育阶段师资队伍建设

问卷调查结果显示,师资是导致西部地区省份义务教育阶段某些学校部分课程未开设或课程被占用的核心因素。通过各方面的数据显示,西部地区各省义务教育阶段师资问题主要表现为:师资总体数量还存在一定的缺口(如广西教育研究院《广西义务教育阶段课程实施情况专项调研报告(2018)》显示,小学生师资缺口达 5015 人;初中教师缺口达 23798 人;区域间、不同类型学校间、学科间存在较大的师资不均衡性;师资流动性大;小学阶段《综合实践活动》《科学》等非考试科目由非专业教师任教的情况比较普遍。为了解决因师资问题导致我国西部地区义务教育阶段国家课程开不齐或开不足的问题,应该从以下几方面作出努力。

第一,增加师资的数量,面对目前中小学教师缺口大,流失率快的实际情况,要增设教师岗位和编制,确实满足中小学对教师的需求,为落实课程开齐和开足做准备。

第二,重视非考试科目师资的培养和引进,解决义务教育阶段非考试科目师资较为缺乏的问题。

第三,借助国培计划等各级各类培训,加强义务教育阶段师资培训。一方面是对负责课程设置与任课安排的领导与教师进行培训,提高学校课程设置与任课安排的科学性。另一方面是对任课教师进行培训,尤其是对兼任《综合实践活动》、小学《科学》和《道德与法治》等非考试科目的非专业教师进行系统培训。

第四,加强教师的教育技术培训,提高教师设备使用能力,为利用现代信息技术实现在线课程师资共享打牢基础。通过教育技术培训,引导全体教师共建共享更多的优质数字教育资源。尤其是对农村地区、年龄较大的教师加强教育技术培训。

第五,根据国务院教育督导委员会办公室通知规定的"2020年底前实现义务教育教师平均工资收入水平不低于当地公务员平均工资收入水平的总体目标",确实提升义务教育阶段教师的工资水平,保证师资稳定性。

三、加大经费投入,精准分配

为了促进西部地区义务教育国家课程开齐开足,加大经费投入并精准分配是重要保障。

第一,加大落实专门的现代教育技术运行与维护经费。主要包括宽带网络经费,设备耗材和维护经费。尤其是对偏远地区的农村义务教育学校设立专门的经费支持。避免出现学校经费压力太大而导致宽带网速不够,教师害怕耗材成本和维修成本高而不敢使用的现象。

第二,每个学校预算专门的《科学》与《综合实践活动》课程实施经费,为外出实践活动、实践基地建设、实验实践器材购买等提供所必需的经费支持。

第三,加大经费支持,保证义务教育阶段国家课程教材人均1本。通过调研,发现西部地区有省份部分地区的小学的美术等部分教材并未达到每位学生都有1册,而是几位学生共用1本。相关领导和老师反映,这严重影响教学质量。

第四,由于我国西部地区省份师资力量相对薄弱,至少在短时间内,需要有相当数量的非专业教师去兼任某些非考试科目的教学任务。针对此问题,对部分教育局和小学的校长进行访谈,被访谈者普遍希望,能通过国培或区培项目等方式,提供专门的经费支持,对这部分进行专门培训。

第五,经费投入要根据各地区、各义务教育学校实际需求精准分配。以广西壮族自治区为例,随着教育扶贫投入,桂西E市的中小学硬件设施设备普遍得到了较好的改善,但师资缺乏和不稳定较为突出,甚至有些学校存在招不到的情况;桂东南C市与桂西E市有所不同,C市的师资相对充足且稳定,但不少学校硬件设施设备相对落后。再如,有部分教师反映,有些学校新建的设施设备质量不过关,无法满足教学要求。订购的图书资料统一化,不一定符合某些学校的现实需求。

四、完善基础设施设备建设

调研显示,图书、实验室和电脑设备等缺乏也是我国西部地区有义务教育学校未开齐部分国家课程的主要原因之一。如广西教育研究院《广西义务教育阶段课程实施情况专项调研报告(2018)》显示,我区小学教学仪器设备达标率均在52%左右,未达标的情况主要出现在农村小学和教学点。为保障我区义务教育阶段课程实施,我们认为至少需要从以下几个方面加强基础设施设备建设。

第一,加强《综合实践活动》等课程的校内外实践基地建设,加强小学《科学》实验室及实验器材建设。

第二,加强现代教育技术设施设备的建设与升级。保证每个教室的现代教育技术设施设备都能达到在线直播课堂或在线录播教学视频,并能满足在线直播时进行在线互动功能。尽量为每位教师配备一台专用电脑。

按照国家、自治区相关教学仪器的配备标准,进一步配足配齐学科专用的教学设备,以及音乐、美术、体育器材。

五、建立专门的义务教育课程评价监督机制与平台,加强评价监督

第一,西部地区省份各级教育行政部门制定专门的科室,对辖区内义务教育学校课程设置与实施进行评价监督。

第二,西部地区各省在建成省级、市级、县级一体化的"教育管理公共服务平台"的基础上,在每一级的教育管理公共服务平台里专门设置"义务教育课程设置与实施评价监督管理"模块。

第三,出台省级《义务教育课程设施与实施评价标准》,并定期进行督查评价,纳入学校考评工作内容。

第四,基于"网络学习空间人人通",允许家长、学生等相关主体对义务教育课程设置实施情况进行监督反馈。

六、推进学生评价与教师评价改革

第一,尝试中考评价制度改革。当前中考、高考等各级人才评价的核心标准还是学生的考试成绩。因此,应试教育依旧根深蒂固,家长、教师和社会对学生的评价依旧是以学生的学业成绩为主。这样,就导致了学生对"非考试科目积极性不高""学校往往安排非专业教师兼任非考试科目""非考试科目课堂教学经常被占用"的问题。针对这些问题,可以借鉴其他部分省份将所有国家科目纳入中考成绩的做法。如2019年12月27日,云南省教育厅发布《关于进一步深化高中阶段学校考试招生制度改革的实施意见》规定,从2020年秋季学期入学的七年级学生起,云南

省中考将实行新政。国家《义务教育课程设置实验方案》设定的科目全部纳入初中学业水平考试范围,全科开考,共计14门。高中阶段招生录取总成绩以分数形式呈现,总分为700分。各学科分值也将有所调整,且物理、化学、生物学实验操作也将计入中考成绩。[①]

第二,转变对教师的评价,避免只关注考试科目教师而不重视非考试科目的老师,逐渐规范评教机制。避免绩效发放、职称评定和职务晋升向考试科目教师倾斜的现象。

[①] 云南省教育厅.云南省教育厅关于进一步深化高中阶段学校考试招生制度改革的实施意见[EB/OL].http://jytyj.cxz.gov.cn/info/1193/2430.htm, 2019-12-27/2020.03.02.

参考文献

[1] 高宝玲,郑飙. 厦门市小学科学课程开设现状调查研究[J]. 厦门教育学院学报,2010,12（01）:80-84.

[2] 贺永平. 农村初中开设职业技术教育课程浅析[J]. 职业技术教育,2006,27（02）:30-31.

[3] 洪柳. 教育均衡发展视阈下广西农村义务教育课程实施现状、问题与对策[J]. 广西师范大学学报（哲学社会科学版）,2014,50（04）:19-23.

[4] 金海玉,李红梅. 少数民族地区小学英语课程开设起始阶段调查——以朝鲜族为例[J]. 新西部,2010（07）:182+180.

[5] 黎茂昌. 关于广西北部湾小学英语课程开设的思考——以钦州市为研究个案[J]. 钦州学院学报,2009,24（04）:70-73.

[6] 李培艳. 城乡接合部小学英语课程开设现状及对策分析[J]. 科技信息,2011（27）:166+191.

[7] 李义茹,彭援援.STEAM课程的发展历程、价值取向与本土化建设[J]. 现代教育技术,2019,29（09）:115-120.

[8] 梁怀林. 浅谈在我国初中开设综合课程[J]. 中学教师培训,1989（03）:20-22.

[9] 龙跃. 现代服务环境下制造服务创新的内涵与外延[J]. 华东经济管理,2012,26（07）:67-70.

[10] 杨今宁. 小学"品德与生活（社会）"课程开设现状的分析与反思[J]. 教育实践与研究（A）,2011（02）:42-44.

[11] 杨旭红. 小学德育新课程开设现状、问题与对策——来自重庆市南岸区的调查报告[J]. 重庆教育学院学报,2009,22（02）:138-140.

[12] 张恩. 城镇小学心理健康教育课程开设现状调查及对策研究[D]. 河北师范大学,2016.

[13] 郑晓华. 广西来宾市义务教育课程开设问题与政策建议[J]. 人力资源管理,2013（09）:188-190.

[14] 郑晓华.广西来宾市义务教育课程开设问题与政策建议[J].人力资源管理,2013(09):188-190.

[15] 周朝正,吴先勇.多元智力视域下的中学数学教科书要素研究[J].教学与管理,2016(15):84-87.

[16] Howard Gardner.Frames of mind: The theory of multipleintelligences(2ndEdition)[M].New York, Basic Books,1993.

[17] 教育部、共青团中央、全国少工委.关于加强中小学劳动教育的意见[EB/OL].https://kxzxdxx.30edu.com.cn/Article/15bd052a-2fa3-40fc-ba80-de4dadaf8722.shtml,2015-07-20/2020.02.02.

[18] 教育部.中小学综合实践活动课程指导纲要[EB/OL].http://www.moe.gov.cn/srcsite/A26/s8001/201710/t20171017_316616.html,2017-09-25/2020-02-01.

[19] 教育部办公厅.教育部办公厅关于2016年中小学教学用书有关事项的通知[EB/OL].http://old.moe.gov.cn//publicfiles/business/htmlfiles/moe/s8001/201404/xxgk_167340.html,2016-04-08/2020.02.01,

[20] 云南省教育厅.云南省教育厅关于进一步深化高中阶段学校考试招生制度改革的实施意见[EB/OL].http://jytyj.cxz.gov.cn/info/1193/2430.htm,2019-12-27/2020.03.02.

[21] 中华人民共和国教育部.义务教育小学科学课程标准[EB/OL].http://old.moe.gov.cn//publicfiles/business/htmlfiles/moe/s8001/201404/xxgk_167340.html,2017-01-19/2020.02.01.

[22] 顾明远.稳步提升教育质量和水平[EB/OL].http://www.moe.gov.cn/jyb_xwfb/xw_zt/moe_357/jyzt_2020n/2020_zt25/zhuanjia/202101/t20210112_509500.html,2021-01-12/2020-06-18.

[23] 国务院.国务院关于基础教育改革与发展的决定[EB/OL].http://www.gov.cn/gongbao/content/2001/content_60920.htm,2001-05-29/2019-12-31.

[24] 教育部.教育部关于印发<基础教育课程改革纲要(试行)>的通知[EB/OL].http://www.moe.gov.cn/srcsite/A26/jcj_kcjcgh/200106/t20010608_167343.html,2001-06-08/2020-01-30.

[25] 教育部.中小学书法教育指导纲要[EB/OL].http://old.moe.gov.cn/publicfiles/business/htmlfiles/moe/moe_714/201301/xxgk_147389.html,2013-01-18/2020.02.02.

[26] 教育部办公厅.关于全面加强新时代大中小学劳动教育的意见(征求意见稿)[EB/OL].http://www.havct.edu.cn/sites/xbxxgcxy/jyjx/j/o/1woj.

html,2019-02-25/2020.02.01.

[27] 教育部办公厅.教育部关于印发《义务教育课程设置实验方案》的通知[EB/OL].http：//www.moe.gov.cn/srcsite/A26/s7054/200111/t20011121_166076.html,2001-11-19/2020-01-31.

[28] 全国人民代表大会.中华人民共和国教育法（2015年修正本）[EB/OL].http：//search.chinalaw.gov.cn/law/searchTitleDetail?LawID=333337&Query=%E4%B8%AD%E5%8D%8E%E4%BA%BA%E6%B0%91%E5%85%B1%E5%92%8C%E5%9B%BD%E6%95%99%E8%82%B2%E6%B3%95&IsExact=&PageIndex=2,2015-12-27/2020-03-06.

[29] 全国人民代表大会常务委员会.中华人民共和国义务教育法（2018年修订本）[EB/OL].http：//search.chinalaw.gov.cn/law/searchTitleDetail？LawID=406474&Query=%E4%B9%89%E5%8A%A1%E6%95%99%E8%82%B2%E6%B3%95&IsExact=,2018-12-29/2020-12-04.

[30] 新华网.习近平在全国教育大会上强调坚持中国特色社会主义教育发展道路 培养德智体美劳全面发展的社会主义建设者和接班人[EB/OL].http：//www.moe.gov.cn/jyb_xwfb/s6052/moe_838/201809/t20180910_348145.html,2018-09-10/2020-03-10.